HEYNE BIOGRAPHIEN

Walther Siegmund-Schultze

JOHANN-SEBASTIAN BACH

Genie über den Zeiten

Wilhelm Heyne Verlag
München

3. Auflage

Genehmigte, ungekürzte Taschenbuchausgabe

Printed in Germany 1984
Zeittafel und Bibliographie wurden erarbeitet von Dr. Hubert Fritz
Umschlagbild: Archiv für Kunst und Geschichte, Berlin
Umschlaggestaltung: Atelier Heinrichs, München
Gesamtherstellung: Presse-Druck Augsburg

ISBN 3-453-55049-8

INHALT

Anhang

Zum Geleit

> Nicht Bach — Meer soll er heißen!
>
> *Beethoven*

Ende des 17. Jahrhunderts, das durch ökonomische und politische Widersprüche Deutschland so viel Leid und Verwüstung gebracht hatte, wurde in dem thüringischen Residenzstädtchen Eisenach in einem einfachen Bürgerhaus ein Musikerkind geboren: Johann Sebastian Bach.

Der Persönlichkeit Bachs wird sich niemand völlig voraussetzungslos nähern; auf vielfältige Weise ist sein Schaffen in das Kulturleben der Menschheit eingegangen. Wir wollen uns mit ihm beschäftigen aus historischer Distanz wie aus unmittelbarer Nähe und Vertrautheit. Bei Betrachtung seines Lebens und Wirkens, anhand von Briefen, amtlichen Dokumenten oder seiner Notenhandschriften, schließlich der klingenden Musik selbst, werden wir eine Persönlichkeit spüren, die uns durch ihr ständiges Tätigsein, durch ihr unbeirrtes Handeln, durch ihr dem gesellschaftlichen Leben verpflichtetes und der eigenen Berufung verschworenes Schöpfertum auf eigenartige Weise berührt. Denn da steigt, aus der Enge ihrer Tage, aus den Konflikten mit der Umwelt und ihren Gebrechen die Größe einer Kunst auf, die, obwohl dem Alltag aufs stärkste verhaftet, in Dimensionen ausbricht, wie sie die Tonkunst in Gefühlsgehalt und Gedankenkraft bis dahin nicht gekannt hatte. Es ist so, als ob sich aus ganzen Jahrhunderten die mannigfaltigen kleinen Rinnsale der Musik zu einem Bach, nein, zu einem Strom, zu einem Meer — so wollte Beethoven den verehrten Meister nennen — vereinigt und erweitert hätten, um all das in Tönen auszusagen, was der Menschheit am Herzen liegt an Freuden, Leiden und Hoffnungen, an konstruktivem, vorwärtsweisendem Denken und Handeln. Daß solch ein künstlerischer Hochstand bald nach 1700, zu Beginn der Epoche der Aufklärung, gerade auf dem Gebiete der Musik in Deutschland erreicht wurde, deutet darauf hin, daß diese Kunst vielleicht in besonderem Maße in der Lage ist, die innersten Gedanken und Gefühle einer sich formierenden neuen Gesellschaft schon vor ihrer eigentlichen politischen Manifestation zum Ausdruck zu bringen. Wir kennen in jener Zeit zumindest in Deutschland

auf gleicher Höhenlage keine verwandte Künstlergestalt, und es ist bezeichnend, daß dem gleichaltrigen Georg Friedrich Händel die volle Entfaltung seiner Persönlichkeit nur außerhalb der deutschen Grenzen, in Italien und England, möglich war.
Wenn somit Bachs Lebenswerk längst zum Symbol und Ausdruck großer, über ihre Zeit hinausweisender Musik geworden ist, erscheint es um so merkwürdiger, daß es fast ein Jahrhundert auf seine volle Anerkennung warten mußte; erst hundert Jahre nach der Uraufführung wurde eine seiner bedeutendsten Schöpfungen, die *Matthäuspassion,* breiten Kreisen bekannt (1829), vom jungen Mendelssohn dirigiert. Wenige Jahrzehnte vorher hatte der Göttinger Musikgelehrte Johann Nikolaus Forkel in einer kleinen Schrift[1] mit patriotischem Engagement auf den Thomaskantor rühmend hingewiesen, sich deshalb sogar in einen Streit mit dem Händel-Schwärmer Johann Friedrich Reichardt eingelassen. Im Laufe des 19. Jahrhunderts ist die Bewunderung für diesen „Urvater" der Musik, dem übrigens schon Goethe und Zelter volle Gerechtigkeit widerfahren ließen, gewaltig gestiegen, sei es von seiten der führenden Komponisten Mendelssohn, Schumann oder Brahms, sei es von seiten seiner ständig wachsenden Hörerschar. Johann Sebastian Bach stand auf solche Weise am Anfang der Wiederentdeckung der Musik des frühen 18. Jahrhunderts, die damals nur in einigen Händelschen Oratorien lebendig geblieben war; von hier ging der Blick bald noch weiter zurück, so daß man sagen kann, die Begegnung mit Bach hat in vielem erst den historischen Sinn für die Musik der Vergangenheit geweckt. Die Bach-Biographie von Philipp Spitta (2 Bände, 1873 und 1880)[2] wurde durch ihre gründliche philologische Arbeit zur Grundlage einer nun bereits ein Jahrhundert währenden Bach-Renaissance, die, von den Kirchenkantaten einerseits und den Klavierwerken andererseits ausgehend, das erhaltene Gesamtwerk zu erfassen, zu werten und zu nutzen bestrebt ist. Heute gibt es keinen ernsthaften Musiker und Musikliebhaber, der Bach nicht als eine der größten Gestalten der Musikgeschichte verehrt und als Leitbild für ein lebendiges Musizieren und tieferes Musikverständnis betrachtet; selbst in die Schlager- und Popkunst ist seine Musik eingedrungen.
Dennoch: die Voraussetzungen und Zielstellungen seines Verständnisses sind recht verschieden: Die einen sehen das Bachsche Werk wesentlich als Kirchenmusik, auf protestantischem

Boden erwachsen, Bekenntnis eines Christen; eine Anschauung, die auch die reine Instrumentalmusik einbezieht. In diesem Sinne hat etwa ein Vierteljahrhundert nach Spitta auf der Grundlage gewachsener wissenschaftlicher und aufführungspraktischer Erfahrungen und Ergebnisse Albert Schweitzer seine berühmte Bach-Monographie[3] geschrieben, die weiteste Verbreitung fand und noch jetzt bei uns neue, vielbegehrte Auflagen erlebt. Es ist verständlich, daß er als Theologe die zweifellos vorhandenen religiösen Momente des Bachschen Lebens und Schaffens in den Mittelpunkt stellte, vor allem die Kirchenkantaten und Choralbearbeitungen, deren Betrachtung er neue interessante Aspekte abgewann. Diese Zielsetzung ist auch in zahlreichen anderen Biographien und Monographien spürbar, die in den letzten Jahrzehnten erschienen sind[4]; bei richtigen Einzelbeobachtungen und anerkennenswertem Engagement fehlt in vielen Meinungsäußerungen ein klarer historischer Standpunkt, den wir als Voraussetzung für ein modernes Bach-Bild erwarten müssen. Der Leipziger Bach-Kongreß 1950 anläßlich des 200. Todestages[5] konfrontierte die gegensätzlichen Anschauungen aufs schärfste. Für die marxistische Bach-Forschung wurde es jedoch ständig deutlicher, daß es nicht

Das Bachhaus in Eisenach

vorrangig um den scheinbaren Gegensatz geistlich — weltlich gehen kann, daß die Konfrontation weder historisch noch gegenwärtig eine echte Fragestellung ist. Die Veröffentlichungen des Leipziger Bach-Archivs sowie andere Publikationen in unserer Republik haben uns das in wachsendem Maße klarer sehen gelehrt.

Um die Musik Johann Sebastian Bachs in ihrem eigentlichen Wesen und Anliegen zu erfassen, bedarf es eines historischen Verständnisses, eines Eindringens in den Charakter jener Epoche, zu deren hervorragendsten Repräsentanten Bach gehört. Ernst Hermann Meyer hat schon auf dem 1950er Kongreß in knapper Formulierung die Richtung gewiesen, in der ein neues Bach-Bild entwickelt werden sollte: „Dieser Leibnizsche gedankliche Unternehmungsgeist, verbunden mit einer fast wissenschaftlichen Durchdringung und Erfassung der Tonmaterie, ist auf demselben Boden gewachsen, auf dem die deutsche Aufklärung sich zu entfalten begann: auf dem im Zuge des bürgerlichen Aufstiegs erfolgenden Fortschritt der exakten Wissenschaften, auf der wachsenden Erkenntnis der Naturgesetze. Hier hat Bach, ein ‚entfesselter Prometheus' des Denkens, wahrhaft revolutionär gewirkt. In diesem Sinne ist Bach ein echter ‚Aufklärer', der gemeinsam mit den fortschrittlichen Vertretern der Naturwissenschaft und Philosophie seiner Epoche eine neue Zukunft kündet: die der Vormacht des aktiven, forschenden Denkens über das Dogma."

Die besondere Stellung und Haltung der Bachschen Musik sei hier zur ersten Verständigung an einem kleinen Stück des Meisters ins Bewußtsein gehoben, dem „Air" aus der *D-Dur-Ouvertüre* (BWV 1068). Unser Notenbeispiel bringt nur den Beginn dieser

berühmten Melodie, die sich über sechs, dann zwölf Takte — jeweils wiederholt — in einem ununterbrochenen Bogen ausbreitet; dazu spielt der Baß (Basso continuo: „fortlaufender

Baß" genannt) sanft schreitende Achteltöne, während die beiden mittleren Streicher mit ergänzenden Stimmen, die sich stellenweise durchaus individualisieren, Linie und Klang vervollständigen. Aus der Tiefe, aus völliger Ruhe, deren Intensität durch die bewegteren Baßschritte nur um so bewußter gemacht wird, entwickelt sich in langsamem Fluß eine innige Weise, deren unendliches Strömen sich ebenso dem strengen Rhythmus des Basses zuzuordnen als auch das Metrum großzügig zu überspielen bestrebt ist. Es erfolgt mehrmals ein endbetontes Herabgleiten der Linie, aber nur mit dem Ziel, desto herrlicher einen neuen Ausgangston zu erreichen, den Gefühlsstrom weiterhin zu intensivieren und noch tiefer in das Herz des Hörers zu dringen. Denn das ist deutlich: Diese Töne wollen nicht nur für sich dastehen, sie wollen weiterschwingen, sich dem anderen mitteilen; es ist eine Melodie, die von Herz zu Herzen geht. Bach komponierte dieses Air innerhalb einer großangelegten Orchestersuite als zweiten Satz, nachdem der Eröffnungssatz eine mächtige Klangfülle und kraftvolle Bewegung ausgebreitet hatte. In lichtem, freundlichem D-Dur zieht die Melodie dahin, hell, heiter, vielfältig differenziert, aber ohne den intonierten Charakter einen Augenblick zu verlassen; wesentlich ist die Tatsache eines ebenso in sich gekehrten wie gefestigten Lebensgefühls, das hier in vollendeter Verbindung von individuellem und objektiviertem Ausdruck zu uns spricht. Uns wird klar, daß es nicht angeht, das Stück — wie oft geschehen — als „Air auf der G-Saite", als empfindsames Prunkstück eines Sologeigers oder in anderweitiger veräußerlichter Bearbeitung, zu verkaufen, sondern daß sein aufgeklärter, klassischer Charakter nur in der Originalfassung zur vollen Geltung kommt.
Können wir noch weitergehen beim Betrachten und Erleben dieser Melodie, etwa sagen, sie schildere ein freundliches Liebeswerben, male ein glückliches Familienidyll, künde von leidenschaftlich verhaltener Glut oder ähnliches? Vielleicht hatte Bach selbst nichts davon im Sinn, vielleicht auch all das zusammen, oder es drängte ihn einfach, etwas zu Herzen Gehendes auszusagen, seine Mitmenschen zu erfreuen und zum Nachdenken anzuregen, und zwar über das hinaus, was sie täglich vor Augen und Ohren haben, zielend auf die Beweggründe, den Sinn des menschlichen Daseins. Ist das nicht der Hauptzweck der Musik und jeder Kunst? Bach hat von der Aufgabe und

Funktion seines „Handwerks“ gewußt, wo er auch tätig war, wo er es auch einsetzte; in der Kirche, im fürstlichen Palais, im Collegium musicum, in Gartenkonzerten, im eigenen Heim — immer scheint ihm, zugleich mit seinem immanenten handwerklichen Anliegen, die unmittelbare Zweckbestimmung seiner Musik vor Augen gestanden zu haben: vom Menschen, seinen Freuden und Leiden zu künden, ihn zu sich selbst zu führen. Dann setzt freilich, gleichsam ohne weitere Rücksichtnahme auf den Hörer, die Struktur der Musik selbst ein, die aber nur ausdrücken kann, was sie an Lebensanregungen erhält — gewiß nicht immer direkt, sondern in ihren höchsten Leistungen oft in sehr vermittelter Weise, aus ihrer eigenen Organisationsform erwachsend, die ihrerseits Abbild von Lebensbezügen ist.
Wir müssen uns das alles vor Augen halten, wenn wir Bachs Leben und Schaffen betrachten. Wir werden in diesem nur selten unmittelbare Reflexe von jenem erleben; es gibt hier ein mannigfaltiges Geflecht von Vermittlungen und Eigengesetzlichkeiten, die überhaupt in vielem den Reiz echter Kunst ausmachen und bei Bach ganz besondere Aspekte erhalten. Das bedeutet keineswegs eine Erschwerung des Verständnisses seiner Musik, sondern bezeichnet lediglich den großen Umkreis seiner Schaffenswurzeln und -inhalte. Niemand wird die zitierte D-Dur-Melodie als schwer verständlich empfinden; sie wirkt auf alle Menschen, die für künstlerische Aussagen empfänglich sind. Das Problem einer dialektischen Verbindung von Kunstfertigkeit und Volkstümlichkeit hat Bach auf solche Weise immer wieder überzeugend bewältigt, Traditionsbindung und Neuerertum selbstverständlich vereinigend.
Diese seine Eigenart ist schon früh in ihrer ganzen Tragweite erkannt worden. Im Nekrolog auf Johann Sebastian Bach, der 1754, vier Jahre nach seinem Tode, in Leipzig erschien, heißt es, die Bedeutung des Komponisten in kluger Formulierung zusammenfassend:
„Hat jemals ein Componist die Vollstimmigkeit in ihrer größten Stärke gezeiget; so war es gewiß unser seeliger Bach. Hat jemals ein Tonkünstler die verstecktesten Geheimnisse der Harmonie in die künstlichste Ausübung gebracht; so war es gewiß unser Bach. Keiner hat bey diesen sonst trocken scheinenden Kunststücken so viele erfindungsvolle und fremde Gedanken angebracht, als eben er. Er durfte nur irgend einen Hauptsatz

gehöret haben, um fast alles, was nur künstliches darüber hervor gebracht werden konnte, gleichsam im Augenblicke gegenwärtig zu haben. Seine Melodien waren zwar sonderbar; doch immer verschieden, erfindungsreich, und keinem andern Componisten ähnlich. Sein ernsthaftes Temperament zog ihn zwar vornehmlich zur arbeitsamen, ernsthaften, und tiefsinnigen Musik; doch konnte er auch, wenn es nöthig schien, sich, besonders im Spielen, zu einer leichten und schertzhaften Denkart bequemen."

Diesen schönen Sätzen möge das begeisterte Wort Mozarts folgen, das dieser 1789 nach dem erstmaligen Hören einer Bach-Motette in der Thomaskirche ausrief: „Das ist doch einmal etwas, woraus sich was lernen läßt!" Bemühen auch wir uns darum, Bachs Leben und Schaffen nun im einzelnen verfolgend!

Herkommen, Lebensstationen

Auch Künstler sind Kinder ihrer Zeit, sind abhängig von deren politischem und ökonomischem Entwicklungsstand, von den geistigen Bewegungen; und Musiker ganz konkret vom Stand der musikalischen Produktivkräfte, von den überlieferten und gebräuchlichen Gattungen und Formen, von ihrer historischen Funktion und Wirksamkeit. Bei Johann Sebastian Bach ist diese konkrete historische Ansiedlung — trotz der heutigen Weltgültigkeit seiner Musik — besonders relevant gewesen, von den großen historischen Ereignissen bis in die interne häusliche Sphäre hinein.

Ende des 17. Jahrhunderts lag Deutschland, und ganz besonders die mitteldeutsche Landschaft, darnieder an den verheerenden Folgen des Dreißigjährigen Krieges. In kleine und kleinste Fürstentümer aufgesplittert, war es Spielball der absolutistischen Interessen ausländischer und inländischer Mächte; eine nationale Entwicklung wie in den fortgeschrittenen Ländern England und Frankreich war nicht möglich. Die dort in ihren Anfängen bereits deutliche kapitalistische Produktionsweise brach sich in Deutschland erst sehr allmählich Bahn. Das Bürgertum hatte zwar in einigen Städten starke Positionen inne; aber die wesentliche ökonomische Kraft blieb die Handwerks- und Heimarbeit, der gegenüber der Handel noch sehr zurückstand. Die Bauernschaft, seinerzeit im Deutschen Bauernkrieg von großen Teilen des Städtebürgertums verraten, fristete ein kümmerliches Leben und wurde von den absolutistischen Herrschern ausgesaugt. Der Widerspruch zwischen der aufwärtsstrebenden Macht des Bürgertums und den noch starr festgehaltenen feudalen Privilegien war das Hauptkennzeichen dieser Zeit; man ging gegenseitig oft Kompromisse ein, auf jeden Fall zum Nachteil der kleinen Handwerker und der Landbevölkerung, die doppelt ausgebeutet wurden.

Während im Bürgertum der kleinen Städte und Gemeinden der Bildungsstand im wesentlichen vom Protestantismus, oft in seiner pietistischen Ausprägung, bestimmt war, wurde die Ideologie der Aufklärung, dieser antifeudalen, antiklerikalen, die Freiheit des Denkens fordernden Bewegung der aufstrebenden Klasse, vorwiegend an den Universitäten (vor allem in Halle und Leipzig) und — mag das noch so widerspruchsvoll erscheinen — an den von „welschem" oder französischem Vorbild berührten Fürstenhöfen entwickelt; und hier wurde auch die progressive Musik gepflegt, die wesentlich durch Bildungsreisen nach Italien und Frankreich bekannt geworden war. Bedeutende Vertreter der Aufklärung von Descartes über Leibniz bis Diderot und Rousseau haben innerhalb der Geisteswissenschaften und Künste der Theorie der Musik und dieser selbst im Sinne eines neuen Welt- und Menschenbildes hohe Bedeutung zugemessen; sowohl die rationalen wie die Naturelemente der Tonkunst — Vernunft und Natur waren ja die beiden Hauptforderungen des neuen Jahrhunderts — konnten in wachsendem Maße dem Streben nach Befreiung von feudalen und kirchlichen Fesseln und den neuen Idealen einer sich frei entfaltenden Persönlichkeit dienen. So gab es nicht nur in Italien und Frankreich, wo bedeutende Komponisten wie Arcangelo Corelli, Antonio Vivaldi, Alessandro und Domenico Scarlatti sowie François Couperin und Jean-Philippe Rameau eine neue Entwicklung der Tonkunst vorbereiteten, sondern auch im rückständigen Deutschland zu Beginn des 18. Jahrhunderts eine erstaunliche Musikkultur, die ihr Dasein allerdings wesentlich auch der Tatsache verdankt, daß die Volksmusik und die Kirchenmusik, eng miteinander verbunden, den ökonomisch-politischen Niedergang des 17. Jahrhunderts besser als die anderen Künste überstehen konnten.

Eisenach war eine typische kleine Residenzstadt jener Zeit, in der sich fürstliche Willkür und städtische aufstrebende Kultur trafen. Bachs Vater Johann Ambrosius Bach war Hof- und Stadtmusikus, also sowohl als Stadtpfeifer wie als herzoglicher Hoftrompeter tätig; auf gleichsam gehobener Ebene sollte sich diese Doppeldienstbarkeit bei seinem berühmten Sohne fortsetzen. Jedenfalls wuchs der hier als jüngster von vier Söhnen am 21. März 1685 geborene Johann Sebastian in einer Familie auf, die ganz der musikalischen Tradition verpflichtet war.
Die Geschichte der „Bache" hat sich schon längst zu einem eigenen Forschungszweig entwickelt.[6] Die Familie war stolz auf ihre musikalische Vergangenheit, Johann Sebastian verfaßte später selbst eine Familienchronik und sammelte Kompositio-

Johann Ambrosius Bach

nen seiner Ahnen. Als maßgebender Stammvater wird der Müller Veit Bach aus Wechmar genannt, der während seiner Arbeit sich am Spiel der „Cythringen“ (Gitarre) ergötzte, und sein Sohn Hans Bach avancierte bereits zum Dorfmusiker. Seit dieser Zeit — Hans Bach starb 1626 und war Johann Sebastians Urgroßvater — wurden die Bache zumeist Hof- und Stadtmusikanten, waren als Pfeifer, Trompeter oder Kantoren und Organisten im Thüringischen tätig, bildeten, auf ihrer bescheidenen Ebene, eine Art Musikerdynastie.

An diese Tatsache wurde von seiten reaktionärer Erbforscher der Versuch geknüpft, die Vererbung musikalischer Veranlagungen überzubewerten, daraus geradezu das Genie Bachs zu erklären. Ganz abgesehen davon, daß bei vielen bedeutenden Musikern — etwa schon bei den Zeitgenossen Georg Friedrich Händel und Georg Philipp Telemann — solch eine Vererbung nicht bekannt ist und sich ihre musikalische Begabung oft sogar gegen den Willen der näheren Umgebung durchsetzen mußte, ist das Wesentliche bei der Bachschen musikalischen Familientradition, daß sie vor allem umgangsmäßig bedingt, daß die über Generationen reichende Beschäftigung mit Musik natürliches Lebenselement innerhalb der familiären Erziehung geworden war. Die zweifellos vorhandenen Anlagen wurden planvoll durch die engste Umgebung gefördert und zielstrebig entwickelt. Forkel berichtet:

„Wenn er bisweilen gefragt wurde, wie er es angefangen habe, der Kunst in einem so hohen Grade mächtig zu werden, antwortete er gewöhnlich: Ich habe fleißig seyn müssen; wer ebenso fleißig ist, der wird es ebenso weit bringen können. Auf seine größeren angebohrenen Gaben schien er nichts zu rechnen."[7]

Für Johann Sebastian Bach gab es also nicht, wie bei vielen Musikern und anderen Künstlern, den oft durchaus fruchtbaren Kampf um die Durchsetzung seines beruflichen Wunsches, sondern dieser wuchs ganz natürlich aus dem Schoße seiner Familie und Umgebung hervor, und es kam nur darauf an, zu welcher Höhe und Besonderheit er sich innerhalb seiner gesellschaftlichen Möglichkeiten entwickeln konnte. Es wird deutlich werden, daß sich die Lebenskonflikte um so heftiger bei ihm zuspitzten, je mehr sein wachsendes Künstlertum mit den Schranken und Widerständen der Klassengesellschaft konfrontiert wurde. Dieser Widerspruch führte zu harten Auseinandersetzungen und Rückschlägen, aber er war auch wesentlich Quelle des schöpferischen Fortschritts. Es sei deshalb bereits an dieser Stelle ein Überblick über die Lebensstationen Bachs gegeben, der das soeben Angedeutete konkretisiert.

Wechmar

Der Lebensweg Bachs führt von Eisenach, wo er die frühen Kindheitsjahre und die Schulzeit verbringt, in seinem zehnten Lebensjahr nach Ohrdruf, wo sein vierzehn Jahre älterer Bruder Johann Christoph Bach als Organist wirkt. Damit ist — 1700 — die umsorgte Jugendzeit bereits abgeschlossen; der fünfzehnjährige Gymnasiast kommt — für kurze Zeit seine thüringische Heimat verlassend — in das nördliche Lüneburg, wo er bis zum achtzehnten Lebensjahr seine Lehr- und Wanderjahre vollendet und bestimmende musikalische Eindrücke erhält. Die dritte größere Lebensstation wird durch die ersten beruflichen Anstellungen markiert: Der junge Bach wird städtischer Organist in Arnstadt (1703—1707) und in Mühlhausen (1707/08); das ist auch die Zeit seines ersten selbständigen Schaffens. Bach verbleibt auch auf seiner vierten Lebensstation im Thüringischen, tritt aber zugleich aus seiner bisher städtischen Bindung für wichtige Lebens- und Schaffensjahre heraus: Von 1708 bis 1717 ist er als Organist und Konzertmeister am Weimarer Hofe, begibt sich also in die konflikthafte Abhängigkeit eines Landesfürstentums, der bürgerlich-kirchlichen Bindung scheinbar überdrüssig. Trotz schwerer Enttäuschung, die sogar mit einem Skandal endet, geht er noch einmal eine höfische Bindung ein, und zwar in Köthen beim Fürsten Leopold, wo er seine intensivste und glücklichste Schaffenszeit verlebt. Die sechste und letzte Bachsche Lebensstation ist Leipzig (1723—1750), wo er seine endgültige Lebensstellung findet, konfliktreich erworben, durchlebt und beendet, alle seine Lebens- und Schaffenserfahrungen hier vereinigend.
Vergleicht man diesen kurz skizzierten Lebensweg mit dem anderer Komponisten jener Zeit, so zeigen sich viele typische Gemeinsamkeiten, aber nicht weniger individuelle Besonderheiten. Typisch für den Musikerberuf in dieser Zeit ist seine Beschränkung auf die nähere Heimat; das gilt freilich vor allem für Durchschnittsmusiker, aus deren Kreis Bach stammte, aber bald ausbrach. Typisch für die Zeit ist auch das Wechseln zwischen städtisch-kirchlicher und feudal-weltlicher Anstellung und Bindung; darin zeigen sich deutlich die Widersprüche der Epoche. Dennoch ist das Zusammentreffen beider Faktoren bei solch einem gewaltigen Musiker merkwürdig; er, der souverän die gewohnten Maße und Inhalte seiner Kunst durchbrach, sollte sich im äußeren Leben so an das Gewohnte gehalten haben?

Stellen wir vergleichsweise den Lebensweg seiner beiden Zeit- und Berufsgenossen Händel und Telemann dagegen; alle drei sind in demselben Jahrzehnt geboren, nicht allzu weit voneinander. Der 1681 in Magdeburg geborene Georg Philipp Telemann erprobte in seinem langen Leben folgende Städte und Anstellungen: Nach seinen — in der musikalischen Ambition sehr behinderten — Jugendjahren lebte er in Leipzig (wo er Jura studierte) gleichsam als jugendlicher Konkurrent zum alternden Thomaskantor Kuhnau, wirkte dann in Sorau und Eisenach als Hofkapellmeister, in Frankfurt (Main) als Städtischer Musikdirektor und verbrachte die letzten Jahrzehnte seines Lebens als angesehener Städtischer Kantor in Hamburg (wo Bachs zweitältester Sohn sein Nachfolger wurde). Deutlich läßt sich, in Parallele zu Bach, die Zielsetzung auf eine feste bürgerliche, „republikanische" Anstellung erkennen. Übrigens verstand es auch Telemann ausgezeichnet, sich ins rechte Licht zu setzen und auch finanziell das Bestmögliche herauszuschlagen. Aber während Bach im engen thüringisch-sächsischen Raum verbleibt, geht Telemanns Lebensweg mehr in die Weite, insbesondere durch den Aufenthalt in den bedeutendsten deutschen Städten Leipzig (deren späteren Ruf er bewußt ausschlägt), Frankfurt und Hamburg. Für Telemanns Schaffensprofil, für die Thematik seiner Werke hat das Fluidum solcher Wirkungsstätten zweifellos entscheidende Anregungen gegeben.
Wieder ganz anders gestalteten sich die Lebensstationen von Georg Friedrich Händel. Seine Jugendzeit verlebt er ohne größere Konflikte und persönliche Schwierigkeiten in seiner Heimatstadt Halle. Mit achtzehn Jahren beginnen seine Wanderjahre, die ihn nach Hamburg (wohin Telemann erst viel später gelangt), nach Italien und, über eine kurze Zeit in Hannover, nach London führen, wo er sein Leben beschließt. Mit Ausnahme einer kurzfristigen Anstellung an der Hamburger Oper und als Hofkapellmeister in Hannover ist Händel keinerlei höfische oder städtische Bindung eingegangen; sowohl den feudalen Hof wie die kirchlichen Räume hat er kaum je als Angestellter betreten. Insofern ist der Typ des bürgerlich „freien" Künstlers bei ihm am stärksten ausgeprägt, freilich wesentlich geformt von den Bedingungen in den weit progressiveren außerdeutschen Ländern Italien und vor allem England, wo solche Möglichkeiten — die gewiß zugleich manche ärgerli-

chen Konflikte und Abhängigkeiten anderer Art in sich bargen — allein gegeben waren. Die großzügige Lebenskurve dieses Meisters ist, zumindest für das damalige Deutschland, nicht zeittypisch gewesen; sie wies im Äußeren wie in ihren künstlerischen Ergebnissen auf eine neue Zeit, die Bach ausschließlich in seinen Kompositionen miterbauen konnte.
Diese Gegenüberstellung erhellt, daß der Eisenacher Meister durch Herkommen, Familientradition und Erziehung von vornherein stark auf die Intensivierung der überkommenen Musiktraditionen und ihrer Funktion gelenkt, aber auch auf den angestammten Wirkungsraum angewiesen war; irgendein Experimentieren kam für ihn in beiderlei Hinsicht nicht in Frage. Die extreme Verschiedenheit zu Händel — demgegenüber Telemann eine freundliche Mittelstellung einnimmt — verdeutlicht die widerspruchsvolle Situation jener Epoche in ihrer Auswirkung auf große Musikerpersönlichkeiten. Gerade die frühe familien- und umgebungsbedingte Bindung an eine bestimmte musikalische Sphäre und ihre heimischen Traditionen ließ es Bach, trotz eminenten Interesses für auswärtige Anregungen, geboten erscheinen, seinen angestammten Kreis geographisch und im Berufsprofil nicht zu überschreiten, sondern ihn, unter den gegebenen Möglichkeiten, bis ins kleinste auszubauen. Die soziale Stellung als Kirchen- und Hofmusiker an mitteldeutschen Städten und Residenzen mußte ihm letztlich genügen, seine künstlerischen Konzeptionen zu erreichen, die gegebenen Formen und Inhalte auszuschöpfen und bis ins letzte zu erfüllen, ohne jeden Ehrgeiz, neue Funktionen und Gattungen schaffen zu wollen. Dem Drang in die Weite und Vielfalt, in die Höhe der Aufgabenstellung, wie er bei Telemann und — gesteigert — bei Händel sichtbar ist, entsprechen bei Bach das unbedingte Streben nach festem Ausbau der vorhandenen Möglichkeiten und die Tiefe ihrer Nutzung.

Jugend-, Lehr- und Wanderjahre
Eisenach/Ohrdruf/Lüneburg (1685—1703)

Über die frühe Kindheit von Johann Sebastian Bach in Eisenach und Ohrdruf sind wir nur sehr spärlich unterrichtet und vorwiegend auf Vermutungen angewiesen. Aus verschiedenen Hinweisen, die sich vor allem auf Familientradition gründen, geht hervor, daß er schon früh mit den wichtigsten Musikinstrumenten vertraut wurde, so mit dem Clavichord und dem Cembalo sowie mit der Orgel, zumal ein Vetter seines Vaters, Johann Christoph Bach, an der Georgenkirche als Organist wirkte. Aber auch auf anderen Instrumenten, insbesondere auf der Violine, wurde der junge Johann Sebastian von seinem Vater, vielleicht auch seinen Geschwistern — bei seiner Geburt waren es schon sechs —, unterwiesen. Neben die musikalische Ausbildung, die sich ebenso selbstverständlich wie gezielt ergab, trat eine solide Allgemeinbildung, die er sich auf der Eisenacher Lateinschule in den Anfangsgründen erwerben konnte; Schulkantorei und Kurrende (an derselben Schule

Eisenach

Der alte Stadtpfeiferturm in Eisenach

war Luther Schüler gewesen) machten ihn mit dem Kirchengesang bekannt. Im Jahre 1694 (3. Mai) verlor Johann Sebastian, der ein Jahr vorher mit der Schule begonnen hatte, seine Mutter (Elisabeth, geb. Lämmerhirt); schon am 24. Februar des Folgejahres starb der Vater (der bald nach dem Tode der ersten Gattin nochmals geheiratet hatte). So standen die im Hause am Frauenplan verbliebenen Kinder — insbesondere der 1682 geborene Johann Jacob und Johann Sebastian — allein; der vierzehn Jahre ältere Bruder Johann Christoph, der Organist an der Michaeliskirche in Ohrdruf war und dort einen eigenen Hausstand gegründet hatte, nahm sie auf.[8]
Die fünf Jahre, die Johann Sebastian in Ohrdruf verbrachte, sind für seine Entwicklung sehr wichtig gewesen. Obwohl erst mit acht Jahren (wie üblich) auf die Schule gekommen, erreichte er bereits mit fünfzehn Jahren die Prima, und er scheint ein ausgezeichneter Schüler gewesen zu sein, was auch die von ihm erhaltenen späteren Schriftstücke bezeugen. Der Einfluß der humanistischen Lehren von Comenius war in den Schulen

des Herzogtums Sachsen-Gotha und somit auf breite Bevölkerungsteile spürbar. Nicht weniger wichtig war die Tatsache, daß der Bruder Johann Christoph ein Schüler des bedeutenden Johann Pachelbel aus Nürnberg gewesen war; dieser wirkte kurze Zeit in Eisenach als Hoforganist und in Erfurt als Organist der Predigerkirche, wo Johann Christoph seinen Unterricht genossen hatte. Pachelbel, der führende süddeutsche Komponist in Orgelwerken, hat die von ihm wesentlich begründete Tradition der Choralvorspiele und Choralvariationen über Johann Christoph an unseren Bach weitergegeben. Eine Anekdote wird im Nekrolog berichtet[9]: Der wißbegierige kleine Johann Sebastian habe eine Sammlung schwieriger Klavierstücke dem älteren Bruder aus dem Notenschrank entwendet, um sie abzuschreiben und sich darin zu schulen; aber man nahm sie ihm wieder ab, weil sie noch zu schwer für ihn seien. — Wie sich des jungen Bach Leben im einzelnen gestaltete, darüber wissen wir nichts; wir können aber annehmen, daß die Erziehung des Waisen streng und dennoch in einer freundlichen familiären Atmosphäre verlief und ganz auf eine zielstrebige musikalische Ausbildung gerichtet war. Der junge Bach war kein Wunderkind; sein Genius wuchs in aller Stille heran, ohne fürstliche Hilfe, ohne Sensationen.

So war das wichtigste Ergebnis dieser fünfzehn Lebensjahre die umfassende Aneignung einer großen häuslichen Musikertradi-

Ohrdruf

tion und die Bekanntschaft mit der süddeutschen Orgelschule; ferner eine solide, ja ausgezeichnete elementare Allgemeinbildung an den Lateinschulen in Eisenach und Ohrdruf bis zur Prima. Der junge Bach hatte somit die besten Voraussetzungen erworben, um die Laufbahn eines qualifizierten Musikers einzuschlagen, bei dem interpretatorische Verpflichtungen auf Tasten- und Streichinstrumenten und Kenntnis sängerischer Probleme ebenso benötigt wurden wie schöpferisch-kompositorische Fertigkeiten. In dem erwähnten Johann Pachelbel, der die Traditionen der süddeutschen reich entwickelten Orgelkunst mit den norddeutschen kontrapunktisch-fantastischen Errungenschaften — wie sie von Lüneburg bis Hamburg und Lübeck gepflegt wurden — verband, hatte Bach das beste Vorbild, das ihn zu seiner nächsten Lebensstation geleitete.

Am 15. März 1700 reiste der knapp fünfzehnjährige Bach nach Lüneburg, wohin er durch einen Ohrdrufer Kantor als Michaelisschüler empfohlen worden war. Denn im Hause seines Bruders war es durch eine Vielzahl von Kindern eng geworden; auch Johann Jacob war bereits nach Eisenach zurückgekehrt. Gemeinsam mit seinem Ohrdrufer Schulkameraden Georg Erdmann wurde Bach nun Sänger in der Michaeliskirche, sang auch in der Kurrende mit oder leitete sie gar schon; vor allem aber wird er sich auf der Orgel versucht haben. Denn das Entscheidende dieser zwei Lüneburger Jahre war, daß er die hanseatische Orgelkunst kennenlernte, die ihm hier in mehreren hervorragenden Repräsentanten entgegentrat. An der Orgel der Nikolaikirche saß (seit 1662) Johann Jacob Löwe, ein Meisterschüler von Schütz, ehemals Hofkapellmeister in Wolfenbüttel; in der Johanneskirche wirkte als Organist der aus Thüringen stammende Georg Böhm, der die Tradition der Orgelkunst eines Jan Pieterszon Sweelinck (Amsterdam) über die Hamburger Orgelmeister Heinrich Scheidemann und Jan Adams Reinken erhalten hatte. Vor allem Böhms Einfluß muß auf den jungen Bach sehr stark und nachhaltig gewesen sein; seine feine Kunst der Orgelchoralbearbeitung hat er in seiner Weimarer Zeit individuell weiterentwickelt.[10]
Von Lüneburg aus konnte sich Bach, sicherlich durch die genannten Meister angeregt, in den benachbarten Musikzentren etwas umsehen. Da war zunächst die kleine Residenzstadt Celle, wo Herzog Georg Wilhelm unter dem Einfluß

In der Michaeliskirche zu Lüneburg sang Bach als Mitglied des Mettenchores

seiner aus Frankreich stammenden Gattin nicht nur die Hofhaltung, sondern auch die Musik ganz nach französischem Geschmack ausgebildet hatte. Seit 1666 bestand in Celle eine französische Hofkapelle, die vor allem die Suiten- und Ballettkunst eines Jean-Baptiste Lully und seiner deutschen Nachahmer pflegte; es kann angenommen werden, daß der junge Bach dort sogar am Geigen- oder Bratschenpult zuweilen mitgespielt hat. Auf jeden Fall hat die ebenso elegante wie fein ziselierte

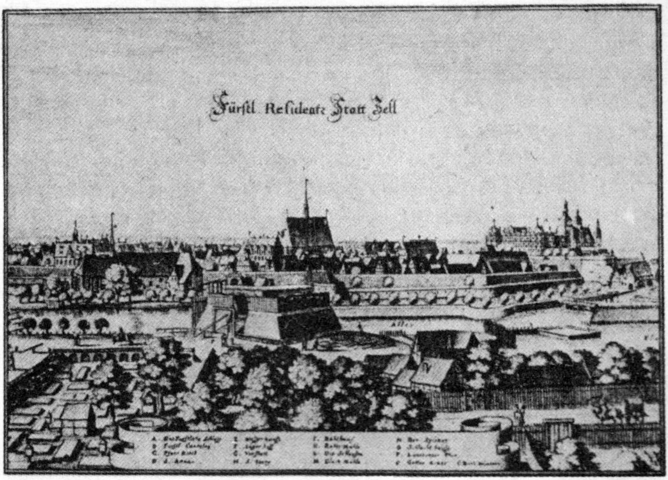

Celle

französische Musik jener Zeit starken Einfluß auf Bachs Instrumentalkunst ausgeübt, was besonders deutlich die in der Köthener Zeit entstandenen *Französischen Suiten* bekunden. Die Suitenkunst eines François Couperin und eines Jean-Philippe Rameau war damals erst im Entstehen; aber es kann als sicher gelten, daß Bach die hier begonnene Bekanntschaft mit der französischen Suitenliteratur nicht abreißen ließ und seit diesen frühen Kostproben in ständigem Kontakt mit ihr war. Wahrscheinlich hat Bach schon damals in diesem Stil auch komponiert, ohne daß viel davon auf uns gekommen wäre; erhalten sind einige kleinere Orgel- und Cembalostücke, die natürlich noch keine allzu große Individualität erkennen lassen.[11]
Aber den jungen Musiker zog es noch weiter nach dem Norden; er besuchte in Hamburg den greisen Organisten Jan Adams Reinken, der an der Katharinenkirche mit noch reichlich achtzig Jahren wirkte — fast zwanzig Jahre später hat Bach den fast Hundertjährigen von Köthen aus noch einmal besucht.
Nicht nur diese — zwar etwas kalte und strenge, aber außerordentlich phantastisch ausgestaltete — Orgelkunst wird Bach in Hamburg interessiert haben; damals stand die Oper am Gänsemarkt in Blüte; der aus Teuchern stammende Reinhard Keiser

beherrschte diese führende deutsche Opernbühne, und der junge Diplomat und Musikschriftsteller Johann Mattheson, der sich zum führenden Repräsentanten der deutschen Frühaufklärung auf musikalischem Gebiet entwickelte, zog bereits mit einer scharfen Feder gegen seine Widersacher zu Felde. Bald darauf, von 1703 bis 1706, sollte hier der junge Händel mit seinen frühen Opern die musikalische Welt in Erstaunen setzen. Bach hat in seinem späteren Wirken nur indirekt — also nicht mit der Schaffung von Opern — Gelegenheit gehabt, sich im dramatischen Stil kompositorisch zu betätigen; erste Anregungen hat er sicherlich von hier mitgenommen.

Wir sind hinsichtlich der Kenntnis der Lüneburger Jahre Bachs auf einige wenige biographische Mitteilungen und auf Vermutungen angewiesen; authentische Zeugnisse über seinen Aufenthalt gibt es nur in Form zweier Rechnungsbelege (über erhaltenes Mettengeld). Es waren entscheidende Lehrjahre des jungen Musikers, der nun, mit knapp achtzehn Jahren, seine erste selbständige Bewährungsprobe zu bestehen hatte; die Vielfalt der musikalischen Anregungen, ihre bemühte und begeisterte Aufnahme garantierten reiches Gelingen. Die vorzüglich ausgestattete Bibliothek der Lüneburger Michaelis-

Das alte Opernhaus am Gänsemarkt zu Hamburg

Jan Adams
Reinken

schule, die Begegnung mit dem geistig und musikalisch dem Neuen aufgeschlossenen Hof in Celle, die vielgestaltigen Hamburger Erlebnisse, all dies trug dazu bei, daß Johann Sebastian Bach wohlgerüstet einem selbständigen Wirkungsfeld entgegenschritt.

Städtischer Organist

Arnstadt/Mühlhausen (1703—1708)

Seit August des Jahres 1702 ist der achtzehnjährige Bach wieder auf dem Wege in seine thüringische Heimat, nachdem er schon im Juli für die Organistenstelle der Sangerhäuser Jakobikirche — erfolglos — kandidiert hatte. Er strebte jedenfalls nach einer Organistenstelle; das schien ihm zunächst seine Berufung. In der Arnstädter Bonifaziuskirche wurde eine neue Orgel gebaut, auch ein Organist benötigt. Er bewarb sich darum und nahm für die Zwischenzeit die Stellung eines Violinisten in der Kapelle des Herzogs Johann Ernst von Sachsen-Weimar an, der damals ein hervorragender Geiger wie Johann Paul Westhoff angehörte. In diesem Jahre 1702/03 (über das wenig Belege existieren) hat sich der junge Violinist und Organist anscheinend viel umgetan und sich vor allem in letzterer Funktion einen Namen gemacht.

Arnstadt

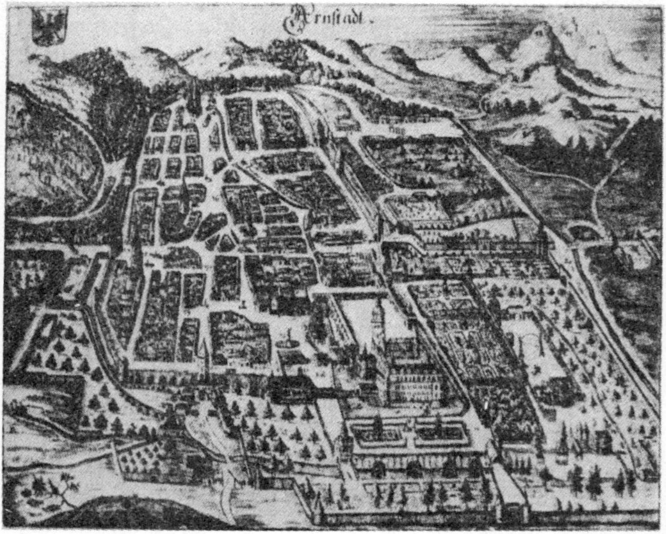

Seit dem 14. August 1703 ist Bach Organist in Arnstadt, wo sein Ruf schon so bedeutend war, daß man ihn höher dotierte als jeden früheren Organisten.[12]
Diese Karriere entsprach bis dahin in gewissem Sinne derjenigen Händels, doch in bezeichnender Umkehrung: Händel begann in seiner Heimatstadt als Organist und wurde 1703 Geiger in Hamburg, während Bach als Geiger begann und nun die Organistenlaufbahn einschlug. Und während Händel in Hamburg die Grundlagen erwarb für sein Opernschaffen, bildeten sich in Arnstadt bei Bach die Grundlagen zu seinen mächtigen polyphonen Werken auf der Orgel und anderen Tasteninstrumenten, wurden somit die Voraussetzungen geschaffen für seine große Instrumentalkunst. Die vier Arnstädter Jahre von 1703 bis 1707 stellen also gegenüber den gleichen Hamburger Jahren Händels den endgültigen Scheideweg dar.
Die Quellen über Bachs Wirken in Arnstadt fließen weit reichlicher als die über seine frühen Jugendjahre; zugleich fließen sie mit jenen in manchem wieder zusammen. Bach schrieb im Jahre 1704 eines seiner frühesten datierten Werke, *Capriccio auf die Abreise des geliebten Bruders*, nämlich seines Bruders Johann Jacob aus Eisenach, der an den Kriegszügen Karls XII. von Schweden teilnahm (dort auch 1721 starb). Titel und Gattung der Komposition zeigen, daß sich der junge Bach bereits mit der Programmusik seiner Zeit — insbesondere den programmatischen Cembalostücken eines Johann Kuhnau (seines Leipziger Amtsvorgängers), aber vielleicht auch bereits mit der Clavecinmusik der Franzosen Couperin und Chambonnières und des Italieners Poglietti — beschäftigt hatte. In naiver Folge wird mit Postillonklängen und elegischen Seufzern, insgesamt aber in humorvollem Ton das kleine Ereignis geschildert, nicht ohne das bereits erworbene kontrapunktische Können unter Beweis zu stellen — eine hübsche Talentprobe.

Fuga all'imitazione della cornetta di postiglione

Spieltisch der Orgel in der Neuen Kirche zu Arnstadt

Aber das Hauptinteresse galt jetzt der Orgel. Auch hier ging Bach, wie das sich bei ihm immer wieder zeigen sollte, methodisch gründlich und konsequent vor. Bereits ein gutes Jahr nach seinem Dienstantritt nahm er für vier Wochen Urlaub, um eine Fußreise nach Lübeck zu unternehmen und dort den berühmten Marien-Organisten Dietrich Buxtehude zu besuchen. Aus den vier Wochen wurden fast vier Monate; zwar vertrat ihn ein Vetter auf der Orgelbank, aber die Kirchenbehörden waren, wie wir aus Berichten wissen, verständlicherweise keineswegs erbaut über diesen langen Urlaub, den sich der junge Musiker bewilligt hatte. Freilich war das eine wichtige Reise für ihn; war doch Buxtehude der bekannteste norddeutsche Orgelmeister, der sowohl durch sein Orgelspiel selbst als auch durch die großzügige, oft auch sehr verwickelte Linienführung seiner Präludien, Fugen und Fantasien auf die musikalische Welt faszinierend wirkte. Zudem hatte er in Lübeck „Geistliche Abendmusiken" eingerichtet, bei denen an den fünf Sonntagen vor Weihnachten zyklisch biblische Oratorien aufgeführt wurden, die auf Bachs *Weihnachtsoratorium* stark wirken sollten. Vielleicht wäre Bach gar als Nachfolger für Buxtehude in Frage gekommen, denn dieser war geneigt, das Amt abzugeben; allerdings war daran die delikate Bedingung geknüpft, die fast dreißigjährige Tocher zu ehelichen, wovor sich Bach wohl ebenso scheute wie Händel und Mattheson, die kurze Zeit

vorher vom nahen Hamburg angereist waren, um die Lage zu sondieren.
Auf jeden Fall hat Bach von der Lübecker Reise für sein eigenes Schaffen sehr viel mitgenommen, vor allem was Orgelspiel und Orgelkomposition betraf. Seine geistlichen Herren dagegen hielten es Anfang des Jahres 1706 für nötig, sich mit ihm über seinen Orgeldienst auszusprechen.[13] Natürlich war die Rede von der langen Urlaubsüberschreitung, die man allerdings nicht zum Entlassungsgrund machen wollte; man wußte, was man an dem jungen Künstler hatte. Aber noch weniger erbaut war man über die „neumodischen" Manieren, die er von Buxtehudes Orgelkunst mitgebracht hatte; man sagte, „daß er bißhero in den Choral viele wunderliche variationes gemachet, viele frembde Töne mit eingemischet, daß die Gemeinde darüber confundiret worden". Man konnte also mit dieser neuen kühnen Musik nichts Rechtes anfangen; es war die geniale Improvisationskunst, die schockierte, aber auch die sehr individuelle Begleitung des Gemeindesingens, die Bach gegenüber den althergebrachten Normen bereicherte und differenzierte. Daß er auch den Pfarrer in etliche Schwierigkeiten beim Gang vom Altar zur Kanzel zu bringen vermochte, sagte der Chorpräfekt aus: „Der Organist Bach habe bißhero etwager zu lang gespiehlet, nachdem ihm aber von Herrn Superintendent deswegen anzeige beschehen, währe er gleich auf das andere extremum gefallen, und hätte es zu kurtz gemachet."
Man merkt hier die Aufsässigkeit des jungen Künstlers, der seinem eigenen künstlerischen Gewissen folgt, keine Behörde, keine dogmatische Beschränkung anerkennt, frei mit den Regeln verfährt und experimentiert. Bach scheint, wie aus den erhaltenen Verhandlungsprotokollen hervorgeht, nicht gewillt gewesen zu sein, klein beizugeben, auch als man ihn zur Rede stellte, er beaufsichtige nicht die Chorübungen der Gymnasiasten, forderte er, dann müsse dafür eben noch ein anderer Mann her.
Diese ärgerlichen Verhandlungen haben Bach Arnstadt auf die Dauer wohl verleidet; er sah sich nach einem anderen Wirkungsfeld um und fand es an der Orgel von St. Blasii in Mühlhausen. Im Dezember 1706 war der dortige Organist Johann Georg Ahle verstorben. Man nahm den jungen Bach, der zu Ostern 1707 sein Probespiel ablegte, sofort; am 15. Juni 1707 erfolgte die offizielle Bestallung.[14]

In der Marienkirche zu Lübeck veranstaltete Dietrich Buxtehude in der Adventszeit seine Abendmusiken

Was hat Bach in seinen Arnstädter Jahren geschaffen? Aus dieser frühen Zeit ist verhältnismäßig wenig auf uns gekommen; es sind vor allem Klavierkompositionen — die eine erwähnten wir schon — sowie erste Orgelwerke, wie es seinem Beruf entsprach. Der junge Bach ist schon in seinen frühen Werken stark von seinen eigenen spieltechnischen Bedürfnissen und natürlich von den Notwendigkeiten seines Amtes ausgegangen. So überwiegt die virtuose und improvisatorische Seite; die streng gearbeitete Musik steht noch zurück. Die in Arnstadt vorwiegend gepflegten Formen sind die Toccata, die Fantasie und die Partita, und zwar auf beiden Instrumenten. Unter dem deutlichen Einfluß von Buxtehude herrscht eine lockere und dennoch klar gemeisterte Reihung von Gedanken vor, die sich zuweilen zu mächtigen harmonischen und virtuosen Kulminationspunkten erheben. Auch ist schon eine starke kontrapunktische Tendenz zu erkennen; sie tritt aber mehr gelegentlich auf, dominiert durchaus nicht. Dagegen legt der junge Bach Wert auf eine freie Handhabung der Variationskunst, die auf der Traditionslinie Scheidt-Froberger-Pachelbel lag; diese Seite sollte sich im späteren Schaffen noch bedeutend entfalten. Die Anfänge zweier Partiten — beide für Orgel und wahrscheinlich aus der Lüneburger Zeit — mögen die bereits erkennbare plastische Erfindungskraft des jungen Komponisten verdeutlichen.

Johann Sebastian Bach, in starker musikalischer Familientradition aufgewachsen, war — wir deuteten es schon an — kein Wunderkind wie offenbar der junge Händel oder wie zweifellos der kleine Mozart; er hat sich alles langsam und systematisch erarbeitet. Der geniale Funken ist in den frühesten erhaltenen Werken schon spürbar, aber er schlägt noch nicht durch. Als Organist und Cembalist bereits Meister, gewinnt er weit langsamer kompositorisches Profil.

Zunächst heiratete der Zweiundzwanzigjährige seine Kusine zweiten Grades Barbara Bach aus Arnstadt (die Arnstädter Kirchenbehörden hatten schon bei der Vernehmung vom Jahre

Das älteste erhaltene Notenautograph Bachs: Choralbearbeitung über „Wie schön leuchtet der Morgenstern“ aus der Arnstädter Zeit

1706 mißbilligend von der „frembden Jungfer“ gesprochen, mit der der junge Organist in der Kirche musiziert hatte); die Trauung erfolgte am 17. August 1707 in Dornheim bei Arnstadt — damals stand aber Bach schon in Mühlhäuser Diensten. Aus dieser Zeit stammt auch das sogenannte *Quodlibet*, das auf eine Familienhochzeit geschrieben ist und in lustigem Durch- und Übereinander die verschiedensten Liedbrocken ertönen, auch recht drastische Tonmalereien und bewußt falsche Stimmführungen zum Gaudium der Sänger und Zuhörer einfließen läßt. Das (leider unvollständig erhaltene) Manuskript dieser Komposition ist die erste uns überlieferte Notenhandschrift Bachs (womit nicht gesagt ist, daß das Werk wirklich von ihm selbst stammt).[15]

Die Mühlhäuser Amtszeit war nur kurz, obwohl sie sehr erfolgversprechend und günstig begann. Bach wurde hier die Ehre zuteil, zur Einführung des neuen Ratskollegiums des Jahres 1708 eine *Ratswechselkantate — Gott ist mein König* (BWV 71) — zu schreiben. Das ist die erste größere überlieferte Vokalkomposition Bachs, und sie wurde sogar des festlichen Anlasses wegen gedruckt. Mit ihrer — für die damaligen Begriffe — recht prächtigen Besetzung (auch Trompeten sind dabei) stellt sie den würdigen Beginn der großen Reihe Bachscher Kantaten dar, die ja meist einem sehr konkreten und oft weltlichen Anlaß ihre Entstehung verdanken. Noch eine zweite Ratswechselkantate hat Bach für Mühlhausen geschrieben; sie ist leider nicht erhalten. Die weiteren Kompositionen der Mühlhäuser Zeit setzen die Reihe der Klavier- und Orgelwerke von Arnstadt fort, ohne bereits zu einem neuen Ausdruck vorzudringen; Bach war durchaus noch in seiner Lehrzeit, die sich für ihn aus dem intensiven Studium der vorliegenden Musik ergab. Zweifellos haben auch Johann Rudolf und Johann Georg Ahle, seine beiden Amtsvorgänger an St. Blasii, ihm dabei manche Anregungen gegeben.

Sicherlich wäre Bach in dem freundlichen Städtchen geblieben, wenn der dort gerade aufflammende Streit zwischen Orthodoxie und Pietismus ihm den Aufenthalt nicht verleidet hätte. In Mühlhausen gab es eine kämpferische Tradition, die bis auf Thomas Müntzer zurückging, das Haupt der Wiedertäufer und des Bauernkrieges, der auf wesentliche sozialrevolutionäre Elemente des Christentums zurückgriff. Johann Adolph Frohne, seit 1691 Pastor an St. Blasii und Superintendent, war das Mühlhäuser Haupt der vor allem von Philipp Jacob Spener vertretenen pietistischen Bewegung, die Bach innerlich stark ansprach; denn auch er stellte stets den Glauben über alles Formelwesen. An der Marienkirche wirkte jedoch Georg Christian Eilmar, der ganz im Geiste der lutherischen Orthodoxie predigte; nach Erziehung und Schätzung der Musik (sie

Portal der Marienkirche zu Mühlhausen

wurde von Frohne, dem puritanisch strengen Kleriker, wenig geschätzt) mußte Bach diesem Pastor zuneigen, der ihm übrigens auch später noch freundschaftlich verbunden blieb. Bach befand sich in einem Dilemma: Er fühlte sich von den starken Gefühlswerten der pietistischen Lehre, die ja das starre protestantische Dogma nach Maßgabe individueller Gläubigkeit überwinden wollte und in manchem dem bürgerlichen Emanzipationsbestreben entsprach, sehr angezogen; andererseits war der Pietismus gegen eine stärkere Mitwirkung der Musik, insbesondere der Instrumentalmusik, im Gottesdienst, auf die Bach natürlich nicht verzichten wollte. Wir wissen nicht allzu viel darüber, inwieweit der junge Bach in diesen Streit direkt verwickelt war; auf jeden Fall zog er es vor, diesen Auseinandersetzungen bald aus dem Wege zu gehen und wieder in den bereits 1703 kurz erprobten Weimarer Dienst zu treten, diesmal bei dem regierenden Herzog Wilhelm Ernst.
Das Entlassungsgesuch, das Bach am 25. Juni 1708 an den Rat der Stadt Mühlhausen richtete, ist das erste authentische Dokument über Bachs Berufsansichten; es soll hier in vollem Wortlaut folgen.

Magnifice, Hoch und WohlEdle, Hoch und
Wohlgelahrte, Hoch und Wohlweise Herrn,
Hochgeneigte Patroni und Herrn.

Welcher gestallt Eüre: Magnificenz, und Hochgeschäzte Patronen zu dem vor dem Jahre verledigtem Organisten Dienste D: Blasii meine Wenigkeit hochgeneigt haben bestellen, darneben auch Dero Milde zu meiner beßeren subsistenz mich genießen laßen wollen, habe mit gehorsahmen Danck iederzeit zu erkennen. Wenn auch ich stets den Endzweck, nemlich eine regulirte kirchen music zu Gottes Ehren, und Ihren Willen nach, gerne aufführen mögen, und sonst nach meinem geringen vermögen der fast auf allen Dorfschafften anwachsenden kirchen music, und offt beßer, als allhier fasonierten harmonie möglichst aufgeholffen hätte, und darümb weit u. breit, nicht sonder kosten, einen guthen apparat der auserleßensten kirchen Stükken mir angeschaffet, wie nichts weniger das project zu denen abzuhelffenden nöthigen Fehlern der Orgel ich pflichtmäßig überreichet habe, und sonst aller Ohrt meiner Bestallung mit Lust nachkommen währe: so hat sichs doch ohne wiedrigkeit nicht fügen wollen, gestalt auch zur zeit die wenigste apparence

ist, daß es sich anders, obwohl zu dieser kirchen selbst eigenen Seelen vergnügen künfftig fügen mögte, über dießes demüthig anheim gebende, wie so schlecht auch meine Lebensarth ist, bey dem Abgange des Haußzinses, und anderer eüßerst nöthigen consumtionen, ich nothdürfftig leben könne.
Alß hat es Gott gefüget, daß eine Enderung mir unvermuthet zu handen kommen, darinne ich mich in einer hinlänglicheren subsistence und Erhaltung meines endzweckes wegen der wohlzufaßenden kirchenmusic ohne verdrießligkeit anderer ersehe, wenn bey Ihro HochFürstlichen Durchlaucht zu Sachsen Weymar zu dero Hoffcapell und Cammer music das entree gnädigst erhalten habe. Wannenhero solches Vorhaben meinen Hochgeneigtesten Patronen ich hiermit in gehorsahmen respect habe hinterbringen und zugleich bitten sollen, mit meinen geringen kirchen Diensten vor dießesmahls vor willen zu nehmen, und mich mit einer gütigen dimission förderlichst zu versehen. Kan ich ferner etwas zu Dero Kirchen Dienst contribuiren, so will ichs mehr in der That, als in Worten darstellen, verharrende lebenslang

HochEdler Herr,
Hochgeneigte Patronen und Herrn,
Deroselben

Mühlhausen. *dienstgehohrsamster*
den 25. Jun: *Joh: Seb: Bach.*
anno 1708.

An die
Allerseits respectivè
Höchst und Hochgeschäzten
Herrn Eingepfarrten
D:Blasii,
unterthäniges
Memoriale. [16]

Bach deutet also drei Gründe für seinen Weggang an:
1. der „Endzweck einer regulierten Kirchenmusik“ scheint ihm in Mühlhausen nicht gesichert;
2. es habe sich „ohne Widrigkeit“ nicht fügen wollen, länger zu bleiben;
3. die Besoldung ist zu gering.

Mit „Endzweck“ meint Bach hier wohl seinen Wunsch, in

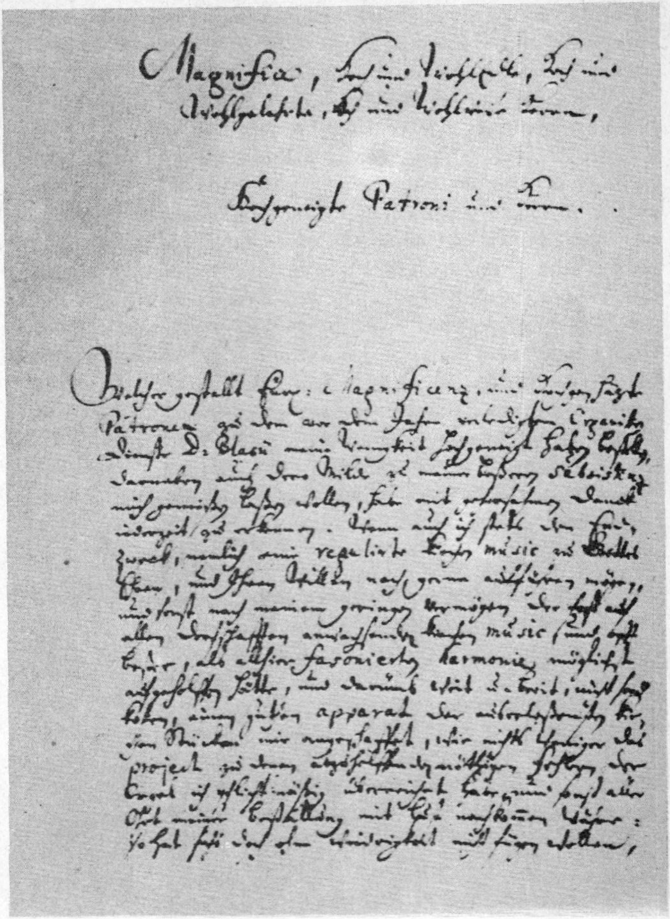

Bachs Abschiedsgesuch aus Mühlhausen vom 25. Juni 1708

regelmäßigem Turnus Kantaten aufzuführen, was ihm später (seit 1714) in Weimar und dann vor allem in Leipzig ermöglicht wurde. Wir werden sehen, daß diese Zielsetzung sich im Laufe seines Lebens entscheidend änderte. Die „Widrigkeit“ deutet wahrscheinlich auf die religiösen Auseinandersetzungen hin (die ihm sicherlich persönlich nahegegangen sind), und die

geringe Honorierung stellt auch späterhin bei Bach einen wichtigen Kündigungsgrund dar, obwohl er in Mühlhausen mehr Gehalt zugebilligt bekommen hatte als sein Amtsvorgänger. Der Rat bewilligte die Demission; Bach konnte schon Mitte des Jahres seine Dienste in Weimar antreten.
Die Mühlhäuser Zeit, so kurz sie war, muß für Bach eine Periode gründlicher Besinnung gewesen sein; sie sollte deshalb noch etwas genauer beleuchtet werden. Während die Arnstädter (bzw. Lüneburger) Jahre wohl äußerst intensiver Ausbildung im rein Musikalischen gewidmet waren, die kaum stärkere geistige oder auch geistliche Interessen einbezog, scheint sich in Mühlhausen das Blickfeld des jungen Künstlers sehr geweitet zu haben, vor allem durch das Studium theologischer Literatur; wahrscheinlich hat sich Bach hier auch den Stamm seiner Bücherei angelegt, in der stets Luther-Ausgaben bzw. die Bibelexegese dominierten, aber auch Streitschriften und pietistische Bücher eine Rolle spielten.
Ein philosophischer Kopf im engeren Sinne ist Bach nicht gewesen. Er ging stets von seiner musikalischen Praxis und Zielsetzung aus, wobei natürlich religiöse Fragen häufig relevant wurden; aber auch ihnen wich er nach Möglichkeit aus, soweit sie nicht die innere Struktur seiner Musik betrafen. Die genaue Interpretation des biblischen Wortes stand für ihn im Mittelpunkt seiner Vokalwerke, aber in der Freiheit eines Christenmenschen, der sich persönlich mit seinem Gott auseinandersetzen und mit seinen Mitmenschen über ihn austauschen will. Darum suchte Bach Texte, die das kraftvolle Luthersche Wort mit der leidenschaftlichen Inbrunst und Schwärmerei mystischer und pietistischer Überlieferung verbanden, und es kam durchaus vor, daß er sich selbst poetisch ins Zeug legte, um einen Kerngedanken, einen differenzierteren Gefühlsausdruck in Worte zu kleiden. Dogmatische Spitzfindigkeiten lagen ihm fern; ihn berührten echt menschliche, den Menschen seiner Zeit bewegende Probleme. Die Humanisierung der Christusgestalt mußte dabei stets im Mittelpunkt stehen.
So war es auch kein Bruch seiner bisherigen Zielsetzung, wenn er sich nun aus der streng kirchenmusikalischen Bindung löste und an einen ihm günstig erscheinenden absolutistischen Hof begab, wo er sich breitere Wirkungsmöglichkeiten versprach.
Bachs Charakter, der sich in dieser Lebensphase fest auszuprägen beginnt, soll hier eine kurze Betrachtung erfahren.

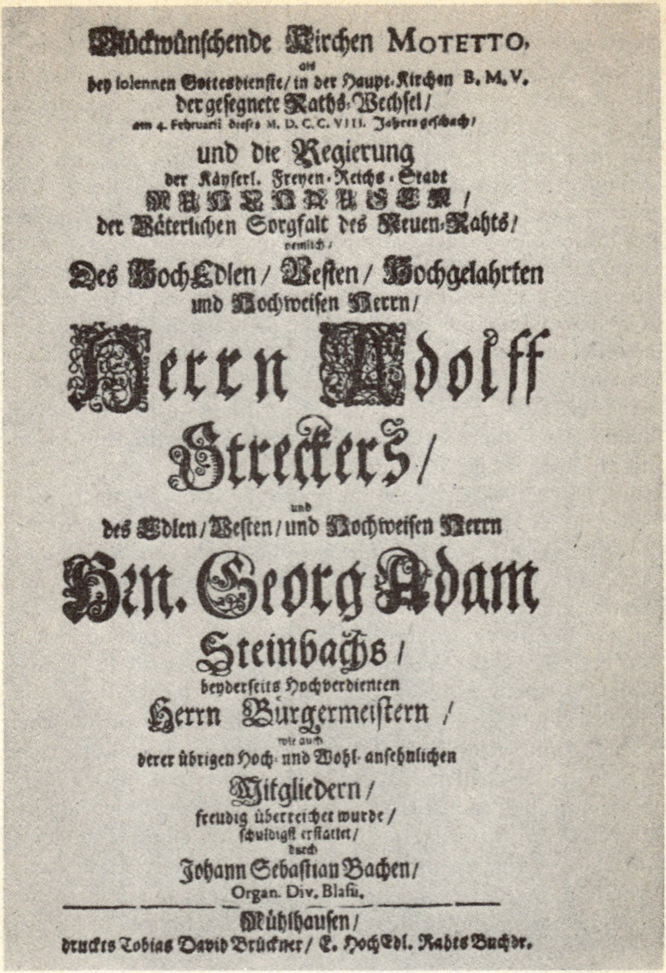
Glückwünschende Kirchen MOTETTO,
als
bey solennen Gottesdienste/ in der Haupt-Kirchen B. M. V.
der gesegnete Raths-Wechsel/
am 4. Februarii dieses M. D. C. C. VIII. Jahres geschach/
und die Regierung
der Käyserl. Freyen-Reichs-Stadt
MÜHLHAUSEN/
der Väterlichen Sorgfalt des Neuen-Rahts/
nemlich/
Des HochEdlen/ Vesten/ Hochgelahrten
und Hochweisen Herrn/
Herrn Adolff
Streckers/
und
des Edlen/ Vesten/ und Hochweisen Herrn
Hrn. Georg Adam
Steinbachs/
beyderseits Hochverdienten
Herrn Bürgermeistern/
wie auch
derer übrigen Hoch- und Wohl-ansehnlichen
Mitgliedern/
freudig überreichet wurde/
schuldigst erstattet/
durch
Johann Sebastian Bachen/
Organ. Div. Blasii.

Mühlhausen/
druckts Tobias David Brückner/ E. HochEdl. Rahts Buchdr.

Titelblatt der in Mühlhausen gedruckten Ratswechselkantate

Er war schon in diesen jungen Jahren kein bequemer Zeitgenosse, wie aus verschiedenen Berichten hervorgeht. Nicht nur, daß er im Sommer 1705 auf offener Straße einen handgreiflichen Streit mit dem von ihm als „Zippelfagottisten" bezeichneten Musiker Geyersbach zum Mißfallen seiner Vorgesetzten ausfocht, nicht nur der Ärger wegen der langen Lübecker Reise und der „Konfundierung" der Gemeinde durch sein individuelles Organistengebaren — man hatte es auch sonst nicht einfach mit ihm. So weigerte er sich, mit den Gymnasiasten Chöre einzustudieren (das war in Arnstadt auch nicht seine direkte Aufgabe), war im Umgang mit den Choristen ziemlich abrupt, vermochte sie andererseits auch nicht zur Ordnung anzuhalten und war leicht erregbar, was seine Autorität gefährdete und bei den Vorgesetzten auf Kritik stoßen mußte. In Leipzig, wo er für die Choreinstudierung hauptverantwortlich war, trat das verstärkt hervor. Das Bestreben, sich der oft kleinlichen Behandlung durch kirchliche und städtische Behörden zu entziehen, ist bei dieser Gemütsart Bachs, die seinem stark entwickelten Selbstbewußtsein und Emanzipationsdrang entsprang, verständlich; die folgenden anderthalb Jahrzehnte einer Bindung an absolutistische Höfe mußte ihm zumindest in dieser Beziehung als Befreiung erscheinen.

Hoforganist und Konzertmeister

Weimar (1708—1717)

Von seinem dreiundzwanzigsten bis zu seinem zweiunddreißigsten Lebensjahr wirkte Johann Sebastian Bach in Weimar. Diese neun Jahre zeigen ihn bereits auf dem Wege zur Meisterschaft, die einige Werke deutlich dokumentieren. Man kann diese Zeit in musikalischer Hinsicht als eine frühe Weimarer Klassik bezeichnen. Sicherlich gibt es keine direkten Verbindungslinien zu dem sechzig Jahre später in Weimar eintreffenden Goethe; aber was das geistige Klima, die Anregungen, die Möglichkeiten des Kennenlernens und Experimentierens betrifft, so war das schon eine frühklassische Atmosphäre, in der sich der gewaltige Geist des jungen Künstlers zu entfalten vermochte.
Der Hof selbst war kunstfreundlich, der regierende Herzog Wilhelm Ernst, eine Ausnahmeerscheinung unter den absolutistischen Fürsten seiner Zeit, ernsthaft um die Hebung der Kultur bemüht. In mancherlei Hinsicht hat er den Grund gelegt für die Weimarer Blütezeit Ende des Jahrhunderts. Berühmt wurde seine Gründung eines Waisenhauses, eines Lehrer- und Predigerseminars sowie eines Gymnasiums mit hohem Niveau; im Schloß ließ er eine prächtige Bibliothek und eine Münzsammlung anlegen. Eine Oper leistete er sich nicht, aber eine kleine Hofkapelle sowie zwölf Sänger, was Bach — der zunächst lediglich als Organist und Cammermusicus begann — genügen mußte. Auf dem der Wilhelmsburg benachbarten Gelben Schloß wohnten zwei Neffen des Herzogs, die Söhne des 1707 verstorbenen Herzogs Johann Ernst, von denen der ältere, Ernst August, schon seit 1709 Mitregent seines Oheims wurde. Aber das Verhältnis zwischen beiden war höchst unerquicklich, und Bach ist wohl auch in die Streitigkeiten hineingezogen worden, zumal er zu beiden Brüdern ein freundschaftliches Lehrer-Schüler-Verhältnis hatte. Der bereits 1715 verstorbene jüngere Bruder Johann Ernst war sogar ein begabter Komponist, mit dem sich Bach sehr intensiv beschäftigt haben muß.[17]
Überhaupt begann zu jener Zeit Bachs Tätigkeit als Lehrer. Sein

Johann Sebastian Bach während seiner Weimarer Amtszeit

Mühlhäuser Schüler, Johann Martin Schubart, begleitete ihn nach Weimar und wurde dort sein Nachfolger; Schubarts Nachfolger wurde ein Johann Caspar Vogler, der vielleicht schon in Arnstadt Bachs Schüler gewesen war. Ein wichtiger Weimarer Schüler Bachs war Johann Tobias Krebs, dessen Sohn Johann Ludwig einer der bevorzugten Alumnen und Schüler Bachs in Leipzig werden sollte.
Bachs pädagogische Fähigkeiten im engen, unmittelbar handwerklichen Sinne wurden stets gerühmt, sowohl an der Orgel und am Klavier als auch in der Komposition. Entwickelte er dort eine eigene Fingerhaltung, die auch den Daumenuntersatz einbezog, so hat er bei der Kompositionslehre ebenfalls weniger auf die Theorie als auf die Praxis der Generalbaßlehre, des vierstimmigen Choralsatzes sowie des freien Kontrapunktes, Wert gelegt; die Anregungen, die gerade hiervon ausgingen, müssen von faszinierender Kraft gewesen sein.

Bachs hervorragendste Schüler wurden bald seine Kinder. Seine junge Frau Maria Barbara schenkte ihm hier (von insgesamt sieben Kindern) zwei hochbegabte Söhne, Wilhelm Friedemann (geb. 1710) und Carl Philipp Emanuel (geb. 1714), von denen letzterer noch zu Lebzeiten des alten Bach diesen an Ruhm überflügeln sollte; vor allem Friedemann wird Bach schon in Weimar unterrichtet haben.[18]

Lebhaften Umgang pflegte Bach mit seinem Vetter Johann Gottfried Walther, der als Stadtorganist in Weimar wirkte; er ist bekannt als Verfasser von Orgelkonzerten und vor allem eines frühen Musiklexikons, das im Jahre 1732 erschien und in dem natürlich auch Bach gewürdigt wird, allerdings wegen der strengen Hofzensur recht vorsichtig (wie wir bald sehen werden, schied Bach nicht „im gegenseitigen Einvernehmen" vom Weimarer Hof). In dem Hofprediger Salomo Franck, der zugleich die Bibliothek und die Münzsammlung verwaltete, hatte Bach einen hervorragenden Dichter von Kantatentexten zur Hand, auf die er auch später in Leipzig oft zurückgriff. Als geistiges Haupt des damaligen Weimar konnte Johann Matthias Gesner gelten, dem Bach als Rektor der Leipziger Thomasschule wiederbegegnen sollte; Gesner wirkte am Weimarer Stadtgymnasium als Konrektor und war hervorragender Altphilologe. Vor allem Bachs Orgelspiel muß ihn beeindruckt haben; eine köstlich eingekleidete Würdigung von Bachs Leistung als Dirigent, Klavier- und Orgelspieler ist von ihm aus seiner späteren Göttinger Zeit bekannt, die sicherlich auf diesen Weimarer Erlebnissen beruht. Gesners Bemerkungen sind in lateinischer Sprache geschrieben und stehen im Kommentar seiner Ausgabe des römischen Redners Quintilianus an der Stelle, wo dieser große musikalische Interpreten preist:

„Dies alles würdest Du, Fabius, völlig unerheblich nennen, wenn Du, aus der Unterwelt heraufbeschworen, Bach sehen könntest — um nur ihn anzuführen, denn er war vor nicht allzu langer Zeit mein Kollege an der Leipziger Thomasschule; wie er mit beiden Händen und allen Fingern etwa unser Klavier spielt, das allein schon viele Kitharai in sich faßt, oder jenes Grund-Instrument, dessen zahllose Pfeifen von Bälgen angeblasen werden, wie er hier mit beiden Händen, dort mit schnellen Füßen über die Tasten eilt und allein gleichsam Heere von ganz verschiedenen aber doch zueinander passenden Tönen hervorbringt; wenn Du ihn sähest, sag ich, wie er bei einer Leistung,

die mehrere Eurer Kitharisten und Flötenspieler nicht erreichten, nicht etwa nur eine Melodie singt wie der Kitharöde und seinen eigenen Part hält, sondern auf alle zugleich achtet und von 30 oder gar 40 Musizierenden diesen durch ein Kopfnikken, den nächsten durch Aufstampfen mit dem Fuß, den dritten mit drohendem Finger zu Rhythmus und Takt anhält, dem einen in hoher, dem andern in tiefer, dem dritten in mittlerer Lage seinen Ton angibt; wie er ganz allein mitten im lautesten Spiel der Musiker, obwohl er selbst den schwierigsten Part hat, doch sofort merkt, wenn irgendwo etwas nicht stimmt; wie er alle zusammenhält und überall abhilft und wenn es irgendwo schwankt, die Sicherheit wiederherstellt; wie er den Takt in allen Gliedern fühlt, die Harmonien alle mit scharfem Ohre prüft, allein alle Stimmen mit der eigenen begrenzten Kehle hervorbringt. Sonst ein begeisterter Verehrer des Altertums, glaub' ich doch, daß Freund Bach allein, und wer sonst ihm vielleicht ähnlich ist, den Orpheus mehrmals und den Arion zwanzigmal übertrifft."[19]
Bachs Weimarer Zeit war stark ausgefüllt durch Orgelkonzerte und Orgelabnahmen, aber auch durch ständiges Suchen nach erweiterten, besseren Lebens- und Schaffensbedingungen; die fürstliche Bedienstung paßte ihm, trotz verhältnismäßig guter Behandlung, von vornherein doch nicht ganz. So wurde er, nach entsprechender Probeaufführung, Anfang des Jahres 1714 als Nachfolger des Händel-Lehrers Friedrich Wilhelm Zachow an die Orgel der hallischen Marktkirche berufen; anfänglich durchaus geneigt, dieses ehrenvolle Angebot anzunehmen, schlug er es dann doch ab, da der Weimarer Herzog — wie schon vorher einmal — sein Gehalt wesentlich erhöhte und eine zusätzliche Stelle als Konzertmeister für ihn einrichtete. Der Brief Bachs, in dem er sich gegen Vorwürfe des Hallenser Kirchenkollegiums wegen der Zurücknahmen seiner Zusage verteidigt, ist bezeichnend für den Stil der Zeit, aber auch für das Selbstbewußtsein des jungen Komponisten.

HochEdler, Vest- und Hochgelahrter
Hochgeehrtester Herr.

Daß das Hochlöbliche Kirchen Collegium meine Abschlagung der ambirten: wie Sie meinen: Organisten Stelle befremdet, befremdet mich gar nicht, indem ich ersehe, wie es so gar wenig die Sache überleget. Sie meinen ich habe üm die erwehnte

Organisten Stelle angehalten, da mir doch von nichts weniger als davon etwas bewust. So viel weiß ich wohl, daß ich mich gemeldet, und das hochlöbliche Collegium bey mir angehalten; denn ich war ja, nachdem ich mich praesentiret, gleich willens wiederum fortzureisen, wenn des Herrn D. Heineccii Befehl u. höfliches anhalten mich nicht genöthiget, das bewuste Stücke zu componiren u. aufzuführen. Zudem ist nicht zu praesumiren daß mann an einen Ohrt gehen solte, wo mann sich verschlimmert; dieses aber habe in 14 Tagen biß 3 Wochen so accurat nicht erfahren können, weil ich der gäntzlichen Meinung, mann könne seine gage an einem Ohrte, da mann die accidentia zur Besoldung rechnen muß, nicht in etlichen Jahren, geschweige denn in 14 Tagen erfahren; und dieses ist einiger maßen die Ursach warum die Bestallung angenommen und auf Begehren wiederum von mir gegeben. Doch ist aus allen diesen noch lange nicht zu schließen als ob ich solche tour dem hochlöblichen Collegio gespielet hätte, um dadurch meinen Gnädigsten Herrn zu einer Zulage meiner Besoldung zu vermögen, da Derselbe ohne dem schon so viel Gnade vor meine Dienste und Kunst hat, daß meine Besoldung zu vergrößern ich nicht erstlich nach Halle reisen darff. Bedaure also, daß des hochlöblichen Collegii so gewiße persuasion ziemlich ungewiß abgelauffen, und setze noch dieses hinzu; wenn ich auch in Halle eben so starcke Besoldung bekommen als hier in Weimar, wäre ich denn nicht gehalten die ersteren Dienste denen anderen vorzuziehen? Sie können als ein Rechts-Verständiger am Besten darvon judiciren, und wenn ich bitten darff, diese meine Rechtfertigung dem Hochlöblichen Collegio hinterbringen, ich verharre davor

Eu.HochEdlen

Weimar,
den 19. Mertz 1714

gehorsamer
Joh: Seb: Bach.
Concertmeister u.
Hofforg. 20

Zur Abnahme der neuen Marktkirchenorgel kam er zwei Jahre später wieder nach Halle, wobei er mit seinem Leipziger Amtsvorgänger Johann Kuhnau zusammentraf. Das war eine besonders ehrenvolle Einladung, der Bach Ende April 1716 Folge leistete; man sieht, daß die hallischen Stadtväter nicht

Inneres der Schloßkirche zu Weimar, genannt „Himmelburg“

allzu nachtragend waren wegen der „befremdenten“ Absage zwei Jahre vorher. Vom 28. April bis 3. Mai waren die drei Sachverständigen (als Dritter fungierte der Quedlinburger Organist Christian Friedrich Rolle) wohlbewirtete Gäste in der

Saalestadt; die neuerrichtete Orgel von Christoph Cuncius wurde in einem ausführlichen Gutachten, das alle drei unterschrieben, trotz einiger Beanstandungen für gut erachtet.[21]
Aber Bach war auch sonst als Orgelsachverständiger viel unterwegs. Besondere Begeisterung erregte seine Orgelprüfung in Kassel; ein anwesender Prinz schenkte ihm für die Fußfertigkeit beim Pedalspiel einen kostbaren Ring — der Ruhm Bachs als einer der stärksten Orgel- und Klavierspieler war also schon damals verbreitet.
Bach komponierte in Weimar hauptsächlich Orgelsachen, Cembalobearbeitungen und Kantaten. Als herausragendes Werk auf dem Gebiet der Orgelmusik sei die *Toccata d-Moll* (BWV 565) genannt, die schon zu Beginn der Weimarer Zeit entstanden sein dürfte. Der Anfang dieses berühmten Stücks beeindruckt durch seine rhapsodische Gewalt;

aber auch die dynamisches Vorwärtsschreiten mit akkordischer Verharrung genial verbindende Fuge ist ein Meisterstück, dessen Wirkung über die Zeiten unvermindert geblieben ist.

Ein ähnlich bedeutendes Werk ist die *Passacaglia c-Moll* (BWV 582), die wohl am Ende der Weimarer Zeit entstanden ist und das eindrucksvolle Pedalthema

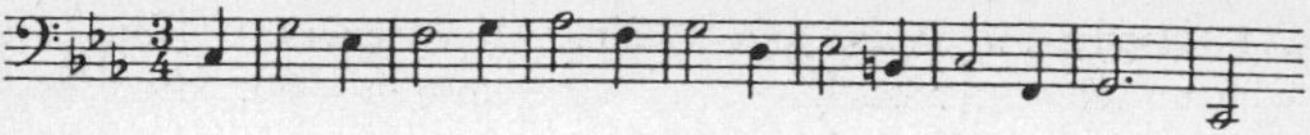

nach 168 Takten zu einer großartigen Fugengestalt entwickelt.

Daneben stehen Werke wie das *Präludium und Fuge a-Moll* (BWV 543), die auf exemplarische Weise harmonische Fülle mit komplizierter chromatischer Individualisierung verbinden und zu machtvoller architektonischer Vollendung gereift sind. Freilich zeigen all diese Werke noch eine gewisse jugendliche Redundanz, einen überfließenden Einfallsreichtum, der nicht immer in einer entsprechenden Form gebändigt wurde.

Choralvorspiel aus dem Orgelbüchlein

Die kostbarste Blüte der Weimarer Orgelkunst sind die sechsundvierzig Stücke des sogenannten *Orgelbüchleins* (BWV 599–466), in denen Bach, ausgehend sowohl von Johann Pachelbel wie von Georg Böhm, den klassischen Typus des Orgelchorals geschaffen hat, in einem eng geführten vierstimmigen Satz, der den Choral (schlicht oder koloriert) meist in der Höhe, oft aber auch in anderen Stimmen und in kompliziertem kanonischem Satz herausstrahlen läßt. Hier wurde recht eigentlich der individuelle Bach-Stil geboren; ausgehend von dem biblischen Wort, meist auf einen bestimmten Begriff sich konzentrierend (z. B. „Durch Adams Fall ist ganz verderbt" oder „In dir ist Freude")

(im ersten Beispiel wird sowohl das „Fallen" wie das „Verderbtsein" durch Intervalle und Harmonik geschildert, im anderen ein jubelndes „Freude"-Motiv der Originalweise beigegeben), hat Bach die Möglichkeiten der instrumentalen Verdeutlichung von Wortbildern auf den Gipfel geführt und zugleich die Eigengesetzlichkeit der Musik in vollem Maße bewahrt, ein wahrhaft dialektisch gemeistertes Unterfangen!
Die Bildhaftigkeit der kontrapunktierenden Linien hat dazu geführt, aus diesen Chorälen ein „Wörterbuch der Bachschen Tonsprache" abzuleiten[22]; das Wesentliche dabei ist, daß es Bach nicht um Tonmalerei an sich geht, noch nicht einmal um das „Bild", sondern um den vielschichtigen, unerhört differenzierten Gesamteindruck, der diese Musik zu einem Höhepunkt reiner Instrumentalkunst gemacht hat, weit über kirchlich-liturgische Bindung hinaus. Erstaunlich, daß die meisten dieser Stücke nicht mehr als zwanzig Takte umfassen, oft noch weit knapper gestaltet sind, schon in dieser Gedrängtheit Wunderwerke musikalischer Logik und Denkkraft.
Daneben sind in Weimar noch viele andere Choralbearbeitungen entstanden; manche sind weit umfangreicher und virtuoser, zuweilen auch ganz schlicht als Vorspiel oder Begleitung des Gemeindegesanges gedacht. Insgesamt ist dies ein Schatz kompositorischer Satzkunst, dem in seiner Art nichts an die Seite gestellt werden kann.
Ein wichtiges Ergebnis der Weimarer Zeit war Bachs Bekanntwerden mit der großen italienischen Concerto-Kunst der Corelli, Legrenzi, Albinoni und Vivaldi. Diese Komponisten, an der Spitze Arcangelo Corelli und Antonio Vivaldi, hatten seit Ende des 17. Jahrhunderts den Typ des Concerto als Concerto grosso (in der Gegenüberstellung eines dreistimmigen Concertino — zwei Violinen und Violoncello — und des vollen Streicherklanges) sowie des Solokonzerts (das sich aber auch zum Doppel- oder Tripelkonzert usw. ausweiten konnte) geschaffen. Bach wurde am kunstfreundlichen Weimarer Hofe mit Abschriften dieser damals ganz neuen Kunst bekannt gemacht und war davon sofort sehr beeindruckt. Eine ganze Reihe von Werken der genannten Komponisten hat er für Orgel oder Cembalo frei übertragen, zuweilen auch die Themen zum Ausgangspunkt eigener Werke genommen; diese Arbeit war eine wichtige Stufe bei der Bewältigung der großen Instrumentalgattungen, die er in Köthen begann. Auf dem Cem-

Antonio Vivaldi

balo werden die bereits in Lüneburg und Arnstadt begonnenen Versuche mit ausgedehnten *Toccaten* fortgesetzt; die Stücke in *fis-Moll* (BWV 910), *D-Dur* (BWV 912) und *e-Moll* (BWV 914) lassen erkennen, wie weit Bach über seine früheren Versuche hinausgegangen ist und auch in der (vor allem durch Buxtehude angeregten) Meisterung dieses Instruments bereits auf einsamer Höhe steht.
Bach hat in Weimar verschiedene Kantaten geschrieben, die die Linie der Mühlhäuser *Ratswechselkantaten* würdig und auf höherer Ebene fortsetzen. Eine der frühesten Schöpfungen dieser Gattung ist der sogenannte *Actus tragicus „Gottes Zeit ist die allerbeste Zeit"* (BWV 106), der wohl schon 1711 entstanden ist (die Worte stammen vielleicht von Bach selbst). Einer wunderbar getönten Sinfonia (mit Flöten und Violen da Gamba) folgt ein stark unterteilter und breit ausgeführter Chorsatz, der wiederum Bachs Kunst der bildhaften Musiksprache erkennen läßt. Im dritten Teil haben zwei Solisten (Alt und Baß) zu bewegter Bitte das Wort.

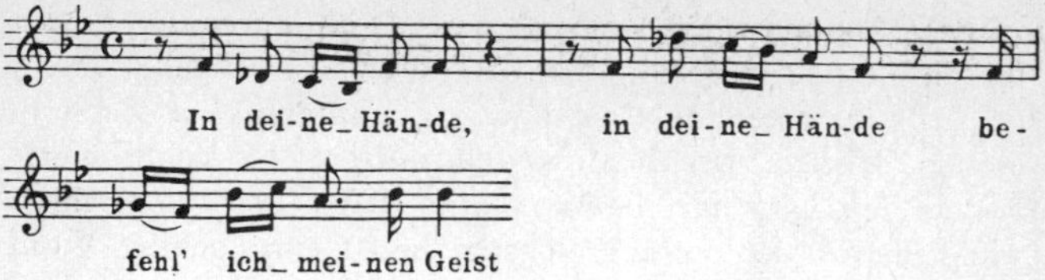

Ein gedrängter Chorsatz, eine Art Choralfantasie, beschließt das fesselnde Werk.

Ein Gegenstück dazu ist die *Jagdkantate „Was mir behagt, ist nur die muntre Jagd“* (BWV 208), deren Text ihm der befreundete Prediger Salomo Franck zum Geburtstag des Herzogs Christian zu Sachsen-Weißenfels geschrieben hatte. Es ist zum erstenmal eine rein weltliche Kantate, eine Gattung, die Bach später textlich und musikalisch viel Stoff für Parodien gegeben hat. Vier Solisten, ein vierstimmiger Chor und ein reiches Instrumentarium (darunter Flöten, Blockflöten und natürlich Jagdoboen und Jagdhörner) lassen in fünfzehn Nummern — vom frischen Secco des Beginns bis zum tänzerisch-beschwingten Schluß-Coro — äußerst lebendige Bilder vorüberziehen, wobei antike Namen als Äquivalente für die jagenden Herrscher herhalten müssen. Bachs Musik ist bewußt volkstümlich-frisch gehalten, bringt Dreiklangsthematik und Jagdhornmotivik; Weisen wie

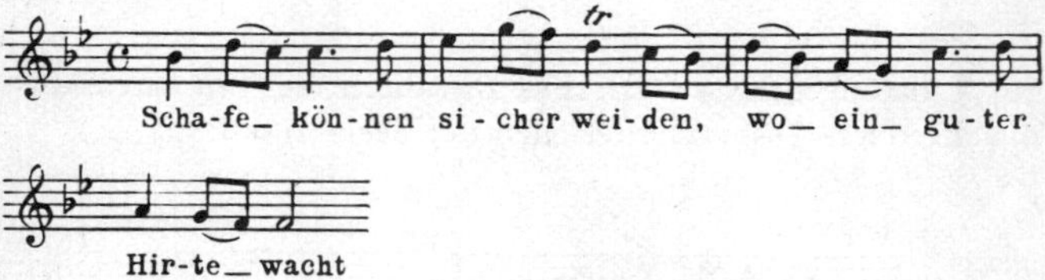

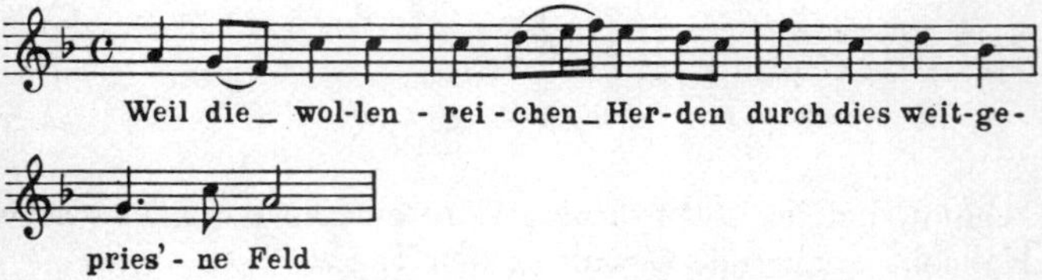

(„Schafe können ruhig weiden" und „Weil die wollenreichen Herden") scheinen unmittelbar der Volksmusik abgelauscht. Die bedeutendste der etwa zwanzig Kantaten, die Bach in Weimar schrieb, ist aber zweifellos die 1714 komponierte Kantate *Ich hatte viel Bekümmernis* (BWV 21), die in ihren zwei Teilen zu den umfangreichsten ihres Genres gehört. Wohl wieder auf der textlichen Vorgabe von Salomo Franck, gelingt es dem Komponisten wunderbar, von der unendlichen Wehmut des instrumentalen Beginns und dem stammelnden Choranfang

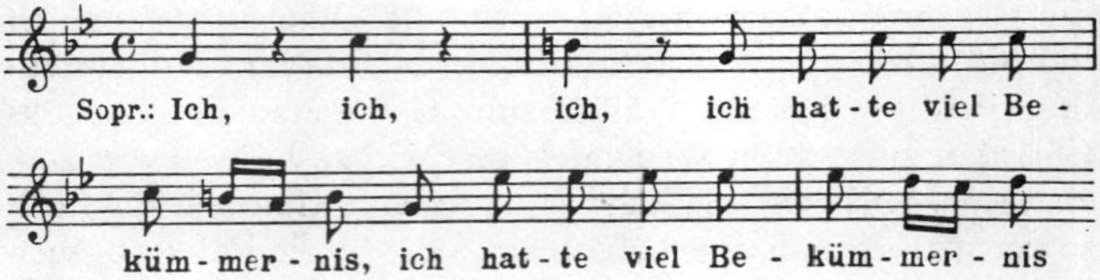

über die bildhafte f-Moll-Tenorarie

zur Tröstung des zweiten Teils zu führen, der mit einem ausdrucksvollen Gespräch zwischen der Seele und Jesus

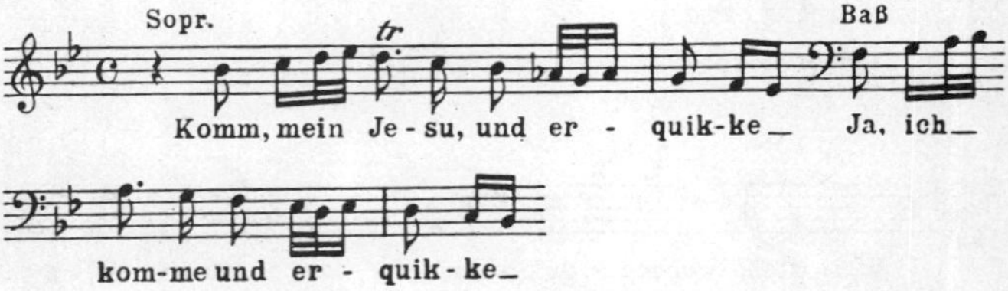

beginnt, um im C-Dur-Schluß-Coro eine an das Händelsche Halleluja erinnernde Gewalt an den Tag zu legen.

Mit solcher Musik hatte Bach in Weimar bereits die volle Höhe der Meisterschaft gewonnen.
Große Teile des *Orgelbüchleins* schrieb der Weimarer Organist im November 1717 in Haft seines Landesherrn:
„eodem die 6. Nov. ist der bisherige Concert-Meister und Hof-Organist Bach, wegen seiner Halßstarrigen Bezeugung und zu erzwingender Dimission auf der Land Richter-Stube arretiret, und endlich d. 2. Dec. darauf, mit angezeigter Ungnade, Ihm die Dimission durch den Hofsecr angedeutet, und zugleich des arrests befreyet worden.“[23]
Was war geschehen?
Der Weimarer Hofkapellmeister Johann Samuel Drese war 1716 gestorben; Bach hoffte, dessen Nachfolger zu werden, zumal er durch seine vielen Kantatenkompositionen und seinen Organistenruhm schon längst die bestimmende Weimarer Musikerpersönlichkeit war. Man bot aber die frei gewordene Stelle zunächst Georg Philipp Telemann an, der seit 1712 in Frankfurt (Main) wirkte; als dieser ablehnte, überließ man sie Dreses Sohn Johann Wilhelm, der sich in keiner Weise mit Bach messen konnte. Bach fühlte sich, mit einigem Recht, gekränkt und zurückgesetzt und forderte seine Entlassung; denn zur gleichen Zeit bot ihm der junge Fürst Leopold von Anhalt-Köthen, dessen Schwester mit dem Mitregenten Ernst August verheiratet war, den Kapellmeisterposten an seinem Hofe an. Aber der Herzog lehnte die Entlassung ab — sicherlich spielte bei dem ganzen Manöver die Zerstrittenheit innerhalb der herzoglichen Familie eine Rolle — und sperrte Bach, der darauf beharrte, kurzerhand ein. Das geschah demselben Bach, der kurz vorher in Dresden glorreich den Wettstreit (auf Orgel und Cembalo) mit dem Franzosen Louis Marchand bestanden hatte (d. h. — wenn wir der Überlieferung trauen können —, der Franzose hatte durch plötzliche Abreise kampflos das Feld

Das Weimarer Schloß, die „Wilhelmsburg“

geräumt)[24], über den eben Johann Mattheson (im „Beschützten Orchester“ 1717) geschrieben hatte:
„Ich habe von dem berühmten Organisten zu Weimar / Hrn. Joh. Sebastian Bach / Sachen gesehen / so wohl vor die Kirche als vor die Faust / die gewiß so beschaffen sind / daß man den Mann hoch ästimiren muß.“[25]
So hatte Bach nach fast zehnjährigem Hofdienst, der sich in vielem recht günstig zu gestalten schien, im letzten Augenblick den Geist und die Methoden des Absolutismus gründlich zu spüren bekommen. Dennoch wagte er ein neues Dienstverhältnis mit ihm, nun in der festen Hoffnung, am Köthener Hof wirklich seinem Schaffen leben zu können, seinen künstlerischen „Endzweck“ zu erreichen. Ihm war bewußt, daß damit für ihn die geistliche Vokalmusik gänzlich zurücktreten mußte, und er nahm das ohne weiteres in Kauf.

Hofkapellmeister

Köthen (1717—1723)

Ganz leicht ist Bach der Abschied von der so erfolgreichen Wirkungsstätte Weimar gewiß nicht gefallen; solche Vielseitigkeit auf allen Gebieten des geistlichen und weltlichen Schaffens hatte er in Köthen nicht zu erwarten, und auch die reizvolle Umgebung Weimars, das mannigfaltige geistige Klima ging der kleinen anhaltischen Residenz von vornherein ab. Es gab freilich andere Vorteile, die Köthen auf höfischer und städtischer Ebene bieten konnte. Es war schon die gewisse Stille und Abgelegenheit, die einem aufstrebenden Künstler von vornherein einige schöpferische Ruhe garantierte (ähnlich wie es später Joseph Haydn in Esterház beschieden war); sie kam auch dadurch zustande, daß es hier nicht irgendwelche Kompetenzstreitigkeit am Hofe gab wie in Weimar — sie hatte letztlich dort Bachs Bleiben auf die Dauer unmöglich gemacht. Auf der anderen Seite gab es eine gewisse geistige Regsamkeit, die nicht zuletzt auf die hochgebildete Fürstin-Mutter Gisela Agnes zurückging, die nach dem Tode des Fürsten Emanuel Leberecht bis zur Großjährigkeit des 1694 geborenen Leopold die Regentschaft führte. Sind auch direkte Einflüsse der französischen Aufklärung in Köthen nicht nachweisbar, so war der ständige Austausch mit den benachbarten Städten Dessau, Halle und Leipzig von vornherein für das geistige Klima fruchtbar. Eine dreijährige Bildungsreise in die entwickelten Länder (England, Holland und Italien) hatte den jungen Fürsten für die neuen geistigen und künstlerischen Fragen darüber hinaus aufgeschlossen gemacht.

In Köthen hatte aber der zweiunddreißigjährige Bach, der in der Vollkraft seines Schaffens stand, nun die Möglichkeit, sich wesentlich auf die Instrumentalmusik zu konzentrieren, deren beste italienische Meister er in Weimar kennengelernt hatte. Nicht gebunden an den oft aufwendigen Kirchendienst als Organist, auch sonst in seiner Aktivität nicht durch lästige höfische Verpflichtungen gehemmt, war Bachs einzige Aufgabe, das Collegium musicum, das heißt die Hofkapelle des Fürsten, zu leiten. Diese bestand übrigens nur aus achtzehn Musikern,

Johann Sebastian Bach während seiner Köthener Amtszeit (Gemälde von J. J. Ihle)

und der junge Fürst machte selbst zuweilen auf dem einen oder anderen Instrument (er konnte Violine, Viola da Gamba und Cembalo spielen, war darüber hinaus ein tüchtiger Sänger) mit.

Der Hof war reformierten Glaubens, deshalb war in der Kirche nur wenig Musik erwünscht; das konnte Bach nicht mehr so stören wie einst in Mühlhausen, wo die Kantatenproduktion seine Hauptaufgabe gewesen war. Jedoch hat er sich, weitgehend außerliturgisch, mit der Orgel weiterhin beschäftigt, obwohl ihm in Köthen selbst ein ihm genügendes Instrument nicht zur Verfügung stand. Er unternahm von Köthen aus wiederum mehrere Orgelprüfungen, reiste vor allem im Herbst 1720 nach Hamburg (wie schon früher als junger Lüneburger Alumnus), um sich für den gerade frei gewordenen Posten des Organisten der Jakobikirche zu bewerben. Trotz starker Befürwortung durch den Pastor der Kirche, Erdmann Neumeister, der später für den Leipziger Bach noch manche Kantatentexte schreiben sollte, erhielt er die Stelle nicht, da er keine Bestechungsgelder bereithielt, wie anscheinend der (sehr unbedeutende) erfolgreiche Bewerber.[26] Wie schon einmal vor fast zwanzig Jahren von Lüneburg aus, besuchte er den nunmehr bald hundertjährigen Organisten Jan Adams Reinken und bot dem Staunenden einige Proben seiner Kunst.
Mithin blieb Bach seiner alten Liebe — der Orgel — auch in Köthen innerlich treu. An größeren Orgelwerken ist zumindest das Paar *Präludium und Fuge g-Moll* (BWV 541) in der Köthener Zeit entstanden; wahrscheinlich hat Bach dies Werk Reinken in der Hamburger Katharinenkirche vorgespielt. Sowohl das „fantastische" Präludium

als auch die berühmte Fuge mit ihrem äußerst profilierten Thema

zeigen vollendete Meisterschaft; daran knüpft Bach erst viele Jahre später in Leipzig wieder an.
Näher lag Bach jedoch in der Köthener Zeit das Cembalo, auch das zarte Clavichord. Zunächst mag uns das beliebte Paar *Präludium/Fuge* am Beispiel des *a-Moll*-Werks (BWV 844) kurz beschäftigen. Einem mächtigen, aus Arpeggien bestehenden Präludium fantasiemäßigen Charakters folgt eine in ununterbrochener Sechzehntelbewegung verlaufende Fuge, die

gleichsam die Klavierfassung der berühmten *a-Moll-Fuge für Orgel* (BWV 543) darstellt und so recht verdeutlicht, wie instrumentengerecht und farbig Bach seine plastischen Gedanken entwirft und ausarbeitet. Das Meisterwerk dieser Art ist die sogenannte *Chromatische Fantasie und Fuge* (BWV 903), die einer achtundvierzigtaktigen Fantasie ein erstaunliches, in seiner aufrüttelnden und sprechenden Wirkung nicht wieder erreichtes „Recitativo“ folgen läßt,

ehe die 82 Takte der Fuga

große kontrapunktische Traditionen und kühne harmonische Neuerungen ineinanderklingen lassen und den stolzen Bau beschließen. Man bezeichnet dieses Werk oft als den Höhepunkt der Bachschen Klavierkunst überhaupt, und jede Wiederbegegnung mit ihm ist ein überwältigendes Erlebnis.

Knapp geformte Präludien gibt es aus jener Zeit genügend; einiges davon, insbesondere die *Neun kleinen Präludien* (BWV 924—932), oder die *Sechs kleinen Präludien* (BWV 933—938), stehen bis heute in der Einheit ihrer satztechnischen Vollendung, pädagogischen Zielsetzung und künstlerischen Schönheit einzig da. Leichtigkeit, ja Eleganz der Aussage ist verbunden mit feinster Ziselierung, wie die Anfänge von BWV 929 und 936 zeigen.

Diese intime Kunst erweitert sich in den Suiten für Cembalo, unter denen es mehrere Einzelstücke feinster Perfektion gibt.

Am berühmtesten sind aber die beiden aus je sechs Nummern bestehenden Sammlungen der *Englischen* und *Französischen Suiten* (BWV 806—811 und 812—817), die Bach um 1722 geschrieben hat. Es ist die kunstfertigste, geistvollste „Unterhaltungsmusik", die sich denken läßt. Von englischen und französischen Vorbildern inspiriert, entwickeln sie in ihrer ebenso strengen wie lockeren Folge — es sind jeweils sechs bis zehn Sätze in solch einer Suite vereint — einen unerhörten Reichtum an Phantasie, Satzkunst, tänzerischer Beweglichkeit, geistvollen Verknüpfungen und melodischer Expansion, wie es sie in dieser seit einem knappen Jahrhundert bestehenden Gattung noch nicht gegeben hatte. Die *Englischen Suiten* sind in ihrer ganzen Haltung etwas strenger, zugleich ausgedehnter; der Folge der Kernsätze — Allemande, Courante, Sarabande, Gigue, die aber um andere Stücke wie Bourrée, Gavotte oft erweitert werden — wird hier ein oft recht ausgebreitetes Prélude vorangestellt. Besonders repräsentativ mit seinen 213 Takten das Prélude der dritten Suite g-Moll;

Prélude

die Satzfolge beschließen hier zwei Gavotten

und eine — wie üblich fugiert beginnende — lebhafte Gigue,

während in der sehr streng geformten fünften e-Moll-Suite zwei gegensätzlich geartete Passepieds (Kleinform des Menuetts)

Passepied I

vor der wiederum fugierten und chromatisch gefärbten abschließenden Gigue stehen.

In manchen Themenköpfen ist der Einfluß der kurz vorher (1720) erschienenen Händelschen Cembalosuiten festzustellen. Bach, der Händel sehr verehrte, versuchte ihn von Köthen aus im Sommer 1719 in Halle zu treffen, wobei er ihn leider verpaßte — welch eine Vorstellung, sich die beiden größten Musiker ihrer Zeit in schöpferischem Austausch zu denken![27] Genauere Vergleiche der Klavier- wie auch der Orchestermusik Bachs und Händels zeigen freilich in Technik, Satzweise und Ausdruck bedeutende Unterschiede, die aus grundsätzlich abweichenden Haltungen zum Instrument und seinen Klang- und Ausdrucksmöglichkeiten resultieren. Vielleicht kann man es so formulieren: Für Händel ist das Cembalo entweder ein Lehrinstrument (was seine zahlreichen „Lessons" anzeigen) oder ein repräsentativ konzertantes Medium mächtiger Faktur (in seinen acht großen Suiten), während es für Bach (ebenso wie das Clavichord) Organ für die feinsten, ziseliertesten Gedanken und für bedeutende Experimente darstellt — in der *Chromatischen Fantasie und Fuge*, in den Inventionen und Sinfonien sowie im gesamten *Wohltemperierten Klavier* zeigt sich das freilich noch deutlicher, und dort gibt es kaum mehr einen Vergleich zu Händel.

Die *Französischen Suiten* unterscheiden sich von den *Englischen Suiten* äußerlich dadurch, daß sie keine Präludien haben. Insgesamt sind die Sätze weniger ausgedehnt, die Melodik ist klarer und knapper geformt, die ganze Musik kommt dem Hörer freundlich entgegen. Stücke wie die Sarabande aus der h-Moll-Suite

oder das folgende Menuett (mit Trio)

haben eine entzückende melodische Linienführung, und die abschließende E-Dur-Suite besticht in allen acht Sätzen durch die Brillanz, die Anmut, aber auch die Tiefe der musikalischen Gedankenwelt; die Themenanfänge der Sarabande, der Polonaise — erstmalig erscheint dieser polnische Tanz bei Bach — und des unendlich zarten Menuetts mögen uns das verdeutlichen.

An solchen Stücken der Bachschen Musik, die Unterhaltsamkeit mit höchster geistiger Konzentration verbindet, mag man sich vergegenwärtigen, mit welcher genialen Zielsicherheit der bedeutende Hochstand der französischen Suitenliteratur der Zeit (Chambonnières, Couperin, Rameau) zu Eigenem umgeschmolzen und zu Höherem entwickelt wurde; denn mag jene Kunst noch so vielgestaltig, pittoresk und spielfreudig sein, sie muß gegenüber dieser geistig konzentrierten und zugleich unglaublich freudig gelockerten Musik des Köthener Bach verblassen. Ähnliches trifft zu im Verhältnis zu der gewiß erstaunlichen Cembalokunst des Domenico Scarlatti, der, Altersgenosse von Bach und Händel, in Italien und Spanien wirkend, nur auf letzteren gewirkt haben kann.
Die ersten fünf *Französischen Suiten* befinden sich im ersten *Notenbüchlein* (1722) *für Anna Magdalena,* Bachs zweiter Frau. Als er im Sommer 1720 von einer Reise nach Karlsbad, die er in Begleitung des Fürsten (wie auch schon zwei Jahre zuvor) unternommen hatte, zurückkehrte, fand er seine Frau Barbara nicht mehr unter den Lebenden; sie war bereits begraben. Schon ein Jahr später heiratete Bach, der die unmündigen Kinder nicht ohne Mutter lassen konnte, die zwanzigjährige Anna Magdalena Wilcke, Tochter eines Weißenfelser Hoftrompeters, die selbst eine vorzügliche Sängerin war.
Wir wissen wenig über Bachs erste Ehe, dürfen aber vermuten, daß sie glücklich verlief. Das trifft bestimmt für die zweite Ehe zu; Anna Magdalena schenkte ihm dreizehn Kinder (von denen allerdings sieben schon im frühen Alter starben) und war ihm als Sängerin und als Notenkopistin (deren Handschrift man kaum von der ihres Gatten unterscheiden kann) eine treue Helferin. Wir können annehmen, daß Bach in beiden Frauen die idealen Lebensgefährtinnen gefunden hatte, die er für seine große Familie und für sein Schaffen brauchte. Die *Notenbüchlein für Anna Magdalena* und das *Clavier-Büchlein für Wilhelm*

François Couperin

Friedemann sind, wie aus der eigenen Jugendzeit das *Quodlibet,* Zeugnisse für die fruchtbare und intensive Weiterführung der Familientradition, wobei herzliche Empfindung, Humor, künstlerische Verantwortung und pädagogische Zielsetzung ineinanderklingen. Hier finden sich auch Urformen verschiedener größerer Werke, was das enge Ineinander von täglichem musikalischem Umgang und hoher künstlerischer Produktion in der Bach-Familie beweist.

Eine der bedeutsamsten Leistungen Bachs in Köthen war die Komposition der *fünfzehn zweistimmigen Inventionen* und der *fünfzehn dreistimmigen Sinfonien* für Tasteninstrumente, die er im Jahre 1723 vollendete. Das Titelblatt formuliert die Zielsetzung:

Auffrichtige Anleitung,
Wormit denen Liebhabern des Clavires, besonders aber denen Lehrbegierigen, eine deutliche Art gezeiget wird, nicht alleine (1) mit 2 Stimmen reine spielen zu lernen, sondern auch bey

weiteren progreßen, (2) mit dreyen obligaten Partien richtig und wohl zu verfahren, anbey auch zugleich gute inventiones nicht alleine zu bekommen, sondern auch selbige wohl durchzuführen, am allermeisten aber eine cantable Art im Spielen zu erlangen, und darneben einen starcken Vorschmack von der Composition zu überkommen.

Verfertiget

von

Joh: Seb: Bach.

Anno Christi 1723. ect. *Hochfürstlich Anhalt-Cöthenischen Capellmeister.*

Auf vier Punkte kommt es Bach also an: das zwei- und dreistimmige Spiel zu lehren, Beispiele von „Inventionen" zu vermitteln, das „kantable" Spiel zu fördern und auch Anregungen für eigene Kompositionen zu geben; er hebt also mit Nachdruck auch den über das Pädagogische hinausgehende künstlerischen Wert der kleinen Stücke hervor.

Forkel schreibt über die Bachsche Unterrichtsmethode folgendes:

„Er war so gefällig, kleine zusammenhängende Stücke vorzuschreiben, worin jene Übungssätze in Verbindung gebracht waren. Von dieser Art sind die 6 kleinen Präludien für Anfän-

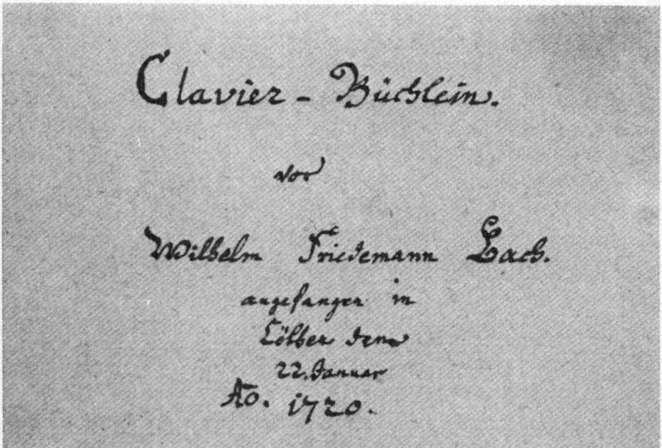

Applicatio aus dem Klavierbüchlein für Wilhelm Friedemann Bach

ger, und noch mehr die 15 zweystimmigen Inventionen. Beyde schrieb er in den Stunden des Unterrichts selbst nieder, und nahm dabey bloß auf das gegenwärtige Bedürfniß des Schülers Rücksicht."[28]

Die Inventionen und Sinfonien sind in ihrer wahrhaft dialektischen Verbindung von polyphoner und homophoner Kunstfertigkeit, von melodischem und strukturellem Denken seit jeher zu den Meisterwerken der Klavierkunst gerechnet worden. Jedes einzelne dieser dreißig Stücke, die oft nur einige zwanzig Takte umfassen, ist ein in sich abgeschlossener Mikrokosmos; die Themen sind von einer unerhörten Plastizität, die formale Gestaltung führt von der alten, selbstverständlich gemeisterten polyphonen Kunst fast unmittelbar zur Wiener Klassik mit ihren Gesetzen von Exposition, Durchführung und Reprise; der Stimmungsgehalt reicht von ausgelassener Fröhlichkeit

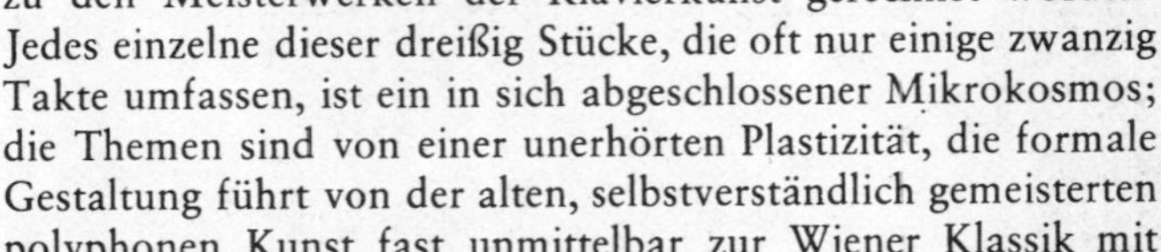

über virtuos anmutige Verspieltheit

und elegante Versponnenheit

bis zur fein abgetönten Elegie

und grüblerischem Tiefsinn,

wobei immer wieder die selbstverständliche, mühelose Vereinigung von pädagogisch-spieltechnischer Zielsetzung und höchstem künstlerischem Ausdruck Staunen erweckt. Bach hat die Stücke ursprünglich in das 1720 begonnene *Clavier-Büchlein für Wilhelm Friedemann* eingetragen, ehe er sie 1723 in endgültiger Fassung niederschrieb.

Das bedeutendste Klavierwerk der Köthener Jahre ist der erste Teil des *Wohltemperierten Klaviers* (BWV 846—869), der 1722 vollendet wurde; die Urform einiger Stücke befindet sich ebenfalls in Wilhelm Friedemanns Klavierbüchlein.

Das Wohltemperirte Clavier.
oder
Praeludia, und
Fugen durch alle Tone und Semitonia,
So wohl tertiam majorem oder Ut Re Mi anlangend, als auch tertiam minorem oder Re
Mi Fa betreffend. Zum
Nutzen und Gebrauch der Lehr-begierigen
Musicalischen Jugend, als auch derer in diesem studio schon habil seyenden besonderem
ZeitVertreib auffgesetzet
und verfertiget von
Johann Sebastian Bach.
p. t: HochFürstlich Anhalt-
Cöthenischen Capel-
Meistern und Directore derer
CammerMusiquen.
Anno
1722.

Was bedeutet der Titel des Werkes, wie ist es aufgebaut?
In der Sammlung der dreißig Inventionen und Sinfonien hatte Bach lediglich fünfzehn verschiedene Tonarten (in beiden Abteilungen übrigens in derselben Reihenfolge) verwendet; jetzt hatte er den Ehrgeiz, sämtliche in der chromatischen Skala verfügbaren Tonarten zu gebrauchen. Damals waren im Klavier- und Orgelbau sowie in der Musiktheorie Versuche rege, eine möglichst „gleichschwebende" Stimmung zu erzeugen — im zeitgenössischen Sprachgebrauch „wohltemperiert" —; während man bis dahin nur einen kleinen Teil der Tonarten, von dem jeweiligen Quintenzirkel ausgehend, für das Gehör erträglich spielen konnte, sollte durch eine kleine Tieferschwebung der Quinten bzw. durch den genau gleichen Abstand aller Halbtöne (was jetzt auf unseren Klavierinstrumenten der Fall ist, wozu man sich aber damals nur selten entschließen konnte) das Spielen in entfernteren Tonarten ermöglicht werden. Der Halberstädter Andreas Werckmeister und der Jenenser Johann Georg Neidhardt waren dabei Pioniere. Merkwürdigerweise sind aber die bedeutendsten Klavier- und Orgelbauer der

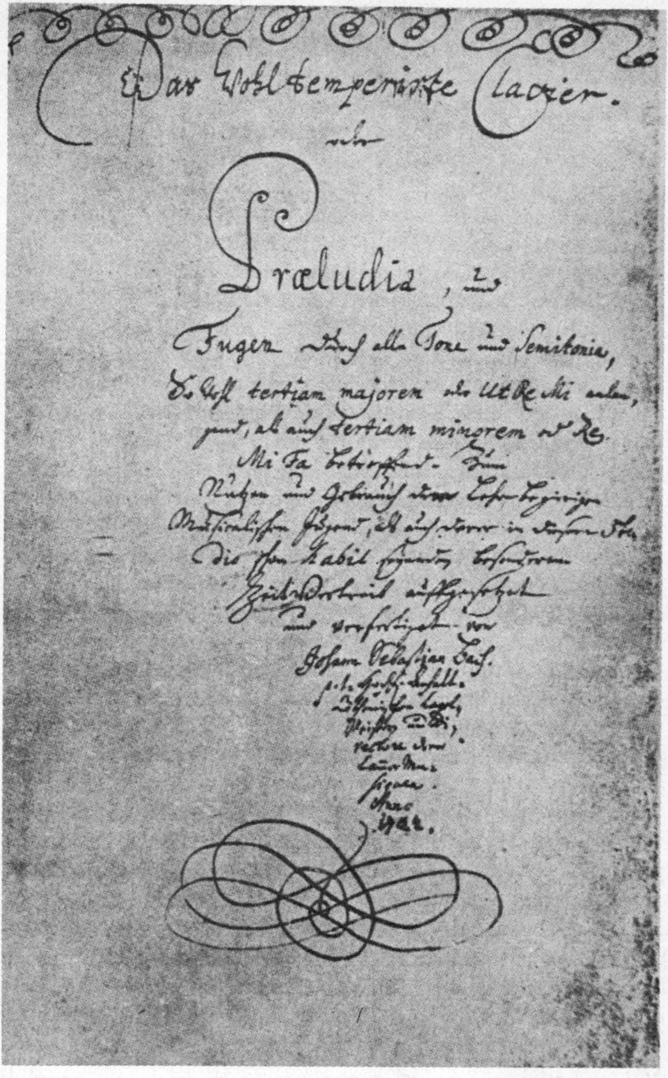
Das Wohltemperirte Clavier.
oder
Præludia, und
Fugen durch alle Tone und Semitonia,
So wohl tertiam majorem oder Ut Re Mi anlangend,
als auch tertiam minorem oder Re
Mi Fa betreffend. Zum
Nutzen und Gebrauch der Lehr-begierigen
Musicalischen Jugend, als auch derer in diesem studio
schon habil seyenden besonderem
Zeitvertreib auffgesetzet
und verfertiget von
Johann Sebastian Bach.
p.t. Hochfürstlich Anhalt.
Cöthenischen Capel-
Meistern und Di-
rectore derer
CammerMu-
siquen.
Anno
1722.

Titelblatt des Wohltemperierten Klaviers

Bach-Zeit, wie etwa Gottfried Silbermann, meist bei der ungleich-schwebenden Temperatur geblieben, die ja auch eigentlich „musikalischer“ ist, und es mag durchaus sein, daß Bach selbst sich nicht grundsätzlich von ihr abwandte. Auf jeden Fall hat er, wohl vor allem aus systematisch-prinzipiellen Gründen, im *Wohltemperierten Klavier* die vierundzwanzig Tonarten — Dur und gleichnamiges Moll im chromatischen Aufstieg — sämtlich verwendet. Das erste Stück ist also ein Präludium in C-Dur, das zweite die entsprechende Fuge; es folgen Präludium und Fuge c-Moll, dann Präludium und Fuge Cis-Dur usw. Sicherlich hat Bach die Stücke nicht in dieser Folge komponiert, aber er hat jede chromatische Lücke ausgefüllt, so daß dieses Wundergebäude aus achtundvierzig Stücken besteht; im Jahre 1744 vollendete der Meister einen zweiten, nach dem gleichen System entwickelten Zyklus, aus dem einzelne Stücke ebenfalls schon in Köthen entstanden sein dürften.

Es ist im Rahmen einer knapp gefaßten Biographie nicht möglich, die Bedeutung dieses zentralen Bachschen Werkes auch nur annähernd zu würdigen. Beschreibende Worte ohne eingehende Analyse sind zu schwach, um den schier unermeßlichen Gedanken- und Gefühlsgehalt dieses tönenden Kosmos zu erfassen. Greifen wir deshalb nur einige wenige Stücke heraus:

Das erste Präludium ist eines der am meisten gespielten, weil es scheinbar leicht zu meistern und aufzunehmen ist — aber welche Welt von Klangsinn und elementarer Bewegung liegt schon in diesen einfachen Strukturen beschlossen!

Überzeugend wird hier deutlich, wie Harmonie und Struktur der Tonkunst menschlichem Harmoniebewußtsein und Struktur- bzw. Proportionsdenken aufs innigste entsprechen, wobei — wie stets bei großer Musik — klare Bestimmbarkeit des Gehörten reizvoll korrespondiert einem Staunen vor der letztlichen Unfaßbarkeit, die dennoch immer wieder nach rationaler Erklärung verlangt. Übrigens scheint der ruhige, zielsichere Beginn der folgenden vierstimmigen Fuge, ihr ungeheuer geplanter und zugleich tief berührender Gesamtaufbau eine Antwort auf solch eine Frage geben zu wollen.
Die c-Moll-Fuge hat eines der plastischen, unverwechselbaren Themen, die von vornherein die meisterhafte Architektonik des folgenden ahnen lassen, das unermüdliche Streben nach organisierter Bewegung und geordnetem Klang.

Das es-Moll-Präludium zeigt den einsamen Rhapsoden erhabener Gedanken, wie sie in der Tonkunst noch niemand in gleicher Stärke entwickelt hatte,

gefolgt von einer Fuge, deren Thema die Nähe zur großen Choraltradition zeigt („Aus tiefer Not schrei' ich zu dir"), aber

stets unmittelbarer Ausdruck menschlichen Sinnens, Leidens und Hoffens bleibt. Und so könnte man jedes der frei gestalteten Präludien, jede der streng gearbeiteten Fugen anführen — immer wieder fasziniert die kraftvoll erworbene Einheit phantastisch-suchenden und doch fest gegründeten, ausgeglichenen Denkens und Fühlens; es gibt da nichts Vergleichbares. Gewiß dürfen wir bekennen, daß das eine oder andere Stück mehr den Verstand als das Gemüt ergreift, und daß es äußerster Anspannung bedarf, um sich etwa das ganze Werk auf einmal aktiv anzuhören; aber das Erregende an ihm besteht ja nicht zuletzt darin, daß es insgesamt in all seinen Teilen immer wieder zur tätigen Auseinandersetzung zwingt und jeden Musikempfänglichen zeit seines Lebens nicht mehr losläßt.
Bachs Verhältnis zum Instrument sollte an dieser Stelle eigens erörtert werden. Seine enge Beziehung zum Technischen der Orgel und der damaligen Klavierinstrumente ist vielfach durch seine Orgelabnahmen und durch Berichte seiner Söhne und Schüler bezeugt.
Merkwürdig ist, daß er die neue Entwicklung des Hammerklaviers, an welcher der Freiberger Orgel- und Klavierbauer Gottfried Silbermann arbeitete, zwar intensiv verfolgte, aber für seine eigenen Kompositionen nicht verwertet hat; er blieb beim Cembalo, hatte sogar, wie sein Sohn Carl Philipp Emanuel, eine besondere Vorliebe für das zarte Clavichord, auf dem sich die kleinen Präludien und Fugen und einige der Inventionen vielleicht am schönsten vernehmen lassen. Übrigens hat Bach bei seinen zahlreichen Orgelprüfungen nie ein Werk von Silbermann selbst abgenommen, wohl aber mit diesem zusammen Werke von Zacharias Hildebrandt, dem großen Dresdner Orgelbauer. Bach scheint eine sehr eigene Vorstellung vom Klang der Orgel und des Klaviers gehabt zu haben; sie läßt sich am besten aus den Kompositionen selbst ermessen. Auch hatte er Interesse für Neukonstruktionen von Streich- und Zupfinstrumenten, wie aus dem von Hildebrandt für Bach konstruierten Lautenclavicimbel hervorgeht; der Leipziger Instrumentenmacher Johann Christian Hoffmann baute sogar, nach Bachs Vorschlag, eine sogenannte Viola pomposa (fünfsaitig, zwischen Viola und Violoncello stehend), für die auch die letzte der Violoncellosuiten geschrieben ist.
Insgesamt läßt sich freilich konstatieren, daß Bach nicht vordringlich vom Klangcharakter der Instrumente ausging — das

tat zu seiner Zeit weit mehr Georg Philipp Telemann —, sondern ihn vornehmlich die jeweils intimeren oder gesteigerten technisch-handwerklichen Möglichkeiten interessierten, mit denen er seine kompositorischen Intentionen stärker, jeweils am besten zum Ausdruck bringen konnte. Er hat wohl im Alter diese Frage zunehmend vernachlässigt und bereits im zweiten Teil des *Wohltemperierten Klaviers*, erst recht in den Spätwerken *(Musikalisches Opfer, Kunst der Fuge)* nur sehr wenig Wert auf die genaue Angabe der Instrumente (oder gar auf eine „Instrumentation") gelegt.

Wir wissen wenig über das persönliche Leben der Bachschen Familie in Köthen; außer den üblichen Rechnungs- und Honorarbelegen, den Werktiteln, den Geburts- und Taufeintragungen seiner Kinder ist uns kaum ein authentisches Schriftstück aus diesen ebenso stillen wie fruchtbaren Schaffensjahren überliefert. Es gibt lediglich einen Brief, in dem es um einen Streit wegen der Erbschaft eines Onkels (Bruders seiner Mutter) geht[29]; Bach hat sich hier sympathisch zurückhaltend gezeigt, obwohl er sonst für sein Recht zu streiten sich nicht scheute. Erst seit Ende des Jahres 1722 gibt es wieder wichtige Belege, die dann aber schon die neue Leipziger Wirkungsstätte betreffen. Orgelprüfungen, Cembalostimmungen, vor allem Konzertaufführungen und mannigfaltiges intimeres Musizieren, zum Teil schon mit den heranwachsenden Söhnen, waren tägliche Beschäftigung. Dieses Musizieren ging natürlich nicht nur auf dem Cembalo vor sich, sondern wesentlich auf Streichinstrumenten, kammermusikalisch wie im größeren Ensemble.

Von den Streichinstrumenten hat Bach die Violine besonders reich mit Kompositionen bedacht. Im Anschluß an seine Weimarer Tätigkeit als Konzertmeister schrieb er im Jahre 1720 drei Sonaten und drei Partiten für Violine solo, die in ihrer Art einzig dastehen. Gewiß gibt es eine bedeutende deutsche Tradition von Sonaten und Suiten für Violine senza Basso, so von dem Weimarer Geiger Paul Westhoff und von dem Dresdner Johann Georg Pisendel, die Bach beide gekannt hat; auch der bedeutende böhmische Meister Ignaz Biber und der Franzose Jean-Baptiste Volumier — der später in Dresden wirkte — sind zu nennen. In der Wechselfolge von strenger viersätziger Sonate und stilisierten Tanzsätzen, statt Suite hier „Partita" (auch „Partie") genannt, wird eine bedeutsame Architektonik erreicht, die sich auf die erstaunliche innere Logik und Gestaltungskraft gründet. Das Problem, das Bach hier besonders interessierte, war wohl die fruchtbare Dialektik von selbstgesetzter Beschränkung und stärkstem Ausdruck, von Strenge des äußeren Baus und mannigfaltiger Innengestaltung. Sowohl der Reichtum der Harmonie wie auch der polyphone Duktus kann bei einem Streichinstrument nur andeutend zur Geltung kommen; aber gerade diese Schwierigkeit reizte Bach, wenn er zum Beispiel eine Fuge schrieb wie den zweiten Satz der eröffnenden *g-Moll-Sonate* (BWV 1001)

Fuga

Allegro

oder harmonische Kühnheiten wie in dem großzügig-phantastisch angelegten Eröffnungssatz.

Das erstaunlichste Werk dieser Reihe ist die zweite *Partita d-Moll* (BWV 1004), die den „regelmäßigen" Suitensätzen (Allemande, Courante, Sarabande und Gigue) eine „Ciaccona" folgen läßt, die in ihren 257 Takten als ununterbrochene Variationsfolge über ein in seiner melodisch-harmonischen Spannkraft unvergeßliches Chaconne-Thema

kein Gegenstück hat, was logische Konstruktion, technische Brillanz und geistig-emotionale Durchdringung in ihrem dialektischen Kontext betrifft. Daß gegenüber solch einem Gipfelpunkt Bach in diesen Stücken auch tänzerische Grazie sprechen lassen kann, beweisen etwa die zwei Menuette aus der dritten *(E-Dur) Partita* (BWV 1006):

Bach hat Ähnliches auch für das Violoncello geschrieben; die *sechs Suiten* (BWV 1007—1011) sind würdige Gegenstücke zu den Geigenpartiten und zeigen wiederum die meisterhafte Beherrschung der Möglichkeiten des Instruments, was die Anfänge der Bourrée aus der C-Dur-Suite und der Sarabande aus der D-Dur-Suite beweisen mögen.

Bourrée I

Diese Suiten hat Bach wahrscheinlich für Ferdinand Christian Abel komponiert, der als Gambist und Violoncellist der Köthener Kapelle angehörte, während der Komponist sicherlich in der Lage war, die Violinwerke selbst vorzutragen.
Doch damit nicht genug: In der gleichen Zeit schrieb Bach auch Kammermusik im eigentlichen Sinne, und zwar (außer einigen Sonaten mit Begleitung des Basso continuo, wie wir sie unter anderen auch von Händel besitzen) *sechs Sonaten für Violine und* (auch für die rechte Hand ausgearbeitetes) *Cembalo* (BWV 1014—1019), so daß man — was die Zahl der beteiligten selbständigen Stimmen betrifft — von Triosonaten sprechen muß. In Wirklichkeit sind es die ersten Violinsonaten im modernen Sinne, die hier in Köthen gleichsam nebenbei entstehen. Was den Stimmungsgehalt, die Wärme und Ausgesponnenheit der Melodik, den Klangzauber und die formale Gestaltung betrifft, so übertreffen diese Werke — denen sich ähnlich geartete Sonaten für Flöte bzw. Viola da Gamba und Cembalo anschließen — die betrachteten Solowerke noch beträchtlich. Kontrapunktik, Homophonie und konzertante Schreibweise sind hier eine selbstverständliche Harmonie eingegangen, die auf solch einer Ebene keine vorstellbare Steigerung mehr zuläßt. Alle sechs Sonaten stehen auf gleicher Höhe; hervorgehoben seien dennoch einige langsame Mittelsätze wie der geradezu malerische Kanon zwischen Violine und Klavier-Oberstimme im fis-Moll-Andante un poco oder der A-Dur-Sonate (mit tupfenden Sechzehnteln in der Baßstimme),

das cis-Moll-Adagio ma non troppo aus der Sonate Nr. 3 E-Dur

mit der — schon in eine weit spätere Zeit weisenden — vollgriffig-stimmungshaften Klavierbegleitung zu den Sechzehntel-Triolen-Läufen der Violine (später werden die Rollen vertauscht, und es ergeben sich wiederum konzertante Dialoge zwischen den beiden Oberstimmen) oder der unnachahmliche, bereits auf die berühmte h-Moll-Arie der *Matthäuspassion* zielende Siciliano-Gesang zu Beginn der (4.) c-Moll-Sonate, zu dem es

in der zweiten (Es-Dur) *Flötensonate* (BWV 1031) ein schönes Gegenbeispiel gibt.

Es ist fast unglaublich, daß Bach in den wenigen Köthener Jahren solch einen Reichtum an großer Kammermusik hervorzubringen in der Lage war, von der jedes Werk, jeder einzelne Satz ein wahres Kabinettstück darstellt.
Es verbleibt die Aufgabe, die Leistung des Instrumentalkomponisten Bach in der großen Form zu würdigen. Bach hat sich in seiner Köthener Zeit systematisch alle repräsentativen Formen der Instrumentalmusik erobert, sowohl was die Besetzung als auch was die Gattung betrifft. Eine wichtige und repräsentative Instrumentalgattung war das Solokonzert, für das er in der Kunst Antonio Vivaldis das große Vorbild fand. Schon in Weimar hatte er sich — wie wir wissen — damit beschäftigt, insbesondere durch Abschriften der ihm zugänglichen Werke und durch ihre Bearbeitung für Cembalo oder Orgel. Jetzt handelte es sich um vollgültige eigene Werke, von denen leider nicht alles auf uns gekommen ist. Am frühesten komponiert sind wohl die beiden *Violinkonzerte in a-Moll und E-Dur* sowie das *Doppelkonzert in d-Moll*, die sämtlich um 1720 entstanden sind und sämtlich zu den größten Meisterwerken der Tonkunst in diesem Genre gehören.

Das *a-Moll-Konzert* (BWV 1041) besticht durch die äußerst plastische Thematik seiner Ecksätze; ihr besonderer Reiz liegt in der Verbindung von herber Linienführung und konzertanter Eleganz, die Bach erstaunlich gelingt.

Von geradezu bezaubernder Wirkung ist der zweite Satz (Andante), der über einem doppelten Ostinato des Orchesters einen freien koloristischen Gesang des Solisten ausbreitet. Ähnliches geschieht im *E-Dur-Konzert* (BWV 1042), dessen cis-Moll-Mittelsatz zu den tiefgründigsten, faszinierendsten Äußerungen des Bachschen Genius gehört. Vivaldische Vorgaben läßt er hier weit hinter sich, sicherlich nicht in der Süße der Melodik und in der Koloristik des Virtuosen, aber auf jeden Fall in der tiefe Bezirke des Seelischen berührenden Ausdrucksintensität. Auch hier strotzen die Ecksätze von motivischer Beweglichkeit und tänzerischem Schwung.

Dennoch muß das *d-Moll-Doppelkonzert* (BWV 1043) als die Krone dieser reifen Schöpfungen gelten. Dem sehr konzentriert geformten Kopfsatz, der — wie auch in den anderen Konzerten

— dem Tutti-Gedanken das virtuose motivische Spiel der beiden Solisten entgegenstellt, folgt ein Largo ma non tanto, das in seinem friedvollen Siciliano-Duktus (12/8) einen unendlich innigen und doch sublimierten, ineinander verschlungenen Gesang

der beiden Solisten exponiert, wie er in dieser Ausdehnung und Intensität noch nie erklang. Das abschließende Allegro bringt nicht nur die bekannte Doppelthematik von Tutti und Solisten, sondern inmitten des Satzes zweimal eine unerhört eindrucksvolle und doch scheinbar locker improvisierte Weise, an der man Bachs Unvergleichlichkeit selbst mit einem so großen Musikanten wie Antonio Vivaldi (der ähnliche Überraschungseinschübe liebt) ganz ermessen kann.

Den Gipfel der Bachschen Konzertmusik bilden die *Sechs Brandenburgischen Konzerte* (BWV 1046–1051), die er im Jahre 1721 dem Markgrafen Christian Ludwig von Brandenburg widmete. Das war der Onkel des preußischen Königs Friedrich Wilhelm I. (des Vaters Friedrichs II. von Preußen), der Markgraf pflegte im Berliner Stadtschloß — in einer sonst recht unmusischen Atmosphäre — die Musik, obwohl nicht bekannt ist, ob er das Bachsche Meisterwerk selbst aufführen ließ. Mit dem preußischen Hofe sollte Bach in den vierziger Jahren von Leipzig aus noch einmal in engere Berührung kommen.

Six concerts avec plusieurs instruments nennt Bach die Konzerte; gegenüber der Concerto-grosso-Besetzung, wie sie die Italiener und auch Händel verwendeten, nämlich dem Concertino von zwei Violinen und Violoncello auf der einen und den Ripienstreichern („Concerto grosso") auf der anderen, hat Bach die für die deutsche Musiktradition bezeichnende Vorliebe für Blasinstrumente bewahrt und jedes der sechs Konzerte anders solistisch besetzt (das jeweils selbstverständliche Continuo ist im folgenden nicht angegeben):

1. *Konzert F-Dur:* zwei Jagdhörner, drei Oboen und Fagott, Violine piccolo und Streicher;
2. *Konzert F-Dur:* Trompete, Blockflöte, Oboe, Violine und Streicher;
3. *Konzert G-Dur:* je drei Violinen, Violen und Violoncellis;
4. *Konzert in G-Dur:* Violine, zwei Blockflöten, Streicher;
5. *Konzert D-Dur:* Querflöte, Violine und Klavier sowie Streicher;
6. *Konzert B-Dur:* zwei Violinen, zwei Gamben, Violoncello.

Es ist eine genau geplante Mannigfaltigkeit festzustellen, die jedes Werk zu einer unverwechselbaren Individualität macht. Von bezaubernder Schönheit sind wiederum die langen, in sich verschlungenen melodischen Linien der Mittelsätze, von denen nur das kanonisch geführte Andante des zweiten Konzerts zitiert sei:

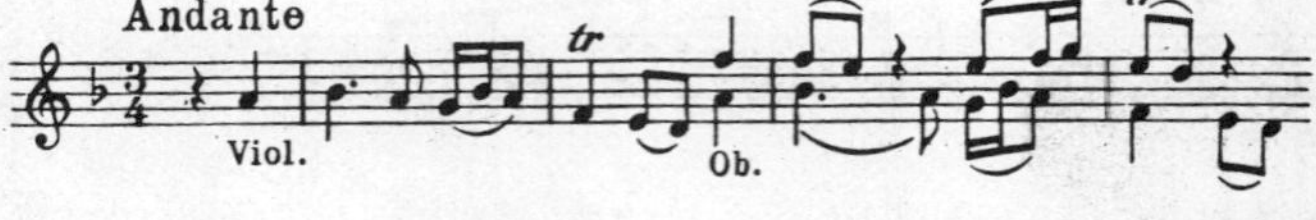

Die Kopfsätze sind überreich an prägnanten rhythmisch-aggressiven Themen; schon das erste Konzert bringt dafür ein prächtiges Beispiel:

Während sonst alle Konzerte, dem Vivaldischen Typ entsprechend, nur dreisätzig angelegt sind (im dritten Konzert fehlt sogar der Mittelsatz), brilliert das erste Konzert mit fünf Sätzen, von denen die beiden letzten (Menuetto und Polacca) noch je ein Trio einschließen; eine unmittelbare Beziehung zur Volksmusik ist hier spürbar, während sonst alle Konzerte eine ausgeprägte Bachsche Eigenart besitzen. Das betrifft, neben dem mächtigen konzertanten Klang des neunstimmigen Streicherchors des dritten Konzerts, vor allem die reizvolle konzertierende Praxis des zweiten F-Dur-Konzerts (Trompete und Blockflöte) sowie die virtuosen Kaskaden des konzertierenden Cembalos im fünften Konzert, während im sechsten Konzert besonders der gedämpfte dunkle Klang der tiefen Streichinstrumente fasziniert. Eine leicht bewegte Gigue in B-Dur beschließt dies Konzert sowie den gesamten Zyklus.

Die sechs *Brandenburgischen Konzerte* bilden einen gewichtigen Gegenpol zu den zwölf Concerti grossi, op. 6, von Georg Friedrich Händel, die fast zwei Jahrzehnte später in London geschrieben wurden. Bachs Beziehung zu Vivaldi, Händels stilistische Herkunft von Corelli sind deutlich spürbar; darüber hinaus divergieren beide Werkkomplexe aber vor allem durch ihren jeweils vollendet ausgeprägten Individualstil, der sich bei Bach insbesondere durch einen unendlichen motivisch-thematischen Entwicklungszug, bei Händel durch die gleichsam dramatische Formulierung und Gegenüberstellung knapp geformter Gestalten kundtut. Beide — sehr entgegengesetzte — Ausdrucksprinzipien wurden für die weitere Musikentwicklung von großer Bedeutung. Auf jeden Fall stehen die *Brandenburgischen Konzerte* in ihrer Zeit in Deutschland völlig allein; trotz vieler interessanter Züge kann Telemanns reiches konzertantes Schaffen aus jener Zeit nicht mit diesem gewaltigen Wurf verglichen werden.

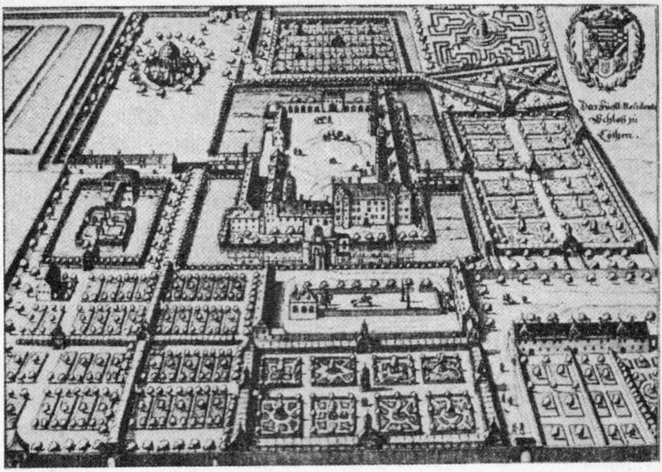

Der Hof zu Köthen

Mit solch einem Reichtum an Instrumentalmusik hatte Bach seine Köthener Jahre großartig genutzt; in Leipzig sollte ihm das für lange Zeit verwehrt sein. Auch von den vier großen *Orchestersuiten* (von Bach „Ouvertüren" genannt) sind zumindest die beiden ersten in C-Dur und h-Moll schon in Köthen entstanden, obwohl er sie erst in Leipzig seit Ende der zwanziger Jahre seinem Collegium musicum im Zimmermannschen Garten zur breiteren Publikumswirkung vorführen konnte. Wir wissen, daß Bach in Köthen zwei gute Trompeter zur Verfügung hatte, die die schwierigen Solostellen in der ersten D-Dur-Ouvertüre blasen konnten, ebenso wie wohl die Köthener Kammermusiker Josephus Spieß und Johann Ludwig Rose das d-Moll-Doppelkonzert zu Bachs Zufriedenheit gespielt haben werden. Wir werden bei Betrachtung der Leipziger Zeit auf diesen Schaffenskomplex zurückkommen.
Bis ans Ende des Jahres 1722 schien Bach nicht an einen Ortswechsel zu denken. Am 5. Juni 1722 war durch den Tod Johann Kuhnaus das Leipziger Thomaskantorat, eine der angesehensten kirchenmusikalischen Stellen, frei geworden. Eine große Zahl von berühmten Musikern bewarb sich um die ausgeschriebene Stelle, Bach zunächst nicht. Der Rat der Stadt Leipzig dachte auch nicht an ihn, sondern vor allem an Georg

Philipp Telemann, der im Jahre 1721 von Frankfurt (Main) nach Hamburg gewechselt hatte. Dieser sagte zunächst zu, benutzte aber den Leipziger Ruf nur dazu, um eine Gehaltsaufbesserung in Hamburg zu erreichen, eine Methode, die Bach selbst bei dem Hallenser Angebot in Weimar angewandt hatte. Nach dieser Enttäuschung dachte der Leipziger Rat an den Darmstädter Kapellmeister Christoph Graupner, der ein sehr angesehener Komponist war, dazu ehemaliger Thomaner. Aber diesen ließ der Darmstädter Landesherr nicht frei, und Graupner befürwortete dann selbst die Wahl von Bach, der sich neben einigen anderen Ende des Jahres nun doch noch gemeldet hatte. Nach dem am 7. Februar 1723 dargebotenen Probestück, der Kantate *Jesus nahm zu sich die Zwölfe* (BWV 22), wählte man ihn einstimmig. Am 1. Juni 1723 wurde er in sein Amt eingeführt.[30]

So kehrte Bach nach fünfzehnjähriger Wirksamkeit an absolutistischen Höfen in städtisch-kirchlichen Dienst zurück, in welchem er zwanzig Jahre zuvor seine Laufbahn begonnen hatte. Daß ihm die Entscheidung nicht leichtfiel, wissen wir aus späteren Äußerungen, obwohl sich die musische Atmosphäre in Köthen in der letzten Zeit etwas abzukühlen schien, nachdem Fürst Leopold eine „Amusa“ geheiratet hatte. Auf jeden Fall wurde Bach durch diese Entscheidung, die sicherlich die Anziehungskraft einer von starken aufgeklärten Kräften und bürgerlichem Fortschritt bestimmten Großstadt bewirkt hatte, für die letzten Schaffensjahrzehnte in eine neue, ebenso fruchtbare wie widerspruchsreiche Situation gestellt, die weit über sein individuelles Schicksal hinaus von größter Bedeutung für die Musikgeschichte werden sollte.

Städtischer Kantor und Director musices

Leipzig (1723—1750)

a) Die Zeit bis 1736

Ende des Jahres 1722 hatte sich Bach um das Leipziger Thomaskantorat beworben; am 7. Februar erfolgte die Kantoratsprobe mit der Kantate *Jesus nahm zu sich die Zwölfe* (BWV 22). In der ersten Maihälfte wurden die anderen Formalitäten erledigt; am 22. Mai übersiedelte der neue Thomaskantor an seinen Leipziger Amtssitz.[31]
Mehr als die Hälfte seiner Schaffenszeit hat Bach in Leipzig verbracht; es wurde seine wichtigste und reichste. Was waren die Gründe dafür, daß Bach seine ihm liebgewordene Köthener Wirkungsstätte verließ? Wir haben ein wichtiges Dokument, in dem Bach seinen Weggang aus Köthen begründet, aber auch seine bald einsetzende Enttäuschung über die Leipziger Stelle zum Ausdruck bringt. Es ist der Brief vom 18. Oktober 1730 an seinen Jugendfreund Georg Erdmann, mit dem er einige Zeit am Ohrdrufer Lyzeum, dann auch an der Lüneburger Michaelisschule zusammen verlebt hatte und der jetzt, nach einem juristischen Studium, seit 1718 als russischer Diplomat in Danzig lebte. Die uns hier interessierende Stelle aus dem „Erdmann-Brief" lautet:
Von Jugend auf sind Ihnen meine Fata bestens bewust, biß auf die mutation, so mich als Capellmeister nach Cöthen zohe. Daselbst hatte einen gnädigen und Music so wohl liebenden als kennenden Fürsten; bey welchem auch vermeinete meine Lebenszeit zu beschließen. Es muste sich aber fügen, daß erwehnter Serenißimus sich mit einer Berenburgischen Princeßin vermählete, da es denn das Ansehen gewinnen wolte, als ob die musicalische Inclination bey besagtem Fürsten in etwas laulicht werden wolte, zumahln da die neüe Fürstin schiene eine amusa zu seyn: so fügte es Gott, daß zu hiesigem Directore Musices u. Cantore an der Thomas Schule vociret wurde.[32]
Die Heirat des Fürsten mit der Bernburgischen Prinzessin war im Jahre 1721 erfolgt (übrigens starb diese schon, bevor Bach nach Leipzig übersiedelte). Es schien freilich, als ob sich das

musische Klima in Köthen schon deshalb nicht wieder erwärmen konnte, weil sich jetzt auch die kleinen absolutistischen Staaten zu Kriegsrüstungen gezwungen sahen, insbesondere in Nachbarschaft des kriegerischen Brandenburg-Preußen. Die Verbindung zu Köthen ist aber von Bach weiterhin gepflegt worden, auch über den frühen Tod Leopolds hinaus. In zweiter Ehe hatte dieser eine Prinzessin von Nassau-Siegen geheiratet; zu ihrem Geburtstag am 30. November 1726 schrieb Bach eine Kantate (*Steigt freudig in die Luft*, BWV 36a), nachdem er bereits zwei Monate vorher den am 13. März 1726 geborenen Erbprinzen Emanuel Ludwig mit der Widmung der *Partita I* (BWV 825) und mit einem Gedicht begrüßt hatte.[33]
Bach hat anscheinend noch viele Jahre später zu dieser Fürstin, die in zweiter Ehe einen Grafen von Schaumburg-Lippe heiratete, gute Beziehungen gehabt; sein Sohn Johann Christoph Friedrich trat später in die Bückeburger Hofkapelle ein. Zum Tode des Köthener Fürsten (19. November 1728) schrieb Bach die Kantate *Klagt, Kinder, klagt es aller Welt* (BWV 244a), die zu den Trauerfeierlichkeiten im März 1729 in Köthen erklang. Den Titel *Hochfürstlich Anhalt-Cöthenischer Capellmeister* vergaß Bach bei offiziellen Unterschriften ebensowenig wie seit

1736 den Titel *Königlich Pohlnischer und Churfürstlich Sächsischer Hof-Compositeur.* Solch scheinbar äußerliche Dinge müssen vermerkt werden; Bach selbst hat sie sehr wichtig genommen, wie das zum Beispiel aus der Unterschrift eines Zeugnisses für seinen Schüler Christoph Gottlob Wecker vom Jahre 1729 hervorgeht.

Joh: Sebast: Bach.
Hochf. Sachsen Weißenfels, wie nicht weniger
Hochf. Anhalt Cöthenisch. Capellmeister;
Director Chori Musices Lipsiensis u.
Cantor zu S. Thomae hieselbst.[34]

Die hier angegebenen Titel waren die höchsten, die er damals erlangt hatte; davon war der Titel des Thomaskantors der letzte und geringste. Deshalb der in obiger Briefstelle folgende Satz, *daß es mir nun zwar anfänglich gar nicht anständig seyn wolte, aus einem Capellmeister ein Cantor zu werden.* Die Bindung an absolutistische Höfe war aus verschiedenen Gründen begehrenswert: zunächst wegen der relativ großen Freiheit, die ein Musiker, auch bei niedriger Rangordnung, bei einem wohlwollenden Fürsten genießen konnte; hinzu kamen gelegentliche zusätzliche Legate; insbesondere aber hatte er die Möglichkeit, verhältnismäßig frei zu experimentieren, mit den gewiß geringen Mitteln einer Hofkapelle all das auszuprobieren, was ihm schöpferisch vorschwebte — noch ein Joseph Haydn hat das aufs beste zu nutzen verstanden! Und schließlich mochte Bach bewußt geworden sein, bereits in Weimar, verstärkt in Köthen, daß die Kirchenmusik ihre führende Rolle im Musikleben einzubüßen begonnen hatte, daß einerseits die Oper, andererseits die Instrumentalmusik die Führung in der Musikentwicklung übernommen hatten.

Dennoch mußte die Möglichkeit reizen, in der Messe- und Universitätsstadt Leipzig als Kantor der führenden Kirche tätig zu sein und die kirchenmusikalischen Erfahrungen auf höherer Ebene mit den Verpflichtungen als Director musices zu verbinden; denn die letztere Funktion wird Bach von vornherein im Auge gehabt haben, zumal sie eine enge Beziehung zur Universität zu garantieren schien. Daß die Möglichkeit des Studiums seiner heranwachsenden Kinder eine Leipziger Anstellung darüber hinaus begehrenswert machte, verschweigt Bach in dem Briefe ebenfalls nicht; davon wurde zu gegebener Zeit

Titelblatt der Sammlung „Neue Clavier-Übung“ 1689 von Johann Kuhnau

auch Gebrauch gemacht. Auf jeden Fall war die Leipziger Berufung für Bach ehrenvoll, sozial attraktiv und im Sinne einer breiteren und progressiven Wirksamkeit günstig.

Die näheren Umstände der Einstellung Bachs als Thomaskantor sind interessant und bezeichnend für die Art, wie Rat der Stadt und Kirche (die nun für Bach wieder maßgebliche Partner wurden) den Künstlern gegenüber verfuhren; es sei deshalb etwas ausführlicher darauf eingegangen.

Am 5. Juni 1722 war der Thomaskantor Johann Kuhnau verstorben, der sich um 1700 insbesondere mit einer reichhaltigen programmatischen Klaviermusik (u. a. einer „Vorstellung biblischer Historien“) und reicher Kirchenmusik einen guten Namen gemacht, allerdings in dem damals in Leipzig als Studiosus der Rechte auftauchenden jungen Georg Philipp Telemann einen recht kritischen und aktiven musikalischen Opponenten erhalten hatte. In den „Annales Lipsienses“ war zu lesen: „Er (Kuhnau) wird um so viel mehr vermisset, wie schwerer es hält, einen würdigen Nachfolger auszufinden und zu erlangen; ob es gleich an trefflichen Musicis heut zu Tage, auch selbst hier in Leipzig, eben nicht mangelt.“[35] Das Leipziger Ratsprotokoll vom 14. Juli weiß schon folgendes zu berichten:

„14. Juli
Die Cantorat-Stelle bey der Schule zu St. Thomas sey zu ersezen, dazu sich angegeben
1. Johann Friedr. Fasch,
2. Georg Balthasar Schott,
3. Joh. Christian Rolle,
4. Georg Lencke,
5. Johann Martin Steindorff,
6. Georg Philipp Telemann, der leztere sey schon bekant."[36]

Im August scheint man sich auf den bereits favorisierten Telemann geeinigt zu haben. Doch dieser gab im November an, er käme in Hamburg nicht los (er hatte dort, wie bereits dargestellt, eine Gehaltserhöhung erhalten); es kamen dann bald noch unter anderen die Namen Kauffmann aus Merseburg und Tufen aus Braunschweig auf die Liste, endlich im Dezember der Darmstädter Johann Christoph Graupner und der Köthener Bach. Nach Graupners Absage legte Bach am 7. Februar 1723 seine Probe ab; am 9. April hieß es auf einer weiteren Ratssitzung:
„Auf den man bey dem Cantorat reflexion genommen, nemlich Graupnern, könne seine dimißion nicht erhalten, der Landgraff zu Hessen Darmstadt wolle ihn schlechterdings nicht dimittiren, sonst sey in Vorschlag der Capellmeister zu Cöthen Bach, Kauffmann zu Merseburg und Schotte alhier kommen; aber alle 3. würden zugleich nicht informiren können ... Herr Appellat. Rath Plaz. Das leztere finde Er aus erheblichen Ursachen vor bedencklich, da man nun die besten nicht bekommen könne, müßte man mittlere nehmen, es sey von einem zu Pirna ehmahls viel gutes gesprochen worden."[37]
Am 19. April unterzeichnete Bach einen vorläufigen Revers, der ihn verpflichtete, seinen Dienst als Thomaskantor anzutreten, falls er gewählt würde; das muß damals schon ziemlich festgestanden haben, denn etwa eine Woche vorher hatte er schon seine Köthener Entlassung beantragt, wobei ihm anscheinend keine Schwierigkeiten gemacht wurden. Entscheidend wurde dann die Ratssitzung vom 22. April 1723, auf der sich wohl alle für Bach einsetzten.
Dn. Cons. Reg. D. Lange truge, in Versammlung aller drey Räthe, vor, es wäre bekannt, daß man, wegen der Cantor-Stelle, zu St. Thomas seine Gedancken auf Herrn Telemann

gerichtet gehabt, er hätte auch versprochen alles zuthun, jedoch aber sein Versprechen nicht gehalten. Man hätte hernach auf Herrn Graupnern, Capellmeistern zu Darmstadt, sein Absehen, jedoch privatim gerichtet gehabt, welcher aber berichtet, daß man ihn nicht laßen wolte. Hernach hätten sich Bach, Hoffmann und Schott gemeldet. Bach wäre Capellmeister zu Cöthen, und excellirte im Clavier ... Er habe sich reversiret, nicht alleine publicè, sondern auch privatim, zu informiren. Wann Bach erwehlet würde, so könnte man Telemann, wegen seiner Conduite, vergeßen ... Dn. Cons. D. Steger ... Bachs Person wäre so gut als Graupner ... Votirte gleichfalls uf Bachen, und hätte er solche Compositiones zu machen, die nicht theatralisch wären ... Dn. Cons. Reg. Es wäre nöthig auf einen berühmten Mann bedacht zu seyn, damit die Herren Studiosi animiret werden möchten.[38]

So konnte der Köthener Kapellmeister am 5. Mai in der Leipziger Ratsstube erscheinen.

„Erschiene Herr Johann Sebastian Bach, bisheriger Capellmeister an dem hochfürstlich Anhalt-Cöthischen Hofe, in der Rathstube, und nachdem Er sich hinter die Stühle gestellet,

proponirte Dn. Cons. Reg. D. Lange, daß sich zum Cantorn Dienste bey der Schule zu St. Thomae zwar unterschiedene gemeldet: weil Er aber von den capablesten darzu erachtet worden, So hätte man Ihn einhellig erwehlet, und solte Er von dem hiesigen Herrn Superintendenten praesentiret, auch ihme das jenige gereichet werden, was der verstorbene Herr Kuhnau gehabt. Ille. Danckte gehorsamst, daß man auf ihn Reflexion machen wollen, und verspräche alle Treu und Fleiß."[39]
Der endgültige Revers lautet:
„Demnach E. E. Hochweiser Rath dieser Stadt Leipzig mich zum Cantorn der Schulen zu St. Thomas angenommen und einen Revers, in nachgesetzten Puncten von mir zuvollziehen begehret, nehmlich:

1.) Daß ich denen Knaben, in einem erbarn eingezogenen Leben und Wandel, mit gutem Exempel vorleuchten, der Schulen fleißig abwarten, und die Knaben treulich informieren,
2.) Die Music in beyden Haupt-Kirchen dieser Stadt, nach meinem besten Vermögen, in gutes Aufnehmen bringen,
3.) E. E. Hochweisen Rathe allen schuldigen respect und Gehorsam erweisen und deßen Ehre und reputation aller Orthen bester maßen beobachten und befördern, auch so ein Herr des Raths die Knaben zu einer Music begehret, ihme dieselben ohnweigerlich folgen laßen, außer diesen aber denenselben auf das Land, zu Begräbnüßen oder Hochzeiten, ohne des regierenden Herrn Bürgermeisters und der Herren Vorsteher der Schulen Vorbewust und Einwilligung zureisen keinesweges verstatten.
4.) Denen Herren Inspectoren und Vorstehern der Schulen in allen und ieden, was im Nahmen E. E. hochweisen Raths dieselbige anordnen werden, gebührende Folge leisten,
5.) Keine Knaben, welche nicht bereits in der Music ein fundament geleget, oder sich doch darzu schicken, daß sie darinnen informiret werden können, auf die Schule nehmen, auch solches, ohne derer Herren Inspectoren und Vorsteher Vorwißen und Einwilligung, nicht thun.
6.) Damit die Kirchen nicht mit unnöthigen Unkosten beleget werden mögen, die Knaben nicht allein in der Vocal-, sondern auch in der Instrumental-Music fleißig unterweisen.
7.) Zu Beybehaltung guter Ordnung in denen Kirchen die

Kurrendesänger
(Zeichnung von
Ludwig Richter)

Music dergestalt einrichten, daß sie nicht zulang währen, auch also beschaffen seyn möge, damit sie nicht opernhafftig herauskommen, sondern die Zuhörer vielmehr zur Andacht aufmuntere.

8.) Die neue Kirche mit guten Schülern versehen,
9.) Die Knaben freundlich und mit Behutsamkeit tractiren, daferne sie aber nicht folgen wollen, solche moderat züchtigen, oder gehöriges Orts melden;
10.) Die Information in der Schule und was mir sonsten zuthun gebühret, treulich besorgen,
11.) Und da ich solche selbst zuverrichten nicht vermöchte, daß es durch ein ander tüchtiges Subjectum, ohne E. E. Hochweisen Raths, oder der Schule, Beytrag, geschehe, veranstalten,
12.) Ohne des regierenden Herrn Bürgermeisters Erlaubnüß mich nicht aus der Stadt begeben,
13.) In LeichBegängnüßen iederzeit wie gebräuchlich, so viel möglicn, bey und neben denen Knaben hergehen,
14.) Und bei der Universität kein officium, ohne E. E. Hochweisen Raths Consens annehmen solle und wolle;

Alß verreversire und verpflichte ich mich hiermit und in Krafft dieses, daß ich diesen allen, wie obstehet, treulich nachkommen

und, bey Verlust meines Dienstes, darwieder nicht handeln wolle.
Zu Uhrkund habe ich diesen Revers eigenhändig unterschrieben und mit meinem Petschafft bekräfftiget. So geschehen in Leipzig, den 5. Maii. 1723.

Johann Sebastian Bach."[40]

Mit dieser Unterschrift wurde ein Vertrag gültig, der für Bach selbst wie für den Leipziger Rat und das Konsistorium eine Quelle endloser Ärgernisse werden sollte. Jeder einzelne Punkt barg die Möglichkeit des Mißverständnisses in sich, obwohl Bach selbst, wie aus dem noch vorhandenen ursprünglichen Konzept hervorgeht, einige für sich günstige Modifikationen hatte herausholen können. Hier zeigte er aufs neue seine Zähigkeit in Durchsetzung seiner persönlichen beruflichen Belange, auch einen gewissen Eigensinn, der sich im Alter verstärken sollte, aber bereits in Arnstadt und in Weimar — gewiß mit dem Recht des Genies gegen eine mediokre Umwelt — hervorgetreten war.
Johann Sebastian Bach war in eine Stadt gekommen, die damals in Deutschland neben Hamburg das regste wirtschaftliche und geistige Leben entfaltete. Als internationaler Handelsplatz mit Fernhandels- und Jahresmarkt bereits im 12. Jahrhundert bekannt, war Leipzig durch die Gründung der zweiten deutschen Universität im Jahre 1409 (vorher Heidelberg 1386) auch zu einem starken geistigen Zentrum geworden, das vor allem die kritische theologische und philosophische Auseinandersetzung förderte, wie sie etwa auf der Disputation zwischen Luther, Eck und Karlstadt im Jahre 1519 zum Ausdruck kam. Im 17. und 18. Jahrhundert entwickelte sich Leipzig schnell zu einem der Zentren der deutschen Aufklärung, für die seinerzeit der Rechtsphilosoph Christian Thomasius, der auch als erster die deutsche Sprache in den Vorlesungen einführte, repräsentativer Anwalt wurde. Aber schon dieser bedeutende Naturrechtslehrer spürte bald die geistige Borniertheit der Messestadt, ja mußte 1687 die Leipziger Universität verlassen und wandte sich nach Halle, wo er die Universität mitbegründete und wo Georg Friedrich Händel seine Vorlesungen besuchte. Als Bach nach Leipzig kam, belebte wieder manch progressiver Geist das Klima der Stadt; es begann die Wirksamkeit des literarischen Repräsentanten der deutschen Aufklärung, Jo-

hann Christoph Gottscheds, der seit Mitte der zwanziger Jahre trotz mancher Perückenhaftigkeit mit der Popularisierung der Wolffschen Philosophie, der Herausgabe von moralischen Wochenschriften (seit 1725) sowie dem „Versuch einer critischen Dichtkunst“ (1730), auch mit seinen Bestrebungen zur Umgestaltung der deutschen Theaterkunst zu einem Protagonisten der Klassik des 18. Jahrhunderts wurde. Auf dem Gebiete der Dichtkunst waren Ende des 17. Jahrhunderts Christian Reuter mit dem studentischen Schelmenroman „Schellmuffsky“, Anfang des neuen Jahrhunderts Johann Christian Günther mit seiner stark individualisierten Lyrik hervorgetreten, die noch der Leipziger Student Goethe bewunderte. Am regsten war das Leben aber zweifellos auf dem Gebiete der Musik; hier gab es große Traditionen aus der Reformationszeit, insbesondere seit den Thomaskantoren Rhaw, Calvisius und Johann Hermann Schein zu Beginn des 17. Jahrhunderts, bis die bedeutende Reihe der Kantoren Sebastian Knüpfer, Johann Rosenmüller, Johann Schelle und Johann Kuhnau begann, an die Bach unmittelbar anknüpfen konnte. Für fast alle genannten Komponisten war es bezeichnend, daß sie stark traditionsverpflichtet komponierten und wirkten, aber zugleich eine große Aktivität in der Erneuerung alter Formen und der Entwicklung moderner Gattungen an den Tag legten, zum Teil von den neuesten italienischen und französischen Errungenschaften beeinflußt. Diese vielfältigen Töne mußten bei Bach auf gleichgestimmtes Echo stoßen, zumal die Fülle der mitteldeutsch-thüringischen Anregungen hinzukam.

Hatte Bach sich mit der Probekantate *Jesus nahm zu sich die Zwölfe* am 7. Februar 1723 die Stelle erkämpft, so führte er sich als bereits bestallter Thomaskantor mit der Aufführung der Kantate *Wer mich liebet, der wird mein Wort halten* (BWV 59) aufs beste ein (in der Paulinerkirche); es folgte noch im selben Monat in der Nikolaikirche *Die Elenden sollen essen* (BWV 75), während Anfang Juni in der Thomaskirche *Die Himmel erzählen die Ehre Gottes* (BWV 76) uraufgeführt wurde. Im folgenden Halbjahr 1723 hat der Meister für die Sonntage und sonstigen kirchlichen Feiertage insgesamt etwa dreißig Kantaten geschrieben und erstaufgeführt; hinzu kamen noch sechs Wiederaufführungen von Kantaten aus der Weimarer Zeit. Diese Produktivität hat in den folgenden drei Jahren nicht nachgelassen; bis 1726 entstand der Hauptteil der erhal-

Johann Christoph Gottsched

tenen Bachschen Kirchenkantaten. Die schon in Köthen begonnene *Johannespassion* konnte erst zum Karfreitag 1724 zur Erstaufführung gelangen.

Wir wählen zur Betrachtung des frühen Leipziger Kantatenschaffens die Kantate *Die Himmel erzählen die Ehre Gottes* (BWV 76). Gegenüber den verschiedenen Fassungen der Kantaten 59, 74 und 75, die Bach damals aus älteren Kantaten umgearbeitet hatte, um sich an der Pauliner- und Nikolaikirche würdig einzuführen, zeigt die Kantate BWV 76 ein bedeutenderes Profil, eine großartig gesteigerte Ausdruckskraft. Bach gab hier sein Bestes. Die starke Besetzung mit Soli und Chor, in den Instrumenten mit Tromba, deutet bereits darauf hin; der Text gab Bach Gelegenheit, äußerst plastisch mit sprechenden, „erzählenden" Motiven und Melodien zu arbeiten, was gleich der Anfang der Bässe — nach einer fanfarenartigen Trompeteneinleitung — bezeugt.

In den Fluß des kräftig angelegten Chores fügt sich ein plastisches Tenorsolo. Die beiden folgenden Arien (für Sopran bzw. Baß) zeigen die gleiche rufende und redende Prägnanz,

der am Schluß des ersten Teils ein herrlich ausschwingender Choralfantasie-Satz „Es woll' uns Gott genädig sein" korrespondiert. Die Sinfonia des zweiten Teils erscheint in ihrem Adagio- und Vivace-Teil später als Beginn einer *Orgelsonate* (BV 528) wieder, die enge Verwandtschaft der Gattung, die Selbstverständlichkeit dialektischer Korrespondenz von vokaler und instrumentaler Spezifik bei Bach anzeigend. Die Tenorarie „Hasse nur, hasse mich recht" mit ihren hartnäckigen Septimensprüngen im Baß, in großartiger Kühnheit innerhalb von a-Moll mit dem forcierten dis einsetzend, ist ein besonders plastischer Gedanke,

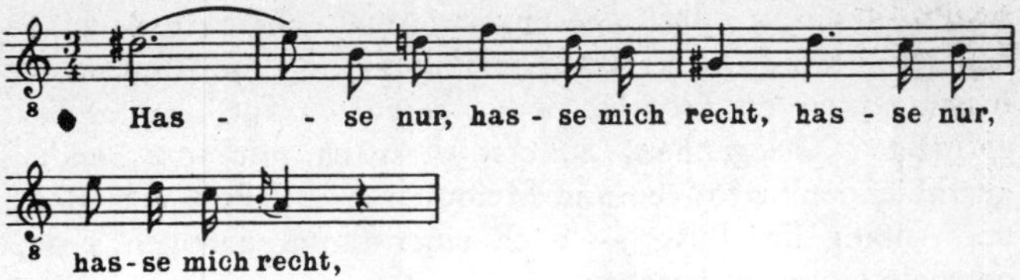

dem in sanfter Gigue-Bewegung die e-Moll-Arie des Alts „Liebt, ihr Christen, in der Tat“ entspricht, während den ausgewogenen Abschluß derselbe Choral des ersten Teils bildet.

Mit ihren vierzehn Nummern ist diese zweiteilige Kantate ein frühes Beispiel des Leipziger Kantatenstils, der zunächst etwa mit folgenden Punkten charakterisiert werden kann:

— Harmonische Vereinigung von ariosen und choralhaften
— Elementen
— Starke Einbeziehung der Instrumentalmusik
— Vorliebe für architektonische Symmetrie
— Kühnheit im harmonischen Satz und melodische Profilierung, insbesondere der Incipits.

Deutlich bekundet diese Kantate (wie auch andere Kantaten dieser ersten Leipziger Zeit) das Bemühen um eine plastische Direktheit und konkrete Symbolkraft der musikalischen Wortausdeutung, verbunden mit der Tendenz, die Musik aus sich selbst heraus sprechen zu lassen.

In solcher Schaffensintensität konnte Bach bald an die Wiederaufführung seiner bisher stärksten und längsten Kantate *Ich hatte viel Bekümmernis* (BWV 21) vom Jahre 1714 denken, an deren Sprache er jetzt unmittelbar wieder anschloß. Eine ganze Reihe weiterer Weimarer Kantaten kam neu zu Ehren, so *Barmherziges Herze der ewigen Liebe* (BWV 185) oder *Ärgre dich, o Seele, nicht* (BWV 186), zumal sie, zum Teil durch gründliche Umarbeitung, jetzt erst ihrer echten Bestimmung zugeführt wurden. Auch Kantaten, die man früher einer weit späteren Zeit zuschrieb, wie die besonders innige *Warum betrübst du dich, mein Herz* (BWV 138), gehören schon in dieses erste Jahr. In dieser Kantate hat Bach übrigens den Typus der Choralfantasie weiterentwickelt, auf den er von nun an auch in der Vokalmusik häufig zurückgreifen sollte. Während der

Tenor deklamatorische Inbrunst offenbart, das beginnende

Instrumentalmotiv aufgreifend, erscheint die Choralmelodie, auf mannigfaltige Weise umspielt, im Sopran. Der zweite Vers des

Chorals erscheint, von zwei Secco-Rezitativen (Baß bzw. Tenor) eingeschlossen, im vierstimmigen strengen Satz, aber schon im achten Takt wirkungsvoll von einem ausdrucksstarken erneuten Rezitativ unterbrochen. Als Nr. 5 singt der Baß in einem heroischen Menuettrhythmus eine kräftige D-Dur-Arie „Auf Gott steht meine Zuversicht".

Diese Arie hat Bach Mitte der dreißiger Jahre für das „Gratias agimus" (ebenfalls Baßarie) der *G-Dur-Messe* (BWV 236) in freier Weise benutzt, ein Verfahren — Parodie genannt —, das er seit den Leipziger Jahren in zunehmendem Maße anwendet. Auf diese Problematik einer Textunterlegung einer kaum oder gar nicht veränderten Musik werden wir noch öfter eingehen müssen. Nach einem dritten Secco folgt als Abschluß der dritte „Vers" des Chorals, nun wieder in h-Moll und in einem sehr kolorierten $^{6}/_{8}$-Takt, der das Werk in fast tänzerischer Freude

enden läßt. Mit solchen Werken hat Bach den ihm eigenen Typ der reich ausgebauten Choralkantate geschaffen, die sich sowohl auf den strengen Satz der Vorlage stützt als auch ihn als Ausgangspunkt für frei gestaltete Formen benutzt. Das opernhafte Secco sowie die großangelegte Dacapo-Arie werden betont dazwischengestellt.
Ähnliches zeigt sich etwa bei der Kantate *Siehe zu, daß deine Gottesfurcht nicht Heuchelei sei* (BWV 179). Einen kräftig gebauten und als Concerto bezeichneten Einleitungschor — diesmal laufen die begleitenden Instrumente durchaus mit den Singstimmen parallel — folgen zwei sehr differenziert gestaltete Arien (samt vorhergehenden Seccos) in e-Moll und a-Moll; alle drei Stücke (denen nur noch eine Choralstrophe „Ich armer Mensch, ich armer Sünder" folgt) erscheinen in späteren Messen wieder, das „Concerto" und die erste Arie in der genannten *G-Dur-Messe,* die zweite Arie in der *A-Dur-Messe* (BWV 234), ohne daß eine engere textliche Bindung ersichtlich ist. Ein noch individuelleres Gebilde mit reicher Abwechslung von frei gebautem Chor, Arioso und Arie (und abschließendem Choral) ist die Kantate *Herr, gehe nicht ins Gericht mit deinem Knecht* (BWV 105), der im Eingangschor einen äußerst bildhaften Allegro-Einsatz hat.

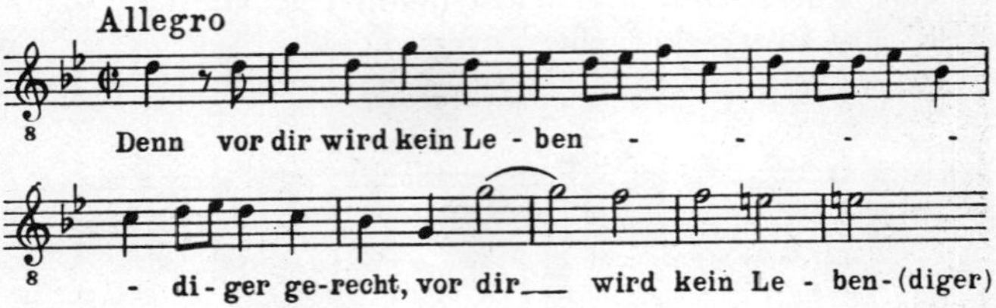

Auch die Kantate *Erforsche mich, Gott, und erfahre mein Herz* (BWV 136) diente im einleitenden A-Dur-Choral als Vorlage für den letzten Chor der *A-Dur-Messe;* man kann schon hier erkennen, daß Bach die in Weimar liebgewordene Kantate ein weit individuelleres Bedürfnis ist als das strenge Pflichtstück einer Messe.
Die genannten Beispiele stehen für viele andere. Bach verfolgt im ersten Halbjahr seiner Leipziger Kantatenproduktion — die

fast ein Sechstel der erhaltenen Gesamtproduktion ausmacht — eine sehr persönliche, sowohl religiös-dogmatische wie künstlerisch-formale Fesseln durchbrechende Zielsetzung. Hinzu kommen bald andere kirchliche Gelegenheitswerke, wie die Motette *Jesu, meine Freude* (BWV 227), die das unübertroffene Musterbeispiel einer ausgebauten Choralmotette in nicht weniger als elf Sätzen darstellt; die sechs komponierten Strophen des Chorals werden kunstvoll alterniert von affektgeladenen freien Chorsätzen, die dem schon stark subjektivierten Klang des Chorals eine noch weit freiere Sphäre des Empfindens gegenüberstellen und zu geradezu modern klingendem lyrischem Ausdruck gelangen. Die musikalische Form ist als großartiger Bogen gestaltet:

a^1 (Choral) b^1 a^2 c a^3 d a^4 e a^5 b^2 a^6 (= a^1)

Dabei entfernen sich der 3., 4. und 5. Choralvers in der

Die Petrikirche zu Leipzig

musikalischen Faktur immer stärker vom ursprünglichen Gestus; erst die Schlußstrophe wiederholt den Anfang wörtlich, nachdem der letzte freie Einschub sich als eine verkürzte Variante des ersten erwiesen und so die Bogenform aufs schönste vorbereitet hatte. Der Chorsatz „Ihr aber seid nicht fleischlich, sondern geistlich“ steht genau in der Mitte und ist auch in der musikalischen Faktur am weitesten vom Ausgang und Ende entfernt. Bach schrieb das bedeutende Werk wohl im Juli seines Antrittsjahres als Trauermusik für die Oberpostmeisterin Johanna Maria Keese, von der wir sonst nichts wissen; es erhellt, zu welchen Höhen und Tiefen des Ausdrucks eine — wohl fast gleichgültige — Auftragskomposition entwickelt werden kann.

Es gab andere erwünschte Gelegenheiten zur Schaffung neuer Kantaten, so etwa zu einer Orgelprüfung und -einweihung in Störmthal. Diese Orgel hatte Zacharias Hildebrand gebaut, der auch selbst zugegen war, so daß der Titel *Höchsterwünschtes Freudenfest* (BWV 194) voll verständlich ist; war doch solch eine Einweihung eine wichtige gesellschaftliche Angelegenheit in einem kulturell stark vom kirchlichen Leben bestimmten Gemeinwesen. Vielleicht hat Bach hier sogar selbst den Text verfaßt. Mit einem Choral schließen die beiden Teile des großangelegten Werkes ab. Die Anfänge der einzelnen Chorsätze und Arien sind von größter Prägnanz; einiges sei zitiert, um zu zeigen, welch virtuos-freudigen Gesang der Meister zu solchen Gelegenheiten anzustimmen wußte.

Coro

Aria

Duett (Sopr./Baß)

Recitativo

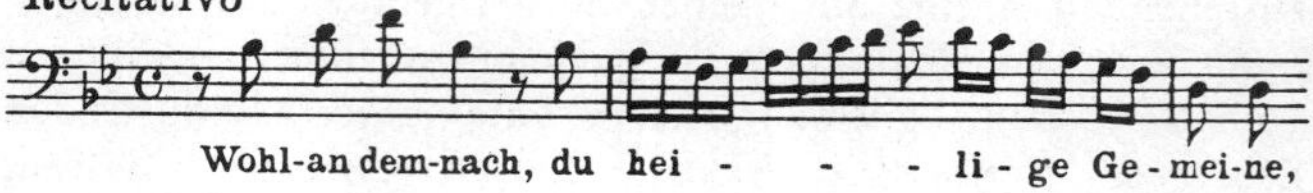

Bach hatte im ersten Leipziger Jahr einen Schaffenselan, der in keiner Weise von Mißhelligkeiten gedämpft wurde. Einiges kündigte sich freilich schon an; so, wenn auf eine Eingabe Bachs, ihm das „Salarium“ vom „alten Gottesdienst“ in der Paulinerkirche (das war die Universitätskirche) zu zahlen, vom Rektor der Universität entschieden wurde: „Es wäre Bach weiln er sich zu späth gemeldet, und überhaupt kein jus prohibendi hätte, abzuweisen“ (28. 9. 1723)[41] — zwei Jahre später sollte sich dieser Streit, den Bach zunächst ruhen ließ, beträchtlich zuspitzen. Immerhin hatte Bach zum Universitätsfestakt anläßlich des Geburtstages des Herzogs Friedrich II. von Sachsen-Gotha eine Festkantate geschrieben. Nach einer lateinischen Lobrede auf den Fürsten hieß es in der Leipziger Presse vom 11. August 1723: „Es wurde dieser Actus mit einer vortrefflichen Music, welche Herr Joh. Seb. Bach, Chori Musici Director u. Scholae Thoman. Cantor, über besondere zu solchem Ende gedruckte Lateinische Ode componiert, begleitet ...“[42] Sehr schade, daß diese Musik — wie so viele andere — unwiederbringlich verschollen zu sein scheint!

Ein noch stärker in seine Tätigkeit eingreifendes Ereignis war die Einführung der schon im Revers vom 19. April 1723 angekündigten neuen Schulordnung. Das geschah am 13. November des Jahres; der Oberstadtschreiber protokollierte über dieses Ereignis folgendes:

„Der Herr Cantor und Tertius ließen sich ebenfalls vernehmen, wie sie warnähmen, daß ihnen in der Neuen Ordnung die accidentia gar sehr geschmälert wären, welches ihnen, da die Zeiten iezo ohne dem sehr schwer, gar betrüblich sey, wir gaben darauf zur Antwort, wie man sich nicht entsinne, daß in Gegenhaltung der alten Ordnung etwas entzogen worden, sie müsten sich denn wieder selbige etwas angemaßet haben, in weitern Wortwechsel sich mit ihnen einzulaßen, hielte man vor bedecklich, dahero wir uns wieder zurück aufs Rathaus begaben und von dem Verlauff relation abstatteten."[43]

Wieder läßt sich erkennen, daß der neue Kantor weder die ihm zustehenden Rechte aufzugeben noch irgendwelche Beschneidung seiner musikalischen Tätigkeit hinzunehmen gewillt ist. So hatte er die Möglichkeit, sich im Lateinunterricht durch den Lehrer der Tertia Carl Friedrich Pezold vertreten zu lassen, gegen eine jährliche Vergütung von fünfzig Talern schnellstens wahrgenommen — das wurde ihm mehrmals angekreidet, weil dieser Unterricht mehr schlecht als recht erteilt wurde. Aber das waren alles nur erste Vorboten weit ernsterer Ärgernisse; vorläufig hatte der Kantor durchaus freie Hand, zumal der Rektor Johann Heinrich Ernesti, der dies Amt schon seit 1684 innehatte, ihm gewogen war und zu besänftigen suchte, wenn der leicht erregbare Komponist aufbegehrte.

Jedenfalls konnte Bach zu Weihnachten 1723 und zum neuen Jahr mit einer stolzen Reihe von Kantaten und anderen Festmusiken aufwarten, die von ungeheurer Schaffenskraft des Achtunddreißigjährigen zeugen. Am 1. Weihnachtstag erklang in der Nikolaikirche die Kantate *Christen, ätzet diesen Tag in Metall und Marmorstein* (BWV 63), die keinen Choral besitzt, sondern in der zwei machtvolle C-Dur-Chöre zwei Duette der vier Solisten einschließen. An diesem Tag hat Bach wohl auch erstmalig das prächtige *D-Dur-Sanctus* (BWV 238) aufgeführt,

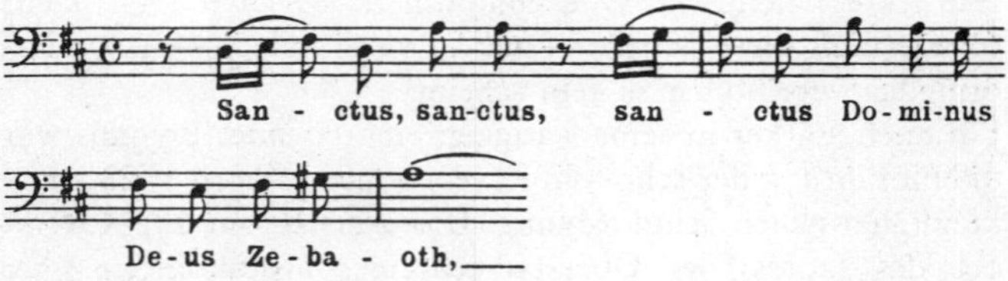

das dann wieder zu Ostern 1724 erklang. Vor allem erlebte das *Magnificat* (BWV 243a) in der Thomaskirche seine Uraufführung, eines der glänzendsten Werke des Meisters, hier in einer frühen Es-Dur-Fassung, die Bach später nach D-Dur versetzt und gekürzt hat. Außer dem üblichen Orchester wurden nicht

weniger als drei Trompeten eingesetzt, um den festlichen Glanz zu erhöhen — wir werden auf dies wichtige Werk noch zurückkommen.
Am 2. Weihnachtstag erklang in der Thomaskirche die Kantate *Dazu ist erschienen der Sohn Gottes* (BWV 40), die wesentlich von drei schlichten Chorälen bestimmt ist, aber in der Arie „Höllische Schlange, wird dir nicht bange"

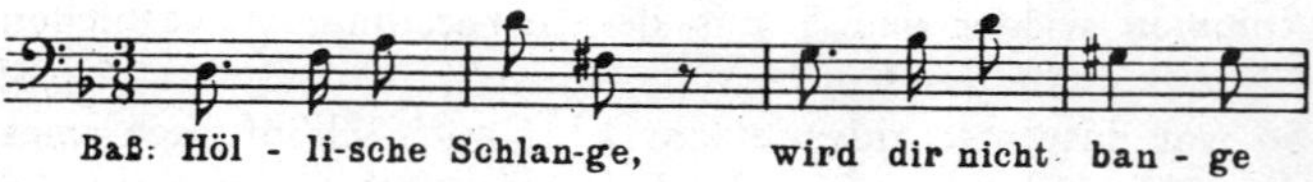

geradezu opernhafte Züge trägt — was nach dem endgültigen Revers dem Meister eigentlich untersagt war. Der 3. Weihnachtstag brachte der Nikolaikirche die Kantate *Sehet, welch eine Liebe hat uns der Vater erzeiget* (BWV 64), in der drei Choräle neben Eingangschor und zwei Arien stehen; die Formgebung ist hier nicht allzu überzeugend, man merkt stark die Pflichtarbeit, was bei solcher Belastung kein Wunder war. Ganz auf der Höhe ist dann wieder die Neujahrskantate BWV 190 *Singet dem Herrn ein neues Lied,* die mit einem energischen Thema beginnt

und in knapper Gestalt zu einer höchst abwechslungsreichen Folge gelangt. Mit anderen nicht erhaltenen Neufassungen älterer Kantaten wurde auch diese Ende Juni 1730 zum Jubelfest der Augsburgischen Konfession wieder hervorgeholt. Am Tage darauf erklang die Kantate *Schau, lieber Gott, wie meine Feind* (BWV 153) mit einer dramatisch äußerst zugespitzten

Tenorarie; die Kantate *Mein liebster Jesus ist verloren* für den Sonntag nach Epiphanias (BWV 154) ist dagegen von einer besonders süßen, herzlichen Melodik,

wie sie dem reifen Meister in zunehmendem — geradezu Mozart antizipierendem — Maße zur Verfügung steht, während die Epiphanias-Kantate (BWV 65) *Sie werden aus Saba alle kommen* wieder den Typus der frohgestimmten, festlichen Choralkantate darstellt.

So war das entscheidende Jahr 1723 auch schöpferisch eines der reichsten, wenn auch im Folgejahr noch einige Kantaten mehr geschrieben sein mögen. Es stellt sich die Frage, wo Bach seine Kantatentexte überhaupt hernahm; mußte er doch oft schnell reagieren, und vor allem: Er mußte jeden Sonntag ein passendes Stück vorsetzen. Am meisten hat Bach Kantatentexte des Leipziger Oberpostkommissars Christian Friedrich Henrici vertont, der sich als Schriftsteller Picander nannte; ein Großteil der oben zitierten Kantaten stammt wohl textlich bereits von ihm, wenn sie nicht zum Teil von Bach selbst geschrieben wurden, was in der Tradition der Zeit durchaus möglich erscheint. Picander war im übrigen sehr geschickt darin, Bach in späteren Jahren, als er die Kantatenproduktion einschränkte, parodierende Texte auf frühere Werke zu liefern. Seit 1725 fand Bach in Mariane von Ziegler eine neue Textdichterin, die ihn mit ihren oft tiefempfundenen Versen besonders anzuregen vermochte. In früher Zeit waren Salomo Franck und Erdmann Neumeister seine bevorzugten Librettisten gewesen; der eine war gerade gestorben, und Neumeister wirkte in Hamburg, wo er einst Bachs Bewerbung um den Posten des Jacobi-Organisten unterstützt hatte. Von beiden, insbesondere von Neumeister, stammt der Texttyp für die madrigaleske Choralkantate, die für Bach zunehmend in den Mittelpunkt rückte: Von einem Choral- oder Psalmspruch ausgehend, mündet die Kantate in einen schlichten Choralsatz; dazwischen stehen wortreiche Rezitative und bildkräftige Dacapo-Arien der Solisten, die natürlich stark dem Zeitgeschmack und dichterischen Können verpflichtet sind, aber selbst bei größter Hypertrophierung empfindsamer Züge und trotz religiöser Verkleidung uns etwas von den echten Gefühlen der Zeit vermitteln.

Der maßgebende zeitgenössische Passionsdichter war Barthold

Erdmann Neumeister

Heinrich Brockes, der mit seinem Libretto „Der für die Sünden dieser Welt gemarterte und sterbende Jesus“ (1712) ein unerreichtes Muster aufgestellt hatte; diesen Text, von imponierender Wortgewalt, der aufgeklärt-dialektisches Denken mit dem christlichen Erlösungsmythos in Einklang zu bringen sucht — eine Synthese, die manche für unseren Geschmack kuriosen Bilder gebiert —, hatten bald nach seinem Erscheinen die berühmtesten Musiker der Zeit wie Reinhard Keiser, Johann Mattheson, Georg Philipp Telemann und Georg Friedrich Händel vertont, die beiden letzteren auch aus der berühmten Sammlung „Irdisches Vergnügen in Gott“ einige Arien. Bach war vor allem von der Händelschen Komposition beeindruckt; er schrieb sich die Partitur ab und hat, wie das damals üblich war, einiges daraus verwendet. Am Karfreitag 1724 (7. April) erklang in der Thomaskirche die erste Fassung der *Johannespassion* (BWV 245); ein Jahr später folgte die zweite Fassung.

Die Thomaskirche zu Leipzig

Die Entstehungsgeschichte dieses gewaltigen Werkes ist nicht ganz geklärt, wie das bei vielen Werken Bachs der Fall ist. Schon in Köthen scheint er daran gearbeitet zu haben; die achtundsechzig Nummern (drei weitere hat Bach später aus dem Werk eliminiert) verlangten eine enorme Arbeitsleistung. Die Zusammenstellung von Bibelworten, Chorälen und madrigalischen Texten besorgte Bach selbst; zu letzteren hatte die erwähnte Brockes-Passion die Grundlage geliefert, wobei Bach allerdings an vielen Stellen selbst dichtend eingriff.

Wir müssen uns Bach überhaupt als einen sehr überlegten Gestalter seiner Vorlagen vorstellen, selbst wenn er der Zeit und Gelegenheit oft manche Zugeständnisse machen mußte. Die Verbindung von Secco, Choral, Turba-Chören, Choralfantasie mit Dacapo-Arien und Ariosi im Sinn eines Passionsoratoriums war Bach durch seine großen Kunstgenossen vorgegeben; ihm ging es um seinen eigenen, unverwechselbaren Beitrag, daher die lange Entstehungszeit. Wie im Jahre 1722 konnte deshalb auch im Jahre 1723 keine neue Passion in Leipzig erklingen (wie früher in der Bach-Forschung angenommen wurde). Besondere Schwierigkeiten bereitete, wie stets bei monumentalen Werken, die überzeugende Schlußlösung, aber auch der eindrucksvolle Beginn; auf beides legte der Meister großen Wert. Die ursprüngliche Einleitung mit dem Choralchor „O Mensch, bewein' dein' Sünde groß" wurde später in den ersten Teil der *Matthäuspassion* übernommen; den Choralchor „Christe, du Lamm Gottes" verlegte Bach in die schöne Kantate *Du wahrer Gott und Davids Sohn* (BWV 23), die im Februar 1724 aufgeführt wurde, ein besonders inniges, musikalisch in sich versponnenes Werk, das möglicherweise ebenfalls schon Ende der Köthener Zeit entstanden war.

So bildet als mächtiges Portal jetzt der Chor „Herr, unser Herrscher, dessen Ruhm in allen Landen herrlich ist" den Eingang des Werkes, der mit seinem überdimensionalen Dacapo, mit der ständigen, unbeirrbaren Sechzehntelbewegung, die keinen einzigen Takt ruht, und den großzügigen selbständigen Linien der doppelt besetzten Flöten und Oboen einen überwältigenden Eindruck hinterläßt. An den Schluß hat Bach einen weit schlichteren Chorsatz „Ruht wohl, ihr heiligen Gebeine" mit unmittelbar anschließendem Choral „Ach Herr, laß dein lieb' Engelein" gesetzt, ersteres wiederum ein Chor-Dacapo, aber, trotz Elegie, von fast tänzerischer Grazie. Im übrigen wird das Geschehen weitgehend vom dramatisch gespannten Secco des Evangelisten und von den Turba-Chören bestimmt, die meist unmittelbar in die Erzählung einfallen. Zehn Choräle umrahmen sie; hinzu kommen zehn Arien bzw. Ariosi, die zu Bachs kostbarsten Erfindungen gehören und meist nicht in Dacapoform angelegt sind, sondern in weiten, frei ausschwingenden Bögen den Gefühlsbewegungen herrlichen Ausdruck verleihen. Zu den bekanntesten gehören: „Von den Stricken meiner Sünden mich zu entbinden, wird mein Heil gebunden" — dieser typisch Brockessche Satz wird zu einer unnachahmlichen Plastik der Motivverknüpfung genutzt.

Oder die B-Dur-Sopranarie „Ich folge dir gleichfalls mit freudigen Schritten" — hier nimmt Bach einen geschmeidigen $^3/_8$-Takt

und läßt die Singstimme mit der Flöte konzertieren, um einen fröhlich-tänzerischen Ausdruck zu erreichen. Die Tenorarie „Ach, mein Sinn, wo wilt du endlich hin" ist dagegen in einem vierstimmigen Satz auskomponiert, die Anfangsintonation immer von neuem einmal leidenschaftlich, einmal elegisch variierend.

Am bemerkenswertesten sind wohl das Es-Dur-Adagio „Betrachte, meine Seel', mit ängstlichem Vergnügen" für Baß und die Tenorarie „Erwäge, wie sein blutgefärbter Rücken“; sie bilden gleichsam das Herzstück der ganzen Passion. Die achtzehn ausgedehnten Takte des Ariosos werden von Laute und sordinierten Streichern getragen, denen nur leise Baßakkorde sekundieren. Dazwischen singt der Baß

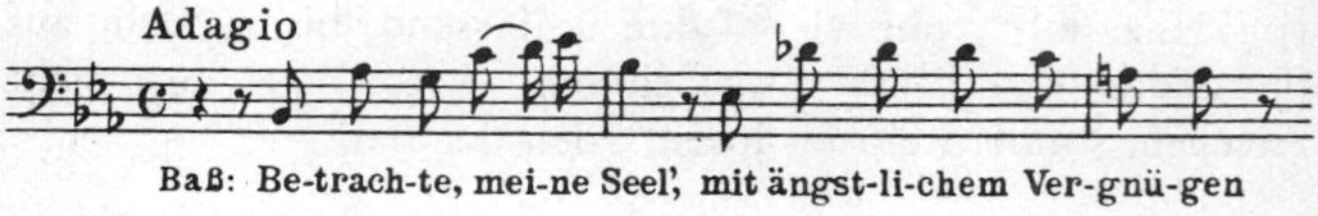

seine aufs zarteste differenzierte, sorgsam deklamierte Weise, ein Musterbeispiel dafür, wie Bach auch im auskomponierten ariosen Stil das Wort, das Bild aufs genaueste und plastischste zu musikalisieren versteht, so daß im melodischen Flusse uns auch nicht die kleinste textliche Nuance entgeht. Die Tenorarie dagegen geht von einem ausdrucksvollen Motiv aus,

das in unendlichen Varianten in gleicher Weise das „Erwägen“, den „blutbefleckten Rücken“ wie den „allerschönsten Regenbogen“ zu malen weiß.

Immer wieder ist diese einzigartige Kunst bewundert worden, in engstem Verwobensein von Singstimme und Instrument einen intensiven Gefühlsausdruck musikalisch so wiederzugeben, daß sie dieser selbst zu sein scheint.[44] Gleiches gilt vielleicht noch für die Altarie „Es ist vollbracht“ in ihrem unbeschreiblich schönen Duett mit der Viola da Gamba, die von schmerzlichem h-Moll zum quasi-Händelschen D-Dur „Der Held aus Zion siegt mit Macht“ führt und mit einer fünfaktigen Reprise des h-Moll-Adagios ausklingt, oder die f-Moll-Arie des Soprans mit Flöte und Oboe da caccia „Zerfließe, mein Herze, die Fluten der Zähren“, deren Partiturbild ebenfalls fast ausschließlich von dem Ineinander von drei oder

vier selbständigen, zuweilen auch in süßen Terzen und Sexten zusammengehenden Stimmen lebt.
Fast noch mächtiger ist der Dramatiker Bach am Werk. Nicht weniger als dreizehn Turba-Chöre, in denen zum Teil verschiedene Texte durch verwandte Musik aufeinander bezogen werden, durchziehen das Werk, von dem befehlenden „Jesus von Nazareth“, nur vier Takte umfassend, bis zu dem auf fünfunddreißig Takte ausgedehnten „Lasset uns den nicht zerteilen, sondern darum losen“, den der Baß

in kräftiger Bildhaftigkeit intoniert. Die Choräle sind dagegen von unendlicher Zartheit und Ergriffenheit, mit dem Gipfelpunkt des f-Moll-Satzes „O hilf, Christe, Gottes Sohn“, der dem beginnenden Choral des zweiten Teils „Christus, der uns selig macht“ entspricht. Den Höhepunkt des Secco erreicht der Komponist schon im Adagio „Da gedachte Petrus an die Worte Jesu, und ging hinaus ...“.

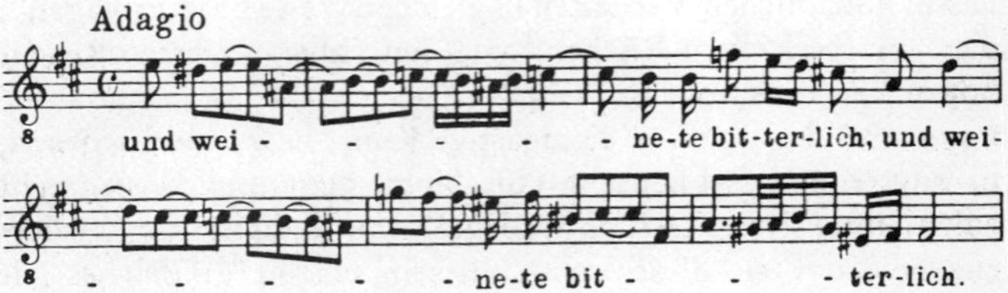

Dieser Stelle entspricht in der *Matthäuspassion* eine gleichwertige Variante.

Gewiß, es gibt in diesem Werk zuweilen ganz naive Tonmalerei, etwa bei der Stelle,

die echte Freude an solch vordergründiger Sprache verrät, oder auch bei der mit Turba-Einwürfen arbeitenden Baßarie „Eilt, ihr angefocht'nen Seelen", die gleichzeitig den Instrumentalkünstler

Aria con Coro

Bach in voller Aktion zeigt; dergleichen hat er aber später kaum mehr praktiziert. Die *Johannespassion*, Ende der Köthener und Anfang der Leipziger Zeit komponiert, gehört zu den ganz großen Werken Bachs, in der Frische der Erfindung, in der dramatischen Wucht alles andere in diesem Genre überflügelnd.

Es sollte einige Zeit vergehen, bis Bach der Leipziger Gemeinde eine weitere Passion anbot. Nachdem die *Johannespassion* am Karfreitag 1725 in der Nikolaikirche erklungen war, benützte sie Bach in ihrer Zweitfassung für seine Thomaskirche, die mehrere Jahre ohne neue Passion geblieben war (das letzte Mal hatte Kuhnau seine Markuspassion zu Ostern 1721 aufge-

führt). Es läßt sich nicht feststellen, wie oft er sie an den späteren Karfreitagen dort noch aufgeführt hat.
So begann die Leipziger Zeit für Bach durchaus günstig und erfolgversprechend; es gab, von Kleinigkeiten abgesehen, keine Mißhelligkeiten. Seiner Familie ging es gut, obwohl die Kantorenwohnung ziemlich beengt war. Die Ehe mit Anna Magdalena gestaltete sich aufs glücklichste, wenn auch viele Kinder im zarten Alter starben, was nicht zuletzt der unentwickelten Hygiene der Zeit und den bedrängten Wohnverhältnissen in der Thomasschule zuzuschreiben ist. Wie schon 1723, legte Bach seiner Frau auch im Jahre 1725 ein *Notenbüchlein* an, in das er von Zeit zu Zeit bekannte, ihren musikalischen Fertigkeiten entsprechende Stücke hineinschrieb; das meiste darin ist also nicht von Bach selbst komponiert, sondern nur für die Ehefrau zusammengestellt. Gerade das ist bezeichnend für das häusliche musikalische Klima in der Familie Bach, ebenso zweckentsprechend wie auf anspruchsvollste künstlerische Ausbildung gerichtet. Musik gehörte zum täglichen Leben, war aber auch etwas, das ständig wieder errungen und geübt werden mußte, war Mittel, Zweck und Lebenselement zugleich. So sind in diesem Notenbüchlein einige der bekanntesten Bach-Stücke zu finden: der D-Dur-Marsch, die Musette in derselben Tonart, eine g-Moll-Polonaise, die Arie „Willst du dein Herz mir schenken" und das Lied vom Tabakrauchen — wahrscheinlich stammen alle diese kleinen hübschen Sachen nicht von Bach selbst, entsprechen aber genauso der Lebensatmosphäre wie die zum Schluß angefügten Generalbaßregeln und einige recht drastische, lebensfrohe Verse, die Anna Magdalena selbst hineingeschrieben hat. Für Bachs Familienleben, die Lebensbeziehungen seiner Kunst, ist also gerade dieses Notenbüchlein ein unschätzbares Dokument.
Es ist hier nicht möglich, den Reichtum des Bachschen Schaffens in den ersten Leipziger Jahren auch nur anzudeuten. Besonders hervorzuheben ist neben der ersten Fassung der *Johannespassion* (April 1724) die erste Fassung des *Magnificat* (in der Grundtonart Es-Dur) von Weihnachten 1723; im Frühjahr 1732, also fast ein Jahrzehnt später, kam die endgültige D-Dur-Fassung zur Aufführung. Beim Vergleich beider Versionen weist die spätere eine größere Ausgeglichenheit und Klassizität auf. Anfang der zwanziger Jahre war bei dem knapp Vierzigjährigen noch eine viel leidenschaftlichere Glut in

Melodik und vor allem Harmonik zu spüren, die der reife Meister dann eingedämmt hat. Das impliziert natürlich manche Einbuße, aber im großen ganzen gewannen Bachs Werke durch solche Bearbeitungen, vor allem durch klarere Stimmführung, Straffung und plastische Motivik. Deshalb noch ein Wort zur späteren Fassung.

Bach, der vielleicht noch andere — verlorengegangene — Magnificats geschrieben hat, vertont diesen festen Bestandteil des Vespergottesdienstes in lateinischer Sprache, und zwar in hohem Figuralstil; es war für die drei hohen Festtage der Kirche bestimmt, wofür jeweils Propriumsätze eingefügt werden. Die spätere Fassung von (etwa) 1732 bringt keine Einlagesätze, wurde demnach wohl nicht zu Weihnachten aufgeführt. Man muß sich, je später, je mehr, Bach als einen Meister vorstellen, der zwar sehr viel für bestimmte Gelegenheiten geschrieben hat, aber eine besondere Freude dabei empfand, ein Werk für sich selbst zu vollenden. So kommt es häufig vor, daß er in früheren Jahren komponierte und aufgeführte Werke noch einmal in Reinschrift niederlegt. Was dieses Werk so repräsentativ macht, ist die großangelegte Gesamtstruktur, der eine ebenso außerordentlich sorgfältige, ja subtile Innenarchitektur entspricht. Drei Trompeten (mit den obligaten Pauken), zwei Flöten, zwei Oboen und Streicherchor vereinigen sich mit dem fünfstimmi-

Promenade in Leipzig vor dem Thomaspförtchen

gen Vokalchorus (darunter zwei Soprane), so daß von vornherein eine glänzende Klangpracht und Stimmigkeit entsteht. Einunddreißig Takte bilden das Portal, in das der Gesangchor mit dem teils figurierten, teils rufmäßig geformten „Magnificat“ hineintönt.

Diese Verbindung von strahlenden Fanfaren und kunstvoller Figuraltechnik hat Bach von nun an häufig genutzt, meist unter Führung des konzertierenden Prinzips. Die Blechbläser, die Holzbläser und die Streicher konzertieren untereinander und mit dem Gesangchorus; es ist ein fruchtbarer Wettstreit, wobei es Bach wesentlich darauf ankommt, die vier Wörter „Magnificat anima mea Dominum“ mit ihren reichen Vokalen zu glänzender Wirkung zu führen; hatte das instrumentale Vorspiel schon komplizierte Linien entwickelt, so läßt der instrumentale Nachklang eigentlich nur den Dreiklang mit der diatonischen Figur zur elementaren Wirkung gelangen. Fünf verhältnismäßig kurze Ariensätze (ohne Dacapoform), ein Duett und ein Terzett trennen die fünf Chorsätze voneinander; von diesen stehen vier in stolzem D-Dur, und es ist selbstverständlich, daß die textliche Schlußphrase „Sicut erat in principio“ („Wie es war im Anfang“) auf die Anfangsmotivik zurückgreift. Sind die drei Moll-Arien — „Quia respexit humilitatem“ (h-Moll), „Deposuit potentes“ (fis-Moll), das Siciliano „Et misericordia“ (e-Moll) — bereits von stärkster emotionaler Wirkung, so bildet den Höhepunkt in der melodisch-konzertanten Bildkraft die E-Dur-Altarie „Esurientes implevit bonis“,

die Bach durch ein Flötenduo einleitet und aufs innigste zu binden weiß; das h-Moll-Terzett „Suscepit Israel puerum suum“

ist wohlklingender Nachsatz, auf den nur noch der kraftvolle letzte Chorkomplex folgt.

In diesem knapp geformten Werk gab Bach eine Quintessenz seiner Schaffensprinzipien und verband aufs glücklichste die gedankliche Seite seiner Musik mit ihrer unvergleichlich emotionalen Spannkraft.

Aus der ungeheuren Fülle der Kantaten dieser Jahre seien die *Kreuzstab-Kantate* (BWV 56), *Wie schön leuchtet der Morgen-*

stern (BWV 1), *Ich habe genug* (BWV 82), *Ich bin vergnügt in meinem Glücke* (BWV 84) und O *Ewigkeit, du Donnerwort* (BWV 60) genannt, die meist dem Typ der Neumeisterschen Choralkantate folgen.[45] Es gibt wenige Werke der Musikliteratur, die über die Jahrhunderte hinweg solch eine emotionale Gültigkeit und architektonische Überzeugungskraft bewahrt haben. Erwähnt sei noch, daß Bach in diesen Monaten zum Geburtstag des Herzogs Christian von Sachsen-Weißenfels die *Schäfer-Kantate „Entfliehet, verschwindet, entweichet, ihr Sorgen“* (BWV 249a) schrieb, die er ein Jahrzehnt später zu einem Osteroratorium parodierte. Die Kantate wird von einem regelrechten Instrumentalkonzert eröffnet, das in der Sinfonia drei Trompeten beschäftigt; nicht weniger glanzvoll ist der Schluß-Coro — insgesamt ein besonders reiches und packendes Werk.

Bach stand jetzt als knapp Vierzigjähriger auf dem Höhepunkt seines Wirkens. In diesen Jahren wurde der älteste Sohn bereits für die Universität gemeldet; es wurden vier Kinder geboren: 1723 eine Tochter Christana Sophia Henrietta, die schon nach drei Jahren starb; 1724 ein Sohn Gottfried Heinrich, der den Eltern später viel Kummer machte und, knapp vierzigjährig, starb; der 1725 geborene Christian Gottlieb starb 1728, während die 1726 geborene Elisabeth Juliana Friederica als einzige Tochter sich später vermählte und einen eigenen Hausstand gründete. Nicht weniger als acht Kinder Bachs aus seiner zweiten Ehe starben frühzeitig, sieben davon vor dem Umbau der Thomasschule, der dann für die Bach-Familie bessere Lebensbedingungen einleitete.

In dieser Zeit wurde Bach erstmals in einen Kompetenzstreit verwickelt, wie er ihn in solcher Schärfe noch nicht erlebt hatte; die Ärgernisse rissen nun nicht mehr ab, Zeichen dafür, wie schwer sich ein hervorragender Künstler in einer bürgerlichen Position behaupten, daß er eigentlich nur durch fürstliche Gunst einiges „Recht“ erhalten konnte. Bach war als Stadtkantor auch Director musices der Universität; diese führte zu den großen Feiertagen und zu akademischen Festen einen feierlichen Gottesdienst in der Paulinerkirche durch. Aber seit 1710 zelebrierte die Theologische Fakultät einen regelmäßigen Sonntagsgottesdienst, den sogenannten „neuen Gottesdienst“ in derselben Kirche, der musikalisch vom alten Thomaskantor Johann Kuhnau ohne Honorar ebenfalls geleitet worden war.

Johann Sebastian Bach

Inzwischen hatte aber Johann Gottlieb Görner, Organist an der Nikolaikirche und ab 1730 in gleicher Eigenschaft an der Thomaskirche, den Gottesdienst der Universität übernommen, und zwar den „alten“ und den „neuen“, was Bach, als er die Lage zu überblicken vermochte, als den eigentlich dafür Zuständigen, erbosen mußte. Nach zweimaliger Eingabe an das Concilium der Universität setzte er es durch, daß er wenigstens den alten Gottesdienst übertragen bekam, wenn auch nur mit halber Besoldung. Am 14. September wandte er sich an den König August den Starken, um eine endgültige Entscheidung für sich zu erreichen. Aber lediglich der alte Gottesdienst wurde bestätigt, der Streit schwelte also weiter. Man kann sich denken, daß der leicht gekränkte Meister auf die Gelegenheit zu einer vollkommenen Genugtuung wartete; der Brief an den Kurfürsten und König stehe hier als erstes Dokument Bachscher Beharrlichkeit in Sachen seines Berufsrechtes, um das er sich allein kümmern mußte.

AllerDurchlauchtigster,
Großmächtigster König und ChurFürst,
Allergnädigster Herr.

E. Königliche Maj: und ChurFürstliche Durchlaucht wollen allergnädigst geruhen, Sich in allerunterthänigster Submißion vorstellen zu laßen, welcher gestalt das Directorium der Music des alten und neüen Gottesdienstes bey E. Löblichen Universität zu Leipzig, nebst der Besoldung und gewöhnlichen Accidentien mit hiesigem Cantorat zu S. Thomas iedesmahl, auch bey Lebzeiten meines Anteceßoris, verknüpft gewesen, nach deßen Absterben aber in währender vacanz solches dem Organisten zu S. Nicolai, Görnern, gegeben, und mir bey Antretung meines Amtes das Directorium des so genandten alten Gottesdienstes zwar wiederum überlaßen, die Besoldung aber hernachmals abgeschlagen, und solche nebst dem Directorio des neüen Gottesdienstes vorgedachtem Organisten zu S. Nicolai zugeeignet worden; und ob wohl bey E. Löblichen Universität ich mich geziemend gemeldet, und daß es bey der vormahligen Verfaßung gelaßen werden möchte, Ansuchung gethan, dennoch mehr nicht erhalten können, als daß man mir von dem Salario, welches sonst in zwölff Gülden bestehet, die Helffte dessselben angeboten.
Alldieweil aber, Allergnädigster König und ChurFürst, E. Löbliche Universität mich zur Bestellung der Music bey dem alten Gottesdienste ausdrücklich erfordert und angenommen hat, ich solches Amt bißher auch verrichtet, das Salarium, welches man zu dem Directorio des neüen Gottesdienstes geschlagen mit demselben vormahls gar nicht, sondern eigentlich mit dem alten Gottesdienst verbunden, auch das Directorium des neüen, zugleich auch beym Anfang des neüen Gottesdienstes mit dem alten verknüpffet worden, und wenn ich auch

schon das Directorium des neüen, dem Organisten zu S. Nicolai nicht streitig machen wolte, mir doch die Entziehung des Salarii, so allerdings iederzeit, ehe noch der neüe Cultus angestellet worden, zu dem vormahligen gehöret hat, höchst betrübt und nachtheilig ist, auch Kirchen Patroni, was einmahl zu der ordentlichen Besoldung eines Kirchendieners angesetzt und bestimmet ist, anders zu disponiren, und entweder gäntzlich zu entziehen, oder auch zu verkürzen, sonst nicht gewohnet sind, und ich doch mein Amt bey obbemeldeten alten Gottesdienst schon über zwey Jahr ümsonst verrichten müßen. Als ergehet an Eu: Königliche Mayest: und ChurFürstliche Durchlaucht mein allerunterthänigstes Suchen und Bitten, es wollen Dieselben an die Löbliche Universität zu Leipzig, damit Sie bey der vormahligen Einrichtung es bewenden, und nebst dem Directorio des alten Gottesdienstes mir auch das Directorium des neüen, insonderheit aber die völlige Besoldung des alten Gottesdienstes und beyderseits vorfallende accidentien fernerweit angedeyen laßen möge, allerGnädigsten Befehl ertheilen. Vor solche allerhöchste Königliche Gnade werde lebenslang beharren

Eu: Königlichen Majest: und ChurFürstlichen
Durchlaucht
Leipzig. allerunterthänigst-gehorsamster
den 14. Sept: 1725. Johann Sebastian Bach.

Dem AllerDurchlauchtigsten, Großmächtigsten Fürsten und Herrn, Friedrich Augusto, König in Pohlen, GroßHertzog in Litthauen, zu Reußen, Preußen, Mazovien, Samogitien, Kiovien, Volhinien, Podolien, Podlachien, Liefland, Smolenzkien, Severien und Zschernicovien etc. etc. Hertzog zu Sachsen, Jülich, Cleve und Berg, auch Engern und Westphalen; Des Heiligen Röm: Reichs Ertz-Marschalln und ChurFürsten, LandGraffen in Thüringen, MargGrafen zu Meißen, auch Ober- und NiederLausitz, BurgGrafen zu Magdeburg, Gefürsteten Grafen zu Henneberg, Grafen zu der Marck, Ravensberg und Barby, Herrn zu Ravenstein etc. Meinem allergnädigsten König, ChurFürsten und Herrn. [46]

Auch Motetten entstanden in diesen Jahren. Nach der bereits erwähnten Trauermusik für die Oberpostmeisterin Keese (*Jesu, meine Freude*) 1726 für die Frau Stadthauptmann Winckler die

Motette *Fürchte dich nicht, ich bin bei dir* (BWV 228). Damals begann aber Bach auch wieder, ein größeres Instrumentalwerk zu schreiben, nämlich den ersten Teil seiner *Clavierübung*, der 1731 „in Verlegung des Autoris" erschien. Es war verständlich, daß Bach, der in Köthen im wesentlichen Instrumentalmusik geschaffen hatte, nun auf diesem Gebiete reüssieren wollte. Er widmete die erste Partita des Werkes dem neugeborenen Sohn seines Köthener Landesherrn, wie sogar in den Leipziger Zeitungen angekündigt wurde:

Da der Hochfl. Anhalt-Cöthensche Capell-Meister und Director Chori Musici Lipsiensis, Herr Johann Sebastian Bach ein Opus Clavier Sviten zu ediren willens, auch bereits mit der ersteren Partitae den Anfang gemachet hat, und solches nach und nach, bis das Opus fertig, zu continuiren gesonnen; so wird solches denen Liebhabern des Claviers wissens gemacht. Wobey denn zur Nachricht dienet, daß der Autor von diesem Wercke selbst Verleger sey.[47]

Das siebensätzige Werk hat eine neue Epoche in Bachs Kla-

Die erweiterte Thomasschule um 1732

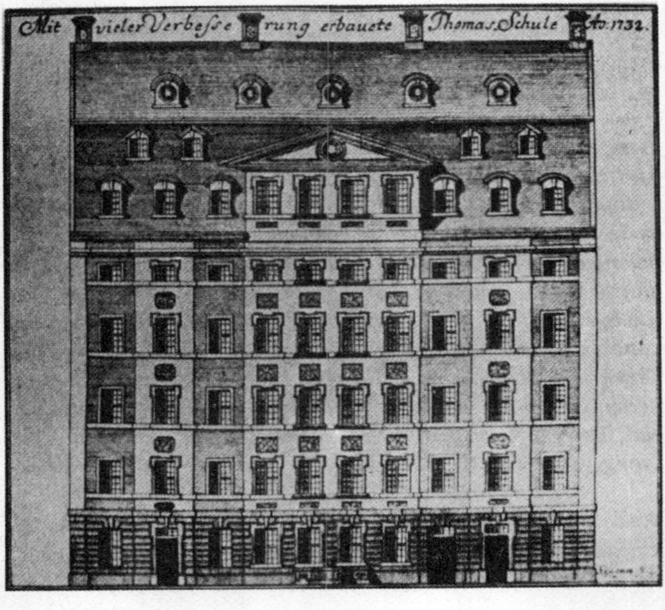

viermusik eröffnet; wir werden uns mit dieser *Clavierübung* — auch mit ihren folgenden drei Teilen — noch ausführlicher beschäftigen.
Am 30. November 1726 hatte Bach Gelegenheit (in Köthen, wohin er auch sonst, meist mit seiner Frau und einigen Sängern, öfter reiste), der Mutter des Prinzen mit der Kantate *Steigt freudig in die Luft* (BWV 36a) aufzuwarten, deren Musik sich zum Teil in der Kantate *Schwingt freudig euch empor* (BWV 36) erhalten hat. Im Dezember desselben Jahres komponierte Bach als Director musices die Kantate *Vereinigte Zwietracht der wechselnden Saiten* (BWV 207), und zwar anläßlich der Antrittsvorlesung des Juristen Dr. Gottlieb Kortte; zum Namenstag des Königs August III. im Jahre 1734 konnte er die Musik fast unverändert übernehmen. Der Schlußchor „Korrte lebe“ gehört zu Bachs volkstümlichsten Chorsätzen;

hier kannte er in der Direktheit seiner Aussage keinerlei Zurückhaltung. Im Folgejahr kam August II. selbst nach Leipzig, und Bach schrieb ihm die Geburtstagskantate *Erfreuet euch, ihr heitern Sterne,* deren Musik leider nicht erhalten ist. Zum Tode der Königin Christiane Eberhardine, die am 6. September 1727 in Pretzsch starb, wurde am 17. Oktober eine akademische Trauerfeier veranstaltet, zu der Bach Anfang des Monats den Kompositionsauftrag erhielt, während der führende Leipziger Poet Gottsched die Verse schreiben sollte. Diese anfangs ziemlich reibungslos verlaufende Auftragsarbeit wurde dadurch kompliziert, daß Görner seine alten Rechte als Director musices wiederum geltend machte. Er erhielt eine geldliche Abfindung, verlangte aber von Bach durch den Universitätsschreiber einen Revers, daß er nie wieder in Görners Befugnisse eingreifen werde. Bach aber — es war kurz vor der Vollendung der Komposition und vier Tage vor deren Aufführung — wies jenen zornig die Tür, und es scheint kein anderer mehr gewagt zu haben, ihm das Dokument vorzulegen, so daß er mit der Aufführung der *Trauerkantate* einen vollkommenen Sieg in diesem neuerlichen Kompetenzstreit errang.[48]

Das Werk (BWV 198) ist aus verschiedenen Gründen bedeutsam für das Bachsche Œuvre geworden. Erstens ist das der erste und einzige Text von Gottsched, den Bach vertont hat. Zweitens hat Bach das Werk mehrmals wieder benutzt: fünf Nummern in der verlorengegangenen *Markuspassion* vom Jahre 1731, den Eingangschor (der bereits an den Beginn der *h-Moll-Messe* anklingt) in der *Trauerkantate für den Fürsten Leopold,* der Ende 1728 gestorben war. Drittens ist das Werk ein reifes Zeugnis für Bachs Kunst der breit ausgeführten, zugleich innigen und repräsentativen Totenklage, mit der er weit über das in der *Johannespassion* Geschaffene hinausgeht. Einen solchen Anfang wie die erste Vokalstrecke des Eröffnungschores,

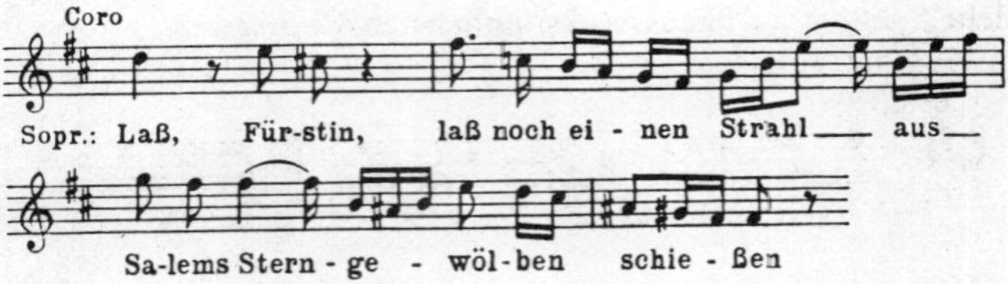

aber auch der Altarie „Wie starb die Heldin so vergnügt“

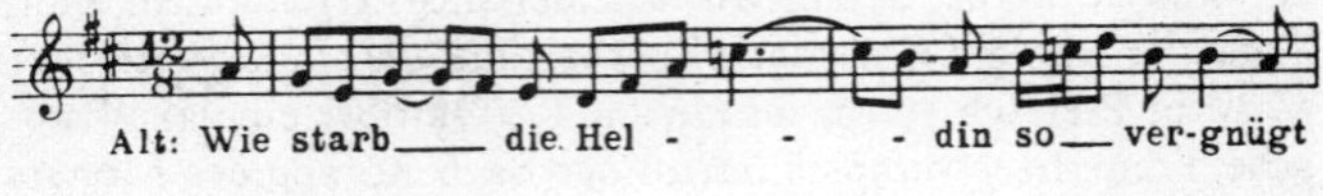

oder der Tenorgesang „Der Ewigkeit saphirnes Haus“ gab es vorher nicht, und auch die zwei — die beiden Teile abschließenden — h-Moll-Chöre ragen durch edle melodische Linienführung heraus.

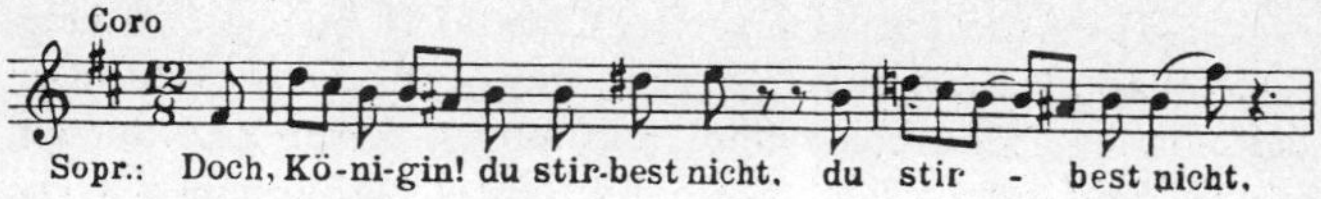

Der zuweilen etwas affektiert-affektuose Gesang der *Johannespassion* wurde hier durch eine schlicht-elementare Linienführung überwunden. Zweifellos haben auch Gottscheds zwar im Stile der Zeit zuweilen etwas hölzern wirkende, insgesamt aber warm und poetisch empfundene Worte dazu beigetragen. Eine Bearbeitung bzw. Modernisierung des Textes, wie sie verschiedentlich vorgenommen wurde, fördert nicht das Erlebnis der Musik, die aus einem echten Verständnis der Bachschen Situation erwachsen sollte. Da wir es hier mit einem originalen, nicht parodierten Werke zu tun haben, sollten wir — ähnlich wie bei der Kortte-Kantate — ganz dem Original vertrauen.[49]

Die am 24. März 1729 in der Köthener St.-Jacobs-Kirche aufgeführte *Trauermusik „Klagt, Kinder, klagt es aller Welt"* (BWV 244a), von Picander recht geschickt auf den Tod des Köthener Fürsten umgedichtet, kann uns dagegen musikalisch nicht so befriedigen. Bach, der kurz vorher schon wieder einen ärgerlichen Streit, diesmal mit dem Rat der Stadt und dem Konsistorium wegen des ihm beschnittenen Rechts für die Auswahl der zu singenden Choräle, gehabt hatte, war wohl zeitlich nicht in der Lage gewesen, etwas Neues zu komponieren. Immerhin war für ihn der Tod seines Gönners auch aus einem anderen Grunde schmerzlich: Er verlor dadurch den Titel eines Kapellmeisters, auf den er großen Wert gelegt hatte. So ist es verständlich, daß er einen Ersatz suchte, und er fand ihn schon im Frühjahr 1729 am herzoglichen Hofe zu Weißenfels, wo er wieder seine bewährte *Jagd-Kantate „Was mir behagt"* aufführte; zu etwas Neuem konnte er sich nicht aufraffen. Aber mit dem Tode des dortigen Fürsten im Sommer 1736 erlosch auch dieser Titel, so daß Bach aufs neue Ausschau halten mußte.

Unterdessen arbeitete er an seiner vielleicht erstaunlichsten Komposition, der *Matthäuspassion* (BWV 244), von der einige Stücke in die *Trauermusik für Fürst Leopold* eingeflossen sind. Am 24. März war diese Musik in Köthen aufgeführt worden; am 15. April erfolgte die Uraufführung der *Matthäuspassion.*

Dieser Tag gehört zu den großen Daten der Musikgeschichte. Bach hat es in diesem Werke vermocht, die Leiden, Leidenschaften, Sehnsüchte und Hoffnungen seiner Zeit auf ein menschenwürdiges Leben, ein Bild eines heroischen, für die Verbesserung des Zusammenlebens kämpfenden Menschen, einer für Gerechtigkeit und das Gute einstehenden Gesinnung in unerschöpflicher Größe und Mannigfaltigkeit zu zeichnen und zu kolorieren. Er hat damit ein Werk geschaffen, das zur Menschheitsgeschichte gehört wie Dantes „Göttliche Komödie", wie Michelangelos Sixtinische Kapelle oder Goethes „Faust." Was — von der großen Gesamtkonzeption abgesehen — immer wieder überwältigt, ist die klassische Ausgewogenheit der angewandten Formen. Dem machtvollen Portal der Choralfantasie „Kommt, ihr Töchter, helft mir klagen"

Chorus:

folgen ausdrucksvolle Secco-Rezitative des Evangelisten — die einzigen originalen Bibelworte —, ekstatische Ariosi und großzügig konzipierte Dacapo-Arien,

Recitativo

Aria

denen immer wieder der stille Klang vierstimmigen Choralsatzes gegenübertritt — am berühmtesten wurde der unbeschreiblich besänftigende Satz des Chorals „Wenn ich einmal soll scheiden“ unmittelbar nach dem Hinscheiden des Heilandes.
Dramatische Zwischenrufe der Turba-Chöre durchbrechen die nur scheinbar ruhige Linie, betrachtende Chorsätze runden das Ganze ab, wie vor allem der Schlußchor des Werkes „Wir setzen uns mit Tränen nieder“ — schöner, versöhnlicher, inniger konnte diese Geschichte vom Kämpfen, Leiden und Sterben eines großen, vorbildhaften Menschen nicht abgeschlossen werden.

Coro

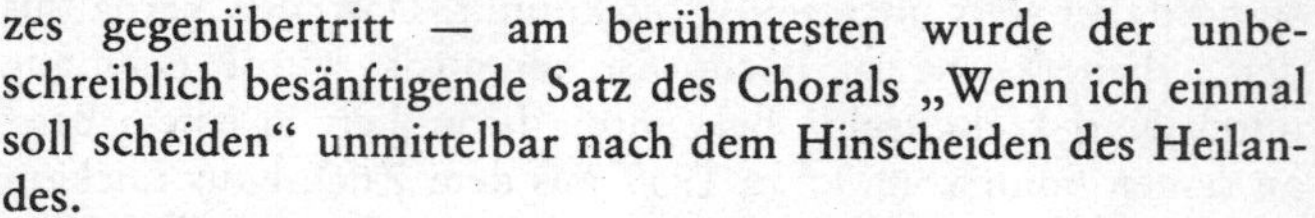

Es kann freilich in Zielsetzung, Charakter und Formenwelt — bei ähnlicher Themenstellung und gleicher künstlerischer Höhenlage — kaum einen größeren Unterschied geben als zwischen diesem Werk und dem zwölf Jahre später entstandenen „Messias“ Georg Friedrich Händels, der unter ganz ande-

ren Bedingungen in England geschaffen wurde und ein viel unmittelbareres Bekenntnis zum Neuen, zum revolutionären Bürgertum ablegte, als es Bach unter den Bedingungen der deutschen Kleinstaaterei und auch im verhältnismäßig progressiven Leipzig möglich war. Und während wir über die Dubliner Aufführung des „Messias" und über die spätere englische Rezeption des Werkes genügend, meist enthusiastische Berichte haben, finden wir in der Leipziger Presse keinerlei Hinweis auf dieses Werk. Jedenfalls haben sich damals die Zuhörer, die der Thomaskantor mit seinen etwa Halbhundert Interpreten durch sein Werk beglückte, keinerlei Vorstellung gemacht von seiner epochalen Bedeutung. Mendelssohns Aufführung in der Berliner Singakademie, indirekt durch Forkels Begeisterung, direkt durch den Lehrer Zelter angeregt, hat recht eigentlich die Epoche der Bach-Pflege begründet, die mit der ersten vollständigen Bach-Ausgabe und der großen Spittaschen Bach-Biographie ihren ersten Höhepunkt erlebte; die *Matthäuspassion* stand dabei stets im ideellen Blickpunkt. Das enge Verhältnis der Arbeiterklasse zu Bachs Kirchenmusik wurde erstmalig durch Karl Liebknechts Bekenntnis formuliert in einem Brief an seinen Sohn vom Jahre 1917 aus dem Zuchthaus Luckau: „Nichts Süßeres, Zarteres, Rührenderes und in den Volksszenen — nichts Großartigeres kennt die Musik."
Zur Aufführung der *Matthäuspassion* verlangt Bach zwei Chöre, die allerdings recht unterschiedliche Aufgaben zu übernehmen haben; so soll der zweite Chor nur die beiden falschen Zeugen übernehmen und hat eine weit leichtere Aufgabe. Es gibt außerdem zwei Orchester und zwei Orgeln, die in der Thomaskirche zur Verfügung standen; die Orchester setzten sich aus Stadtmusikanten, Alumnen der Thomasschule, Studenten der Universität und Mitgliedern des Collegium musicum zusammen, das Bach damals gerade übernommen hatte.
Hier ist es an der Zeit, etwas über Bachs Initiative auf musikalisch-organisatorischem Gebiet zu sagen. Bach stand jetzt auf der Höhe seines künstlerischen Schaffens. Die Übernahme des Collegium musicum war bald nach dem 20. März 1729 erfolgt; sowohl für die Köthener Trauerfeier als auch für die Karfreitagsmusik konnte Bach also diese Musiker (außer den instrumentenkundigen Thomanern und anderen Stadt- und Universitätsmusikern) benutzen. Die Größe der Konzeption der jetzt vollendeten Werke resultiert aus diesen bedeutend ge-

Georg Friedrich Händel

wachsenen Möglichkeiten, die allerdings keineswegs kontinuierlich blieben. Fast täglich gab es Schwierigkeiten in der Lehrtätigkeit und in Zuständigkeitsfragen wegen der Thomasalumnen. Im Jahre 1729, also bald nach der Aufführung der *Matthäuspassion*, waren zehn Alumnenstellen durch Osterprüfungen frei geworden. Aber nur fünf Schüler wurden vom Rat aus der Reihe derer, die Bach für tauglich befunden hatte, ausgewählt; fünf weitere standen an, zu denen Bach seine Zustimmung nicht gegeben hatte. Hinzu kam noch, daß der alternde Rektor Johann Heinrich Ernesti wenig geeignet war, die schwierigen und recht differenzierten Probleme an der Schule zu aller Zufriedenheit zu lösen, obwohl Bach selbst anscheinend recht gut mit ihm stand. Ernesti starb am 16. Oktober 1729; zu seiner Trauerfeier am 20. Oktober schrieb Bach die schöne Motette *Der Geist hilft unsrer Schwachheit auf*

(BWV 226), wozu er gar einen achtstimmigen Chor (Doppelchor) aufbot.

Jetzt mehrten sich die Beschwerden gegen den Thomaskantor, vor allem wegen der Vernachlässigung seiner Lehrtätigkeit; denn Bach hatte nicht nur von vornherein den Lateinunterricht abgetreten, sondern auch die Proben mit den Thomanern häufig anderen überlassen. Hofrat Adrian Steger machte sich zum Anwalt der Beschwerden, wenn er folgendes auf der Ratssitzung am 2. August 1730 bekundete:

„Es thue der Cantor nicht allein nichts, sondern wolle sich auch diesfals nicht erklären, halte die Singestunden nicht, es kämen auch andere Beschwerden dazu, Änderung würde nöthig seyn, es müße doch einmahl brechen ..."[50]

Nun, es kam nicht viel dabei heraus; der stellvertretende Bürgermeister sprach einige Worte mit Bach, bestätigte, „er bezeige schlechte Lust zur Arbeit", und im übrigen wurde der Lateinunterricht von Carl Friedrich Pezold, der, Stellvertreter Bachs, überlastet war, einem anderen „Subjectum" übertragen.[51] Man war also vorsichtig, hielt freilich Bach knapp, gab ihm zum Beispiel nichts von den Geldern, die während der Rektorvakanz eingingen; es blieb alles beim alten, aber Bach grollte weiterhin. Seine Nöte hatte er in einer längeren Eingabe an den Rat der Stadt vom 23. August 1730 dargelegt; aber auf sie wurde anscheinend nie direkt eingegangen. Dieser *Kurtze, jedoch höchstnöthige Entwurff einer wohlbestallten Kirchen Music; nebst einigen unvorgreiflichen Bedencken von dem Verfall derselben* gibt uns einen ziemlich genauen Einblick in die Musikverhältnisse der Thomasschule. Es ist rührend und komisch zugleich, wie Bach seinen Vorgesetzten einen knappen Exkurs gibt über das, was zur Kirchenmusik gehört; vor allem wird sichtbar, mit welchen Unbilden er sich täglich herumschlagen mußte. Einige Auszüge aus dem umfangreichen Schreiben mögen das deutlich machen:

Die Anzahl derer Alumnorum Thomanae Scholae ist 55. Diese 55 werden eingetheilt in 4 Chöre, nach denen 4 Kirchen, worin sie theils musiciren, theils motetten und theils Chorale singen müßen. In denen 3 Kirchen, als zu S. Thomas, S. Nicolai und der Neuen Kirche müßen die Schüler alle musicalisch seyn. In die Peters-Kirche kömmt der Ausschuß, nehmlich die, so keine music verstehen, sondern nur nothdürfftig einen Choral singen können. [52]

Im weiteren führt Bach aus, daß jede Stimme zumindest mit drei Sängern besetzt sein müsse, also zu einem Chor zumindest zwölf Sänger gehören; an Instrumentalisten benötigt er zwanzig Personen, so daß er für die Aufführung der *Matthäuspassion* wohl kaum mehr als die drei fähigen Chöre mit einem (etwas erweiterten) Orchester von fünfundzwanzig Mann, insgesamt also sechzig Musiker, zur Verfügung hatte. Wahrscheinlich stand eine Aufführung unter Bachs Leitung nicht nur zahlenmäßig, sondern auch in der Qualität der Ausführung weit unter dem, was wir heute gewohnt sind. Wenn Bach am Schluß des Schreibens, nach namentlicher Aufzählung aller ihm zur Verfügung stehenden Sänger, resümiert: *17 zu gebrauchende, 20 noch nicht zu gebrauchende und 17 untüchtige*[53], so kann man ungefähr ermessen, unter welchen miserablen Voraussetzungen er seine unsterblichen Werke geschaffen hat. Man versteht zugleich das Selbstgefühl, auch die gewisse Rigorosität, mit der sich der Thomaskantor sein Recht verschaffte oder es verteidigte; schließlich konnten ihm Rat und Kirche insgesamt ihre Anerkennung nicht versagen.
Es sei übrigens hervorgehoben, daß Bach zur Zeit der Uraufführung der *Matthäuspassion* die ihm zur Verfügung stehenden Aufführungskapazitäten auch für eine „Dramma per musica" wie dem *Streit zwischen Phöbus und Pan (Geschwinde, geschwinde, ihr wirbelnden Winde,* BWV 201) eingesetzt wissen wollte, die erfolgreichen Traditionen der beiden *Professoren-Kantaten* (BWV 205 und 207) fortführend; das wurde sogar ein besonders gelungenes Beispiel im dramatisch-burlesken Genre, in dem der Meister später noch einige Stücke schrieb.
Seit Ende der zwanziger Jahre des 18. Jahrhunderts wird Bach in einschlägigen Schriften oder Mitteilungen immer wieder zu den führenden deutschen Komponisten gezählt. Selbst der sonst wohl etwas zurückhaltende Gottsched schreibt im zweiten Teil seiner Zeitschrift „Der Biedermann" im Zusammenhang mit einer Polemik gegen die Oper, vor allem Telemann herausstreichend: „Dieser berühmte Mann ist einer von den dreyen musicalischen Meistern, die heute zu Tage unserem Vaterlande Ehre machen. Händel wird in London von allen Kennern bewundert, und der Herr Capellmeister Bach ist in Sachsen das Haupt unter seines gleichen. Sie breiten auch ihre Sachen nicht nur in Deutschland aus, sondern Italien, Frankreich und Engelland lassen sich dieselben häufig zuschicken und vergnügen

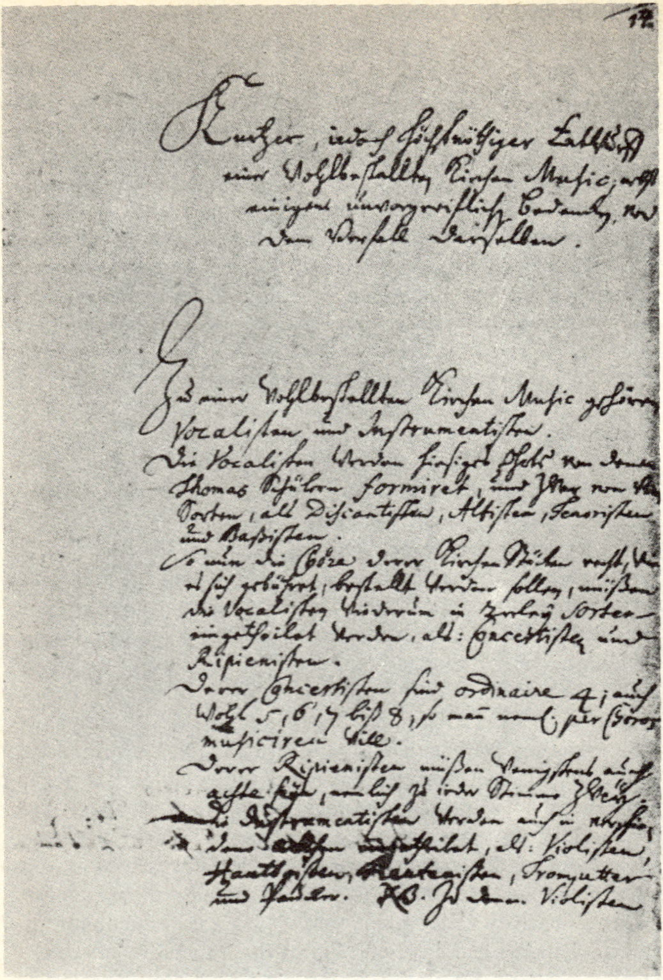

14

Kurtzer, iedoch höchstnöthiger Entwurff einer wohlbestallten Kirchen Music; nebst einigem unvorgreiflichen Bedencken von dem Verfall derselben.

Zu einer wohlbestallten Kirchen Music gehören Vocalisten und Instrumentisten.
Die Vocalisten werden hiesiges Orths von denen Thomas Schülern formiret, und zwar von vier Sorten, als Discantisten, Altisten, Tenoristen und Bassisten.
So nun die Chöre derer Kirchen Stücken recht, wie es sich gebühret, bestellet werden sollen, müßen die Vocalisten wiederum in zweyerley Sorten eingetheilet werden, als: Concertisten und Ripienisten.
Derer Concertisten sind ordinaire 4; auch wohl 5, 6, 7 biß 8; so man nemlich per Choros musiciren will.
Derer Ripienisten müßen wenigstens auch achte seyn, nemlich zu ieder Stimme zwey.
Die Instrumentisten werden auch in unterschiedene Sorten eingetheilet, als: Violisten, Hautboisten, Fleutenisten, Trompetter und Paucker. NB. Zu denen Violisten

Entwurf einer wohlbestallten Kirchenmusik vom 23. August 1730

sich schon darüber."[54] Gleichzeitig preist ihn Johann Mattheson im „Musicalischen Patriot" (1728), Bachs Namen mehrmals an die Spitze (vor Händel, Heinichen, Keiser, Stölzel und Telemann) setzend.[55] Christiane Mariane von Ziegler, mit der

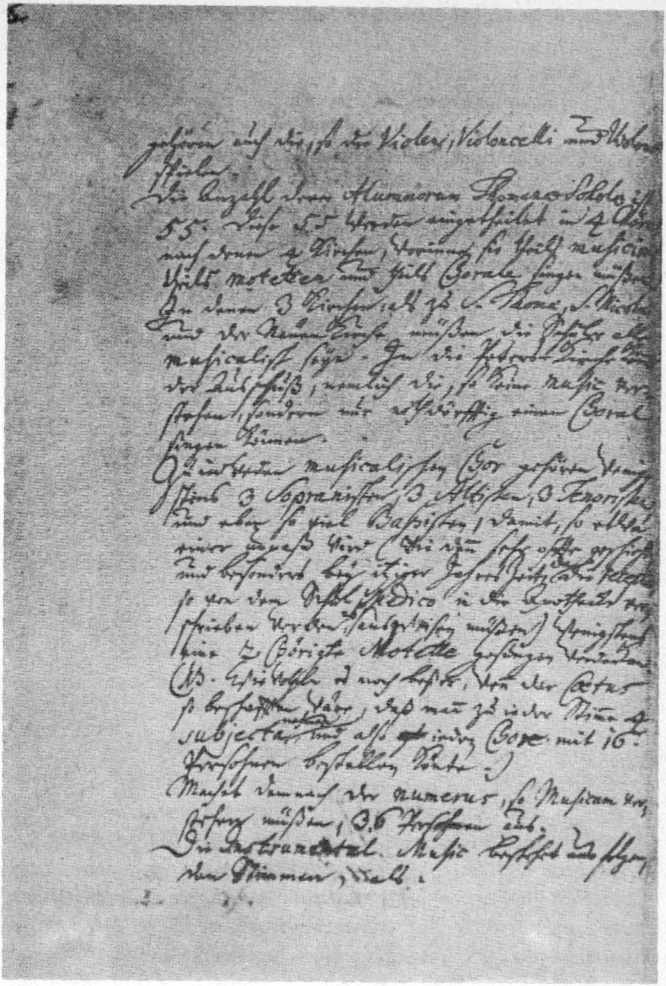
gehören auch dazu, so die Violen, Violoncelli und Violonen spielen.
Die Anzahl derer Alumnorum Thomanae Scholae ist 55. Diese 55 werden eingetheilet in 4 Chöre, nach denen 4 Kirchen, worinne sie theils musiciren, theils motetten und theils Choral singen müßen. In denen 3 Kirchen, als zu S. Thomae, S. Nicolai und der Neuen Kirche, müßen die Schüler alle musicalisch seyn. In die Peters Kirche komt der Ausschuß, nehmlich die, so keine Music verstehen, sondern nur nothdürfftig einen Choral singen können.
Zu iedweden musicalischen Chor gehören wenigstens 3 Sopranisten, 3 Altisten, 3 Tenoristen, und eben so viel Baßisten, damit, so etwa einer unpaß wird (wie denn sehr offte geschieht, und besonders bey itziger Jahres Zeit, da die recepte, so von dem Schul Medico in die Apothecke verschrieben werden, ausweisen müßen) wenigstens eine 2 Chörigte Motette gesungen werden kan. (NB. Wiewohln es noch beßer, wenn der Coetus so beschaffen wäre, daß man zu ieder Stimme 4 subjecta nehmen und also ieden Chor mit 16 Persohnen bestellen könte.)
Macht demnach der numerus, so Musicam verstehen müßen, 36 Persohnen aus.
Die Instrumental Music bestehet aus folgenden Stimmen, als:

Bach seit 1725 wegen der Komposition von Kantaten in Verbindung stand, reimte in Betrachtung einer erklungenen Ouvertüre in einem Huldigungsgedicht:

O Reitzung — voller Klang! der uns, geschickter Chor!
Durch süße Zauberung das Ohr,
Wie die Syrenen, kan bethören,
Das laß sich nochmal hören;
Wer muß denn wohl Componiste seyn?
Ists Telemann? Bach? Oder Händel? ... [56]

Freilich — die ideelle Partnerschaft mit Händel realisierte sich auch jetzt in keiner Begegnung. Händel war im Juni 1729 in Halle, um seine Mutter zu besuchen, kam aber der Aufforderung von Bachs Ältestem, Wilhelm Friedemann, der extra nach Halle geschickt war, nicht nach, den erkrankten Meister in Leipzig zu besuchen. Mit Telemann sind freundschaftliche Beziehungen bezeugt; sie sind aber in keinerlei Briefen oder sonstigen Äußerungen Bachs überliefert.
Der Widerspruch zwischen der Hochschätzung, die er in der musikalischen Welt und auch letztlich in Leipzig erfuhr, und der Kränkung und Hintansetzung, unter der er in seinem Kantoratsamt so oft zu leiden hatte, nicht zuletzt auch seine leicht erregbare, Stimmungen unterworfene Gemütsart und ein starkes bürgerliches Selbstgefühl veranlaßten den Meister am 28. Oktober 1730 zu einem Brief an seinen Jugendfreund Georg Erdmann, der seit 1718 als russischer diplomatischer Vertreter, später „Hofrat“ und „Resident“ in Danzig wirkte. Wir setzen diesen interessanten und aufschlußreichen Brief in vollem Wortlaut hierher:

Hoch Wohlgebohrner Herr.
Ew. Hochwohlgebohren werden einem alten treüen Diener bestens excusiren, daß er sich die Freyheit nimmet Ihnen mit diesen zu incommodiren. Es werden nunmehr fast 4 Jahre verfloßen seyn, da E: Hochwohlgebohren auf mein an Ihnen abgelaßenes mit einer gütigen Antwort mich beglückten; Wenn mich dann entsinne, daß Ihnen wegen meiner Fatalitäten einige Nachricht zu geben, hochgeneigt verlanget wurde, als soll solches hiermit gehorsamst erstattet werden. Von Jugend auf sind Ihnen meine Fata bestens bewust, biß auf die mutation, so mich als Capellmeister nach Cöthen zohe. Daselbst hatte einen gnädigen und Music so wohl liebenden als kennenden Fürsten; bey welchem auch vermeinete meine Lebenszeit zu beschließen. Es muste sich aber fügen, daß erwehnter Serenißimus sich mit einer Berenburgischen Princeßin vermählete, da

es denn das Ansehen gewinnen wolte, als ob die musicalische Inclination bey besagtem Fürsten in etwas laulicht werden wolte, zumahln da die neüe Fürstin schiene eine amusa zu seyn: so fügte es Gott, daß zu hiesigem Directore Musices u. Cantore an der Thomas Schule vociret wurde. Ob es mir nun zwar anfänglich gar nicht anständig seyn wolte, aus einem Capellmeister ein Cantor zu werden, weßwegen auch meine resolution auf ein vierthel Jahr trainirete, jedoch wurde mir diese station dermaßen favorable beschrieben, daß endlich (zumahln da meine Söhne denen studiis zu incliniren schienen) es in des Höchsten Nahmen wagete, u. mich nacher Leipzig begabe, meine Probe ablegete, u. so dann die mutation vornahme. Hieselbst bin nun nach Gottes Willen annoch beständig. Da aber nun (1) finde, daß dieser Dienst bey weitem nicht so erklecklich als mann mir Ihn beschrieben, (2) viele accidentia dieser station entgangen, (3) ein sehr theürer Orth u. (4) eine

Die Nikolaikirche zu Leipzig

wunderliche und der Music wenig ergebene Obrigkeit ist, mithin fast in stetem Verdruß, Neid und Verfolgung leben muß, als werde genöthiget werden mit des Höchsten Beystand meine Fortun anderweitig zu suchen. Solten Eu: Hochwohlgebohren vor einen alten treüen Diener dasiges Ohrtes eine convenable station wißen oder finden, so ersuche gantz gehorsamst vor mich eine hochgeneigte recommendation einzulegen; an mir soll es nicht manquiren, daß dem hochgeneigten Vorspruch und interceßion einige satisfaction zu geben, mich bestens beflißen seyn werde. Meine itzige station belaufet sich etwa auf 700 rthl., und wenn es etwas mehrere, als ordinairement, Leichen gibt, so steigen auch nach proportion die accidentia; ist aber eine gesunde Lufft, so fallen hingegen auch solche, wie denn voriges Jahr an ordinairen Leichen accidentien über 100 rthl. Einbuße gehabt. In Thüringen kan ich mit 400 rthl. weiter kommen als hiesiges Ohrtes mit noch einmahl so vielen hunderten, wegen der exceßiven kostbahren Lebensarth. Nunmehro muß doch auch mit noch wenigen von meinem häußlichen Zustande etwas erwehnen. Ich bin zum 2ten Mahl verheurathet und ist meine erstere Frau seelig in Cöthen gestorben. Aus ersterer Ehe sind am Leben 3 Söhne u. eine Tochter, wie solche Eu. Hochwohlgebohren annoch in Weimar gesehen zu haben, sich hochgeneigt erinnern werden. Aus 2ter Ehe sind am Leben 1 Sohn u. 2 Töchter. Mein ältester Sohn ist ein Studiosus Juris, die andern beyden frequentiren noch, einer primam der andere 2dam Classem, u. die älteste Tochter ist auch noch unverheurathet. Die Kinder anderer Ehe sind noch klein, u. der Knabe als erstgebohrener 6 Jahr alt. Insgesamt aber sind sie gebohrne Musici, u. kan versichern, daß schon ein Concert Vocaliter u. Instrumentaliter mit meiner Familie formiren kan, zumahln da meine itzige Frau gar einen sauberen Soprano singet, auch meine älteste Tochter nicht schlimm einschläget. Ich überschreite fast das Maaß der Höflichkeit wenn Eu: Hochwohlgebohren mit mehreren incommodire, derowegen eile zum Schluß mit allem ergebensten respect zeit Lebens verharrend

Eu: Hochwohlgebohren
Leipzig,
den 28. Octobr. 1730.

gantz gehorsamst-
ergebenster Diener
Joh: Sebast: Bach.[57]

Die Stelle, in der er seinen Weggang von Köthen begründete, hatten wir schon kennengelernt; aber womit Bach im folgenden herausrückt, zeigt den lange angestauten Ingrimm über seine unwürdige Behandlung. Der vor *fast 4 Jahren* an Erdmann abgeschickte Brief ist nicht erhalten, auch nicht Erdmanns Antwort; ob dieser auf das erneute dringliche Schreiben einging, ist nicht bekannt und kaum anzunehmen, obwohl für Bach eventuell der Kapellmeisterposten an der Danziger Marienkirche in Frage gekommen wäre. Auf jeden Fall stimmen die finanziellen Angaben Bachs in diesem Brief mit den tatsächlichen Gegebenheiten überein, wenn sie in diesem Jahr durch die kleinliche Haltung des Rates auch besonders eklatant waren. Der Erdmann-Brief — wie man einzelnes daraus auch bewerten möge — ist jedenfalls eines der wichtigsten verbalen Bach-Dokumente.

Gerade in diesem Jahr 1730 eröffnete sich für Bach ein neues Kapitel seiner Leipziger Wirksamkeit. Am 8. Juni war, nach langem Zögern, Johann Matthias Gesner zu Ernestis Nachfolger als Rektor der Thomasschule gewählt worden — im Ratsprotokoll heißt es bezeichnenderweise: „Herr Pro-Cons. D. Stöltel votierte auf Herrn M. Geßner, wünschte aber, daß es beßer seyn möchte, als mit dem Cantor!“[58] Gesner war, wie wir wissen, seit Bachs Weimarer Zeit dessen Bewunderer; Bach konnte diese Wende der Dinge nur willkommen sein — freilich erfolgte die eigentliche Berufung erst am 8. September und konnte sich nicht sofort auswirken. Auf jeden Fall hat Gesner die immer schwebenden Streitigkeiten mit dem Kantor in der — leider nur kurzen — Zeit seiner Leipziger Amtsführung zu dämpfen gesucht; aber da er keine Universitätsprofessur erhielt — nach den früheren Erfahrungen wünschte der Rat nicht, die Funktion zu koppeln —, verließ Gesner schon 1734 Leipzig wieder auf Grund eines Rufes aus Göttingen.

Gesner, der wieder Zucht und Ordnung in der Thomasschule einführte und sich als hervorragender Pädagoge und Organisator bewährte, hat seinen Freund Bach auf vielfältige Weise unterstützt: Die Lateinstunden wurden ihm auch offiziell abgenommen, er erhielt die Akzidenzien erhöht, und der Rektor besuchte persönlich die Chorproben, was Bachs Autorität stärkte. Vor allem setzte Gesner durch, daß der schon längst beschlossene Umbau der Thomasschule (Erhöhung um zwei Stockwerke) realisiert wurde, was natürlich wegen der zeitwei-

Johannes Matthias Gesner

ligen Ausquartierung der Bachschen Familie und der anderen Bewohner einige Schwierigkeiten bereitete. Eine Folge davon war, daß Bach zu den Karfreitagen 1731 und 1732 keine neue Passionsmusik vorlegte. Am 23. März 1731 wurde die *Markuspassion* aufgeführt, deren Text wiederum Picander verfertigt hatte; größere Teile daraus wurden anderen Werken, insbesondere der *Trauerkantate auf die Königin Eberhardine*, entnommen. Die *Markuspassion* ist verlorengegangen, hat aber keineswegs die Ausmaße und die Bedeutung der beiden anderen oratorischen Passionen des Meisters gehabt. Die Passionsaufführung vom Jahre 1732 ist nicht überliefert (vielleicht war es wieder die *Lukaspassion*, BWV 246, die 1730 in der Nikolaikirche aufgeführt worden war, aber nicht von Bach stammt).

Schon seit 1726 war Bachs Kantatenproduktion sehr zurückgegangen; infolge des beruflichen Ärgers, aber sicherlich auch wegen der Arbeit an den Großwerken sind aus dem Jahre 1728 nur zwei Kantaten nachweisbar. Zwar trat, nach Abschluß der *Matthäuspassion*, im Jahre 1729 wieder eine Steigerung ein, aber 1731 gab es im wesentlichen nur Wiederaufführungen. Betrachten wir einmal die diesem Jahr bestimmt zuzuordnenden Werke genauer:

BWV 112 *Der Herr ist mein getreuer Hirte*
BWV 29 *Wir danken dir, Gott, wir danken dir*
BWV 140 *Wachet auf, ruft uns die Stimme*
BWV 36 *Schwingt freudig euch empor*

Eine neue Qualität bildet sich heraus. Alle Werke zeigen eine sehr knappe Formgebung und eine betont einfache Tonsprache; in hohem Maße (insbesondere bei BWV 36) fällt das Parodieren früherer Werke auf. BWV 112 ist eine der kürzesten und frischsten Kantaten Bachs, dem in Form einer Choralfantasie ausgestalteten figurierten Kopfsatz entspricht der schlichte vierstimmige Satz des Schlußchorals. Dazwischen stehen eine Alt-Arie, ein Baß-Accompagnato und ein Duett für Sopran und Tenor, so daß alle vier Stimmgattungen zu Wort kommen; zugleich werden die unterschiedlichsten musikalischen Techniken angewandt. Der dominierende konzertierende Charakter der Bachschen Musik ist in der Arie durch die Mitwirkung der solistischen Oboe d'amore, im Rezitativ durch den regen Basso continuo, im Duett durch wetteifernde Stimmführung gewahrt, die feste Tonalitätsgebundenheit durch die mittleren Tonarten e-Moll, C-Dur und D-Dur gesichert.
Die *Ratswahlkantate Wir danken dir, Gott* (BWV 29) zeigt eine großartig gedrungene Architektur, die durch die kräftig konzertierende obligate Orgel noch gefestigt wird. Eine instrumentale Sinfonie von nicht weniger als 138 Takten weist zurück auf die *E-Dur-Partita für Violine solo* (die Orgelstimme entspricht fast vollständig der Violinstimme); der folgende Chorsatz „Wir danken dir, Gott“ wurde die Vorlage für das „Gratias agimus“ der *h-Moll-Messe*. Diesem mächtigen Auftakt von 228 Takten hält der schlichte Choralsatz des Schlusses Widerpart, der endlich die Choralmelodie („Nun lob', mein Seel', den Herren“) bringt; dazwischen umschließen zwei Halleluja-Arien des Tenors bzw. Alts ein h-Moll-Siciliano des So-

prans „Gedenk an uns mit deiner Liebe" — ein Triptychon von wunderbarer Wirkung.
Die Kantate *Schwingt freudig euch empor* (BWV 36), die 1731 zum 1. Advent erklang, ist eine um Choral und Rezitativ erweiterte Fassung der Kantate BWV 36a zur Geburtstagsfeier der Köthener Fürstin vom Jahre 1726, die Bach noch zweimal für Geburtstagskantaten benutzt hat; in dieser Hinsicht wurde er in späteren Jahren immer ökonomischer.
Um so bemerkenswerter ist die Schaffung der Kantate BWV 140 *Wachet auf, ruft uns die Stimme* nach Philipp Nicolais bekanntem Choral, die Bach am 25. November 1731 zur Aufführung brachte; das Werk gehört zu des Meisters größten Leistungen auf dem Gebiete der Choralkantate, stellt sozusagen deren ideelles, einzigartiges Modell dar. Drei Strophen des Chorals werden dargeboten, jeweils in verschiedener Manier: Vers 1 als großangelegte Choralfantasie (mit Cantus firmus im Sopran), Vers 2 als Tenorlied mit reichverzierter einstimmiger Streichermelodik, Vers 3 als schlichter vierstimmiger Satz. Dazwischen schieben sich, jeweils von einem ausdrucksvollen Secco-Rezitativ eingeleitet, zwei Duette in Dacapo-Arien-Form (c-Moll und B-Dur), die das schon in der Anfangsstrophe angedeutete Thema des Hochzeitsgedankens im einzelnen ausführen. Das Ganze ist als kleine Szene angelegt: Der Tenor als Wächter greift das angeschlagene Thema auf, Sopran und Baß als Seele und Seelenbräutigam (Jesus) singen ihr erstes Duett; nach der zweiten Choralstrophe, die, vom Tenor gesungen, noch einmal das Thema der wartenden Jungfrauen aufgreift, folgt das zweite Rezitativ, das, vom Baß (Jesus) gesungen, die übersinnlich-sinnliche Liebesglut verstärkt und in ein unverhohlenes Liebesduett fast neapolitanischer Opernprägung mündet. So kann die volltönende Schlußstrophe des Chorals eigentlich nur Bestätigung dieser ebenso himmlischen wie menschlichen Freuden sein.
Der unbekannte Dichter der Zwischentexte[59] (vielleicht war es wieder Picander) hat die biblischen Anregungen und Nicolais Verse zu einer echten Szene gestaltet, die den musikalischen

Intentionen Bachs fast ideal entsprach, da sie einerseits biblisch-religiöses Gedankengut in engster Verbindung mit dem menschlichen Leben zeigt, sozusagen das Parodieverfahren auf textlicher Ebene in vollendeter Harmonie und Dialektik bietet und darüber hinaus einer musikalischen Architektonik die besten Voraussetzungen liefert. Bach engagiert sich bei diesem Vorwurf in einer Meisterschaft, die seinen größten Klangbauten ebenbürtig ist. Der punktierte Rhythmus des Beginns mit den in die Tiefe schreitenden Bässen symbolisiert in gleicher Weise das Herankommen des Bräutigams wie die gespannte Erwartung; dazu gesellen sich bald die freudig erregten synkopisch drängenden Linien der Oboen und der Taille, bis schließlich der originalen, im Sopran erklingenden Choralmelodie das Wort gelassen wird — sie wird sogleich von dem jubelnden und doch besonnenen Reigen der anderen drei Oberstimmen umgeben. Die mächtige Ausdehnung dieses Stückes entspricht ganz dem

Die Paulinerkirche zu Leipzig

gewaltigen Raum- und Zeitgefühl, das hier zum Ausdruck drängt.

In wunderschöner Weise läßt das c-Moll-Siciliano die beiden Liebenden ihre innig erwartenden, ebenso scheuen wie hoffnungsvoll-drängenden Weisen sich ablauschen und austauschen

— Nachklang instrumentaler Stimmungen aus der Köthener Zeit ebenso wie mancher Passionsszenen. Die unerhört plastische und lebensfreudige Streicherumspielung des zweiten

Choralverses hat Bach im ersten der *Schüblerschen Choräle* (BWV 645) für Orgel, die er erst Ende der vierziger Jahre herausgab, wiederverwendet.

Die Melodik des B-Dur-Duetts ist dann von einer — eben der Oper verpflichteten — betonten Vordergründigkeit, die keines weiteren Kommentars bedarf,

höchstens des Hinweises, daß Bach auch seine innigsten, symbolstärksten Kantaten gern mit solch einer melodischen Direktheit ausklingen läßt, die durch die abschließende vierstimmig gesetzte Choralstrophe noch eine harmonische Konfrontation erfährt.

Nach dem zahlenmäßigen Rückgang seiner Kantatenproduktion beweist diese mächtige Es-Dur-Kantate, daß der sich den Fünfzigern nähernde Bach zwar etwas langsamer schrieb, aber keineswegs schöpferisch stagnierte. Ein anderer Bereich seines Schaffens, dem wir uns jetzt zuwenden wollen, entsprach offenbar stärker seinem eigentlichen schöpferischen Anliegen, zumal er nicht unmittelbar abhängig war von den täglichen Forderungen seines Berufes. Angeregt durch die Musizierfreudigkeit im eigenen Heim, aber auch durch die Möglichkeit, als Director musices, insbesondere als Leiter eines der beiden Collegia musica, wieder öffentlich aufzutreten und dadurch stärkere Resonanz — auch außerhalb von Leipzig — zu finden, sorgte Bach seit der zweiten Hälfte der zwanziger Jahre für die regelmäßige Edition einer anspruchsvollen Klaviermusik, in Anlehnung an die eigene Köthener Tradition, zugleich Kuhnaus Leipziger Bemühungen aufgreifend. Fünf dieser *Partiten*, wie er sie nannte, waren schon gestochen; er fügte eine sechste hinzu und gab sie 1731 gemeinsam als op. I heraus (BWV 825—830). Der Titel lautet:

Clavir Übung bestehend in Praeludien, Allemanden, Couranten, Sarabanden, Giguen, Menuetten, und andern Galanterien; Denen Liebhabern zur Gemüths Ergoetzung verfertiget. Opus I In Verlegung des Autors, 1731 Leipzig. [60]
Der Erfolg dieser Veröffentlichung war beträchtlich, in Leipzig selbst, auch bald in Dresden. Was die Kantatenproduktion nicht erreichen konnte, die Verbreitung seines künstlerischen Rufes, geschah hier in kürzester Frist. Aus ähnlichem Grunde hatte ja auch Händel seit Beginn der zwanziger Jahre seine Instrumentalwerke in Opus-Sammlungen herausgebracht, die sich schnell über die musikalische Welt verbreiteten. Auch Bach begann mit Klavierwerken, für die er schon mit den *Inventionen* und *Sinfonien*, den *Englischen* und *Französischen Suiten*, nicht zuletzt mit dem ersten Teil des *Wohltemperierten Klaviers* großartige Muster aufgestellt hatte. Die sechs *Partiten* zeigen die gereifte Meisterschaft in überzeugender Kraft, gleichsam die Strenge der *Englischen*, die Anmut der *Französischen Suiten* mit der Satzkunst der *Inventionen* und *Sinfonien* und dem ausgebreiteten phantastischen und kontrapunktischen Stil des *Wohltemperierten Klaviers* verbindend. Dabei hat jedes einzelne Werk seine unverkennbare Eigenart: Die eröffnende *B-Dur-Partita* hat einen sonnigen, gleichsam olympisch-überlegenen Charakter, der selbst die sonst ernstere Allemande und die Sarabande in den Frohsinn einbezieht und mit der Gigue einen an die Virtuosität Domenico Scarlattis gemahnenden entzückenden Abschluß erreicht.
Die *c-Moll-Partita* setzt, anstatt des meist bescheideneren Präludiums, eine Sinfonia von 91 Takten an den Beginn, ein Grave Adagio, ein fein ziseliertes Andante und diesem eine geharnischte Fuge anschließend; dann erst beginnt die eigentliche Suite, die — statt mit einer Gigue — mit einem ausgebauten Rondeau von 224 Takten und einem nicht geringeren Capriccio (192 Takte) beschlossen wird. Das Ganze führt also auch hier zu einer gewissen virtuosen Auflockerung; insgesamt ist diese Partita freilich die am stärksten tragische, dramatisch getönte.
Demgegenüber ist die *a-Moll-Partita* (die, in ihrer Urform, schon in *Anna Magdalenas Notenbüchlein* erschienen war) die am meisten inventionsmäßige, vielfältig in sich versponnen; sie beginnt bezeichnenderweise mit einer „Fantasia“ und setzt vor die stark figurierte Gigue zwei sehr pittoreske Stücke, eine

Burlesca und ein Scherzo; also wiederum eine sehr individuelle Folge, die in der zeitgenössischen Suitenliteratur kein Äquivalent hat.
Die *Partita IV in D-Dur* hat eine pompöse „Ouvertüre" als Kopfsatz, zweiteilig in ausführlicher französischer Form; vor die Sarabande wird eine interessante, metrisch kurzgliedrige Aria gesetzt, vor die pittoreske Fugato-Gigue (im $^9/_{16}$-Takt) ein sehr „gearbeitetes", aber durchaus lebensfreudiges Menuett. Insgesamt ist diese Partita ein äußerst virtuoses, repräsentatives und festliches Stück, wie das traditionell der D-Dur-Tonart entspricht (denken wir nur an das *Magnificat,* an die große Messe oder Händels „Feuerwerksmusik").
Die *G-Dur-Partita Nr. V,* die mit einem sehr aufgeräumten „Praeambulum" beginnt, kann man vielleicht als das modernste der sechs Werke bezeichnen; sie scheint auch zuletzt entstanden zu sein (ihre Anzeige in der Leipziger Zeitung erfolgte am 1. Mai 1730).[61] Der Charakter der vier Suiten-Kernsätze ist hier vollkommen verändert, obwohl bei der Allemande die melodische Feingliedrigkeit, bei der Courante die muntere Bewegung, bei der Sarabande die starke Verzierungsfreude, bei der Gigue die Fugatovorliebe erkennbar bleibt. Aber alle Stücke, nicht zuletzt die vor dem Schlußstück eingeschobenen Tempo di Minuetto und Passepied, haben eine ganz neue, aufgelockerte, geradezu kapriziöse Haltung, die sie stark in die Nähe des jungen Scarlatti, aber auch Carl Philipp Emanuels rückt, der diese *Partiten,* wie es aus Äußerungen Forkels hervorgeht, auch besonders geschätzt hat. Dagegen ist die sechste Partita in e-Moll, bezeichnenderweise mit einer „Toccata" beginnend, das am stärksten einer älteren Tradition verhaftete Werk des Zyklus. Die beginnende Toccata-Allüre wird bald von einer sehr strengen Fuge, die sich aus der Tiefe methodisch klar aufbaut, abgelöst; Allemande, Courante und Sarabande erinnern in ihrer strengen Linienführung an die a-Moll-Partita (mit der dieses Werk bereits 1725 im *Notenbüchlein* seine Vorform erlebt hatte), und die Gigue ist in ihrer strengen Fugato-Faktur gar noch altertümlicher als die Gigue des Schwesternwerkes — lediglich das eingeschobene Air und das Tempo di Gavotta bekennen sich zu einem etwas moderneren Stil.
Mehreres fällt an diesem bedeutsamen Opus I auf:
1. Bach bringt als sein erstes instrumentales Druckwerk nicht ein Orgelwerk, nicht das *Wohltemperierte Klavier* heraus,

sondern ein Suitenwerk, also ganz in der Nachfolge seiner großen Vorgänger, insbesondere Johann Kuhnaus, offenbar aus Verpflichtungen gegenüber einer hundertjährigen Tradition.

2. Bach bemüht sich um eine äußerst abwechslungsreiche Folge der Teilwerke; jedes von ihnen hat seinen besonderen, klar zu definierenden Charakter, was sich unter anderem darin äußert, daß jede Partita mit einem anderen einleitenden Satz beginnt (Praeludium, Sinfonia, Fantasia, Ouvertüre, Praeambulum, Toccata) und seine eigene Satzfolge besitzt.

3. Andererseits ist eine sehr geplante Symmetrie und Architektonik des Gesamtwerkes zu bemerken: Partita I korrespondiert in ihrer freudig-spielerischen Haltung mit Partita IV, ebenso entsprechen einander Partita II und Partita V in der Modernität ihrer Anlage, Partita III und Partita VI in ihrer strengen Traditionsbindung. Es fällt überhaupt auf, daß Bach anscheinend seine großen Zyklen gern mit einer betont retrospektiven Form und Haltung beschließt (man vergleiche insbesondere die beiden Teile des *Wohltemperierten Klaviers*).[62]

In diesen Jahren hat sich Bach auch die *Chromatische Fantasie und Fuge d-Moll* (BWV 903) noch einmal vorgenommen; sie erhielt etwa um 1731 ihre endgültige Fassung, und so ist dies Stück, das man als Bachs reichstes und kühnstes Klavierwerk bezeichnen kann, als die Arbeit eines Jahrzehnts zu betrachten. Übrigens sehen wir die in den dreißiger Jahren niedergeschriebene *c-Moll-Fantasie* (BWV 906) in ihren erstaunlich „Mozartschen" 80 Takten durchaus als ein Bachsches Originalwerk an, während vieles andere, das unter seinem Namen läuft, in seiner Echtheit angezweifelt werden muß.

Außerdem arbeitete Bach an der Weiterführung seines in Weimar abgebrochenen Orgelopus; schon die konzertierende Orgelpartie in der Kantate *Wir danken dir, Gott* (BWV 29) wies auf die erneute Freude an diesem seinem Lieblingsinstrument hin, das in der unmittelbaren Berufspraxis des Kapellmeisters und Kantors kaum eine Rolle spielte. Seit Mitte der zwanziger Jahre hat Bach aber eine beträchtliche Zahl von Orgelwerken geschaffen, die aus den verschiedensten Anlässen entstanden sind: Orgelprüfungen und -abnahmen gaben Gelegenheit, das jeweilige Werk mit neuen Stücken zu überprüfen; der älteste Sohn Friedemann, bald auch die anderen Söhne,

Kantatenaufführung zu Leipzig (Stich von J. C. Deline aus dem Musikalischen Lexikon, 1732)

verlangten nach entsprechenden Übungsstücken, und Bach selbst mußte auf Reisen etwas Neues anzubieten haben. So besuchte er zum Beispiel im September 1731 in Begleitung seines ältesten Sohnes Dresden, hörte dort am 13. September die Uraufführung einer italienischen Oper seines Freundes Johann Adolf Hasse, und am Nachmittag des 14. September gab er selbst in der Sophienkirche ein Orgelkonzert, das einen Lokaldichter zu einigen Versen veranlaßte:

Am 14. Sept. nachmittags um 3. Uhr, hat sich der wenig Tage vorhero aus Leipzig allhier angelangte Fürstl. Anhalt-Cöthische Capellmeister und Cantor zu St. Thomas in Leipzig, Hr. Joh. Sebastian Bach, in hiesiger Sophien-Kirche, in Gegenwart derer gesamten Hof-Musicorum und Virtuosen, auf der Orgel spielende also hören lassen, daß jedermann es höchstens admiriren müssen, weswegen eine Poetische Feder in folgende Gedancken gerathen:

Ein angenehmer Bach kan zwar das Ohr ergötzen,
Wenn er in Sträuchern hin durch hohe Felsen läufft;
Allein, den Bach muß man gewiß weit höher schätzen,
Der mit so hurtger Hand gantz wunderbahrlich greifft.
Man sagt: Daß, wenn Orpheus die Laute sonst geschlagen,
Hab alle Thiere er in Wäldern zu sich bracht;
Gewiß, man muß diß mehr von unserm Bache sagen,
Weil Er, so bald er spielt, ja alles staunend macht.[63]

In diesem Jahr war Bach überhaupt viel unterwegs, zumal infolge des Umbaus der Thomasschule die Leipziger Tätigkeit sehr eingeschränkt war. In enger Verbindung mit anderen Werken, auch wieder seinem Kantatenschaffen, entstehen Ende der zwanziger Jahre sechs *Orgelsonaten* (BWV 525—530), die, nicht allzu schwer ausführbar und wohl für Friedemann gedacht (der sie sicherlich auf einem Pedalcembalo spielte), zu Bachs schönster Hausmusik gehören, insbesondere wegen ihres durchsichtig-zarten Satzes und ihres eigenartigen Klangzaubers. Als sich der frühen *d-Moll-Toccata* mächtig anschließendes Orgelopus ist die *dorische Toccata und Fuge* (BWV 538) zu nennen,

Präludium

Fuga

deren Anfänge wahrscheinlich schon in die Köthener Zeit zurückreichen. Imponierende Stücke sind die Paare *Präludium und Fuge G-Dur* (BWV 541) und *h-Moll* (BWV 544) sowie die in *C-Dur* (BWV 545), *c-Moll* (BWV 546) und *e-Moll* (BWV 548), die um das Jahr 1730 herum entstanden sind. Die zum Teil beträchtliche Ausdehnung — das *e-Moll-Werk* hat beispielsweise insgesamt 231 Takte —

Fuga

will mit solchen weiten Klangräumen ein ganzes Universum umfassen und in der Dialektik von improvisatorisch schweifendem Vorspiel und streng gebauter Fuge wesentliche Momente menschlicher Phantasie und Tätigkeit künstlerisch gestalten. Schon in früheren Werken, so insbesondere in der *d-Moll-Toccata* (BWV 565), dann einige Jahre später in der *c-Moll-Passacaglia* hatte er das — größtenteils mit stark subjektivierter Aussage — versucht, in den Köthener Stücken *g-Moll* und *a-Moll* (BWV 542/543) großartig weiterentwickelt und gemeistert; Ende der dreißiger, Anfang der vierziger Jahre sollte dies alles zu letzter Vollendung gedeihen.

Aber den Director musices — der zum Kammermusik-Schreiben in diesem Jahr kaum gekommen ist, den Familienkreis wohl ausgenommen, wo manche Köthener Erinnerungen aufgefrischt sein mögen — drängte es zu noch größeren Konzeptionen, wobei er sein Repertoire an konzertanten Werken mit repräsentativer Besetzung überprüfte. Inwieweit die Violinkonzerte der Köthener Jahre in den Zimmermannschen Lokalen erklungen sind, können wir heute nicht mehr feststellen. Bach selbst wird sich als Geiger nicht mehr produziert haben, und einen bedeutenden Konzertmeister hat er in Leipzig kaum je gehabt. Auch die 1721 vollendeten *Brandenburgischen Konzerte* führte er deshalb in ihrer ursprünglichen Form nicht mehr auf. So konzentrierte er sich auf die Umarbeitung und Neugestaltung einiger früher entstandener Konzerte, in denen jetzt fast stets das Klavier (Cembalo) eine dominierende Rolle erhielt. Ein typisches Werk hierfür ist das *a-Moll-Konzert* (BWV 1044), dessen Ecksätze aus einem Präludium-Fuge-Paar für Klavier aus der Köthener Zeit stammen, während der Mittelsatz einer Orgelsonate entnommen wurde. Das berühmte *Konzert d-Moll für zwei Violinen* mußte sich eine Umarbeitung in ein *Klavier-Doppelkonzert* (BWV 1062) gefallen lassen, wobei es in die Tonart c-Moll geriet. Ein nicht erhaltenes, sicherlich ebenfalls aus der Köthener Zeit stammendes *d-Moll-Doppelkonzert* (wahrscheinlich für Oboe und Violine) erhielt ebenfalls eine *c-Moll-Fassung* für zwei *Klaviere;* die Themenköpfe dieses Werkes zeigen volle Ausprägung der reifen Bachschen konzertanten Schreibweise.

Während die gern gespielten *Konzerte in C-Dur* (BWV 1064) *für drei Cembali* und *in a-Moll* (BWV 1065) *für vier Cembali* nicht auf Bachschen Originalen beruhen — die Bearbeitungen waren wohl zweckmäßige Repertoirefüllungen, aber in ihrer massiven Cembalobesetzung nicht besonders reizvoll —, ist das *C-Dur-Doppelkonzert* (BWV 1061) ein Originalstück Bachs, das seine architektonische und klangliche Meisterschaft in jedem Takt demonstriert. Das Fugenthema des Finales zeigt in seinem Kopfmotiv und in der ausgewogenen Gesamtstruktur ganz das Profil des Bachschen Reifestils.

Hatte Bach schon in Weimar siebzehn Violinkonzerte anderer Meister in einer Cembalobearbeitung vorgelegt (ob sie alle von Bach selbst bearbeitet wurden, steht allerdings nicht ganz fest), das gleiche zur selben Zeit auch auf der Orgel versucht (sieben Werke dieser Art liegen in Abschriften, also ebenfalls unbeglaubigt, vor), so hat er Anfang der dreißiger Jahre in Leipzig für seine vielfältigen Konzertverpflichtungen sieben Klavierkonzerte auf der Grundlage von früher entstandenen Kompositionen geschaffen, meist wohl aus Violinkonzerten. Wir finden hier, in anderen Tonarten, die bekannten *Violinkonzerte in a-Moll* und *E-Dur* in Klavierfassungen wieder; auch das vierte *Brandenburgische Konzert* erlebt eine Umgestaltung. In einem Konzert erhalten zwei Instrumentalsätze und ein vokaler Kantatensatz ihre Neufassung; für drei Konzerte haben wir keine Vorlagen, so daß deren Herkunft zweifelhaft bleibt. Aber zumindest in der plastisch-aggressiven Thematik des *f-Moll-Konzerts* (BWV 1056) können wir uns niemand anders als Johann Sebastian Bach als Urautor vorstellen.

Largo

Presto

Die prächtigsten Orchesterwerke jedoch, die Bach in seiner mittleren Leipziger Zeit zur Aufführung brachte, sind die großen Ouvertüren, die im Anschluß an die bestimmt schon in Köthen geschaffene *C-Dur-Ouvertüre* (BWV 1066) entstanden. Letztere war mit ihren elf Sätzen zwar geistvoll, aber etwas trocken geraten; mit einer *h-Moll-* und zwei *D-Dur-Ouvertüren* bereicherte er diese Gattung um Werke, die dem errungenen Hochstil der Klavierpartiten entsprechen und zu Bachs melodienreichsten Werken gehören. Die alte Suitenform ist nicht mehr zu erkennen; uns entzückt, nach der jeweils sehr ausgebreiteten Französischen Ouvertüre, der Reichtum fein aufgearbeiteter Tänze. Händels „Wasser-“ und „Feuerwerksmusik“, auch Telemanns entsprechende Werke können sich wohl an musikalischer Wirkungskraft, aber nicht an Feinheit der melodischen und harmonischen Wendungen, an Phantasiefülle mit diesen Sätzen messen. Beeindruckt das h-Moll-Werk vor allem durch den unerhört emotional gespannten, im schnellen Mittelteil aufgelockerten Kopfsatz sowie zündend-virtuose Sätze wie die Polonaise

Polonaise

und die anschließende Badinerie (die nicht schnell genug gespielt werden kann),

Badinerie

so besitzt die knapp geformte erste *D-Dur-Ouvertüre* (BWV 1068) nach dem besonders festlichen, geradezu „händelisch" wirkenden Kopfsatz das berühmte „Air", dessen wir einleitend gedachten; zwei Gavotten mit volkstümlicher Thematik und die

Gavotte I

Gavotte II

in der Wirkung nicht nachstehende Bourrée und Gigue lassen nach diesem melodischen Mittelpunkt das Werk einen begeisternden Ausklang erreichen. Die letzte Ouvertüre, ähnlich pompöse Besetzung aufweisend, ist in ihrer Gestaltung versponnener und kunstvoller, bis ins feinste ausgearbeitet, selbst in solch volkstümlichen Formen wie den Bourrées und der Gavotte; das zweite Menuett ist melodisch und in der Satzart eine großzügige Umkehrung des ersten, und die „Réjouissance" bildet dann den stimmungsvollen Abschluß.

Einige der genannten Werke schrieb Bach in dem zehn Monate währenden „Exil" in der Hainstraße bei Dr. Christoph Donndorf, wohin er während der Renovierung umquartiert worden war. Im April 1732 siedelte die Familie wieder in die umgebaute und erneuerte Thomasschule zurück, wo Bach am 5. Juni des Jahres die Kantate *Froher Tag, verlangte Stunde* beziehungsreich aufführte; leider ist die Komposition nicht erhalten, und auch die zum Namenstag des Kurfürsten Friedrich August I. (König August I.) geschriebene Festkantate *Es lebe der König, der Vater im Lande* ist verschollen. Da auch aus diesem Jahr die Ratswechselmusik (der Ratswechsel wurde jeweils Ende August vorgenommen) nicht erhalten ist bzw. nicht identifiziert werden kann (auch hier wird Bach oft ältere Kompositionen übernommen bzw. umgearbeitet haben), schließlich auch die Passionsaufführung sich nicht nachweisen läßt, gibt es aus diesem Jahr nur eine einzige eindeutig identifizierbare Bachsche Komposition, nämlich die Kantate *Ich ruf zu dir, Herr Jesu*

Christ (BWV 177), die dem Typus der Choralkantate (mit Choralfantasie zu Beginn und schlichtem Choralsatz am Schluß) ohne besonderes Engagement folgt.
Durch den neuen Rektor, dessen eigentliche Wirksamkeit erst Mitte des Jahres 1732 begann, war Bach zur Aktivität angespornt. Gesner hatte ein neues Statut ausgearbeitet, das den neuen Bedingungen Rechnung trug und die musikalischen Belange des Kantors wohlwollend berücksichtigte; selbst klassischer Philologe und zugleich musikinteressiert, bemühte er sich um einen möglichen Ausgleich. Als Funktion der Musik bezeichnete er, sie sollte „nur zu dem öffentlichen Gottesdienst und einer vergnügten Gemüths-Ruhe dienen", was wahrlich nicht alles ist, was Bach selbst von ihr erwartete, aber seiner Formulierung *zum Lobe Gottes und zur Recreation des Gemüths* in etwa entspricht. Seit 1729 hatte Bach, wie angedeutet, ein Collegium musicum zu leiten, das im Sommer jeden Mittwochnachmittag von vier bis sechs Uhr in Gottfried Zimmermanns Kaffeegarten und im Winter freitags von acht bis zehn Uhr abends in Zimmermanns Kaffeehaus musizierte. (Ein Parallelunternehmen von Bachs Konkurrenten Görner musizierte anderswo am Donnerstag- bzw. Montagabend.[64]) So war gerade in diesem Jahr ein reiches instrumentales Musizieren möglich, das von Bach jetzt auch vielfach für festliche Anlässe verlangt wurde. Am 1. Februar 1735 starb August II. (der Starke); sein Sohn, zunächst als August III. Kurfürst von Sachsen, ordnete bis Juni des Jahres eine allgemeine Landestrauer an. Dadurch entfiel für Bach die Notwendigkeit, Kantaten zu schreiben und aufzuführen. Im April und im November des Jahres hatte er den frühen Tod einer Tochter und eines Sohnes zu beklagen; zu derselben Zeit mußte er sich um die Unterbringung seines ältesten Sohnes Wilhelm Friedemann kümmern. Mehrere Empfehlungsbriefe nach Dresden und das gute Abschneiden des Sohnes beim Probespiel ermöglichten dessen Wahl zum Organisten an der Dresdener Sophienkirche — die Stelle war infolge des Ablebens von Christian Petzold frei geworden. Wilhelm Friedemann bekleidete dieses Amt bis zu seiner Überwechselung an die hallische Marktkirche 1746. Nicht weniger wichtig war für den alternden Bach die Aussicht, von dem sich als Kunstmäzen aufspielenden Landesherrn den Titel eines Hofkomponisten zu erhalten; seine Würde als Kapellmeister von Anhalt-Köthen war durch den frühen Tod

Das „Zimmermannsche Coffee-Haus“

des Fürsten Leopold 1728 erloschen, und den (wahrscheinlich) im Jahre 1729 erhaltenen Titel eines „Hochfürstlich Sachsen-Weißenfelsischen“ Kapellmeisters sollte er durch den Tod des alten Herzogs bereits 1736 verlieren. Bach entschloß sich dem zum katholischen Glauben übergetretenen Kurfürsten eine *lutherische Messe* — das heißt Kyrie und Gloria — zu dedizieren. Die Überreichung des wohl im Frühjahr komponierten Werkes — es wurde der erste Teil der später sogenannten *h-Moll-Messe* — erfolgte am 27. Juli 1733 mit dem folgenden Begleitschreiben:

Durchlauchtigster ChurFürst, Gnädigster Herr,
Ew. Königlichen Hoheit überreiche in tieffster Devotion gegenwärthige geringe Arbeit von derjenigen Wißenschafft, welche ich in der Musique erlanget, mit ganz unterthänigster Bitte, Sie

wollen dieselbe nicht nach der schlechten Composition, sonder nach Dero Welt berühmten Clemenz mit gnädigsten Augen anzusehen und mich darbey in Dero mächtigste Protection zu nehmen geruhen. Ich habe einige Jahre und bis daher bey denen beyden Haupt-Kirchen in Leipzig das Directorium in der Music gehabt, darbey aber ein und andere Bekränckung unverschuldeter weise auch iezuweilen eine Verminderung derer mit dieser Function verknüpfften Accidentien empfinden müßen, welches aber gänzlich nachbleiben möchte, daferne Ew. Königliche Hoheit mir die Gnade erweisen und ein Praedicat von Dero Hoff-Capelle conferiren, und deswegen zu Ertheilung eines Decrets, gehörigen Orths hohen Befehl ergehen laßen würden; Solche gnädigste Gewehrung meines demüthigsten Bittens wird mich zu unendlicher Verehrung verbinden und ich offerire mich in schuldigsten Gehorsam, iedesmahl auf Ew. Königlichen Hoheit gnädigstes Verlangen, in Componirung der Kirchen

Die Neue Kirche zu Leipzig

Musique sowohl als zum Orchestre meinen unermüdeten Fleiß zu erweisen, und meine ganzen Kräffte zu Dero Dienste zu widmen, in unauffhörlicher Treue verharrend

Ew. Königlichen Hoheit

Dreßden
den 27. Julij 1733.

unterthänigst-gehorsamster Knecht
Johann Sebastian Bach.[65]

Deutlich kommt in diesem Schreiben Bachs Verärgerung über die Leipziger Hintansetzung zum Ausdruck; er hoffte, mit einer kurfürstlichen (oder gar königlichen) Anerkennung dies endlich wettzumachen. Er hatte zunächst keinen Erfolg; Kurfürst August hatte Sorgen wegen seiner Thronfolge in Polen; man verlangte einen Nachfolger polnischen Geblüts, der mit Stanislaus Laszynski für kurze Zeit gefunden schien. Dieser trat zwar bald wieder vom Schauplatz ab, aber der Kurfürst hatte in dieser Zeit wenig Interesse, sich um Bachs Eingabe zu kümmern.

Die *h-Moll-Messe* (BWV 232), die im Laufe der dreißiger Jahre vervollständigt wurde, blieb ein Repräsentations- oder Gelegenheitswerk besonderen Charakters. Das Parodieverfahren wurde in hohem Maße eingesetzt, vor allem in den letzten Abschnitten des Werkes, und man kann nur staunen, wie Bach dennoch ein einheitliches Ganzes zuwege brachte. Der berühmte Schlußchor „Dona nobis pacem“

ist eine genaue Parodierung des Chores „Gratias agimus“ aus dem Gloria, der seinerzeit selbst schon aus der Kantate *Wir danken dir, Gott* (BWV 29) parodiert worden war. Das innige Agnus dei

hatte Bach in der Kantate *Lobet Gott in seinen Reichen* (BWV 11) umgeformt, und ähnlich geschah es in manchen anderen Fällen.

Dennoch blieb viel Neues und Großartiges, was aus der eigenen Gesamtkonzeption des endgültigen Werkes heraus entstand. Besonders berührt die Souveränität, mit der Bach wuchtige, kontrapunktisch streng gebaute Chöre mit konzertierenden Sätzen, vor allem Arien und Duetten, abwechseln läßt, die Selbstverständlichkeit, mit der komplizierte, oft ausgesprochen chromatisch bestimmten Gebilden elementare Klanglichkeit gegenübersteht, wie sie der zitierte D-Dur-Chor offenbart. Die herrliche Linie des fünfstimmigen Eröffnungschores,

übrigens fast der einzige h-Moll-Satz aus dieser h-Moll-Messe, läßt uns an die h-Moll-Largo-Fuge aus dem ersten Teil des *Wohltemperierten Klaviers* denken:

aber die Wirkung des fis-Moll-Chors auf denselben Text, der dem als Duett komponierten „Christe eleison“ folgt, ist in seiner knappen, „engeren“ Formulierung von nicht geringerer Wirkung.

Heute gilt die *h-Moll-Messe* Bachs als die gewaltigste Komposition dieser Gattung vor Beethovens „Missa solemnis“.

Ähnlich wie diese ist sie innerhalb der Meßliturgie nicht verwendbar und nur als Ausdruck höchsten musikalischen Schöpfertums, innerhalb einer großen christlichen Gattungstradition, zu begreifen.
Bach war in diesen Monaten und Jahren viel unterwegs, sein Können im Dienste des Dresdener Hofes zu entfalten. Kaum hatte er die Angelegenheiten seines ältesten Sohnes geregelt und die Messe-Stimmsätze übergeben, eilte er zurück nach Leipzig, um zu der Namensgebung des Kurfürsten am 3. August die Huldigungskantate (BWV Anhang 12) *Frohes Volck, vergnügte Sachsen* einzustudieren und aufzuführen; Picander hatte in gewohnter Schnelligkeit das Libretto verfertigt, Bach selbst verwendete die Musik von 1732 zur Wiedereröffnung der Thomasschule — die Musik ist in beiden Fällen verloren. Auch hier ist es möglich, daß sich durch Parodien in anderen Werken etwas erhalten hat; der Picandersche Text zeigt weder geistigen Höhenflug noch ist er für unseren Geschmack in irgendeiner Weise genießbar — Kirchenkantaten haben in der Regel einen höheren dichterischen Wert, da sie meist der bildhaften Sprache der Bibel verpflichtet sind.
Bach, der sich am 19. August ohne Erfolg um eine Organistenstelle seines Zweitältesten, Carl Philipp Emanuel, in Naumburg bemüht hatte, sollte am 5. September eine weitere fürstliche Feier musikalisch gestalten. Es war der Geburtstag des Kurprinzen Friedrich Christian, für den ihm Picander, stets zur Stelle, den Text *Laßt uns sorgen, laßt uns wachen* (BWV 213) schrieb, *Herkules am Scheideweg* genannt. In den Leipziger „Nouvellen“ stand am Tag vorher: „Das Bachische Collegium Musicum wird Morgen als dem 5. Sept. a. c. im Zimmermannschen Garten vor dem Grimmaischen Thore den hohen Geburtstag des Durchl. Chur-Prinzen von Sachsen mit einer erlesenen Musik vom Nachmittag 4. bis 6. Uhr unterthänigst celebrieren.“[66] Die meisten Motive dieser *Huldigungskantate* hat Bach im *Weihnachtsoratorium* ein Jahr später verwendet und dadurch objektiviert; aber das ursprüngliche Werk, das eine bedeutende Reihe von „weltlichen“ Kantaten eröffnet, hat hohen Eigenwert und zeigt uns eindringlich, mit welcher Meisterschaft der Komponist einen ihm zusagenden, hier aus der antiken Mythologie geschöpften Text zu gestalten vermochte. Der Schlußchor „Lust der Völker, Lust der Deinen, blühe, holder Friederich!“, die einzige Musiknummer (abgese-

hen von den Rezitativen), die Bach nicht in das *Weihnachtsoratorium* übernahm, hat er aus der im Juni 1724 geschriebenen Pfingstkantate *Erwünschtes Freudenlicht* (BWV 184) übernommen, wo es heißt „Guter Hirte, Trost der Deinen, laß uns nur Dein heilig Wort!" (der Text stammt hier wahrscheinlich von Bach selbst). Das wäre der seltene Fall, daß Bach aus einer geistlichen in eine weltliche Kantate parodiert hätte — es sei denn, das Urbild zu beiden Stücken stammt, wie angenommen wird, aus einer (weltlichen) Köthener Huldigungskantate vom Jahre 1718. Im übrigen ist es interessant, die Vertonung dieses gleichen Herakles-Stoffes bei Bach und Händel zu vergleichen, der im Jahre 1750 eine Musical Interlude „The Choice of Hercules" schrieb.[67] Es ist bezeichnend, daß Händels Alterswerk im bürgerlichen England keine Huldigungsaspekte nötig hatte und — selbst in einem großzügigen Parodieverfahren entstanden — weit stärker dramatisch-oratorische Elemente einbeziehen kann.

Zum Geburtstag der Kurfürstin Marie Josepha schrieb Bach die Kantate *Tönet, ihr Pauken! Erschallet, Trompeten!* (BWV 214), die als „Dramma per musica" am 8. Dezember 1735 vom Collegium musicum aufgeführt wurde. Das Werk, das mit einem trompetendurchtönten prächtigen D-Dur-Satz beginnt

und eine mit der Tromba konzertierende mächtige Baßarie aufzuweisen hat,

wurde in seinem wichtigsten Bestand ebenfalls in das *Weihnachtsoratorium* übernommen.

Auch im Jahre 1734 ruhte Bach, der noch immer nicht Hof-Compositeur geworden war, nicht, im Dienste des Kurfür-

sten und nunmehrigen polnischen Königs zu schaffen. Während er zu Beginn des Jahres noch die Kantate *In allen meinen Taten* (BWV 97) nach den Worten Paul Flemmings in eigenartig versponnenem Stil schrieb — hier liegt der ebenso seltene wie interessante Fall vor, daß alle Nummern, auch die Rezitative, von den Kirchenliedstrophen gespeist werden —, mußte er zur Krönung des Kurfürsten zum polnischen König am 17. Januar eine Festmusik des Collegium musicum veranstalten; am 19. Februar folgte die Huldigungskantate (BWV 205a) *Blast Lärmen, ihr Feinde! verstärket die Macht,* für die aber der mit solchen Stücken genugsam geplagte Meister die gesamte Musik aus der Kantate BWV 205 *Der zufriedengestellte Aeolus (Zerreißet, zersprenget, zertrümmert die Gruft)* übernehmen konnte. Bach hat sich anscheinend hier selbst die Mühe gemacht, der unveränderten Musik einen neuen Text unterzulegen, der seinem poetischen Geschick alle Ehre macht — selbst wenn uns der unterwürfige Ton ärgern mag.
Aber die Kette der Huldigungen riß noch nicht ab: Bach, der Carl Philipp Emanuel am 9. September an der Universität Frankfurt (Oder) für das Jurastudium immatrikulieren ließ, mußte bald mit den Vorbereitungen für die große Huldigungskantate zum Jahrestag der Königswahl beginnen, die einen besonders festlichen Charakter erhalten sollte. Es entstand die Kantate *Preise dein Glücke, gesegnetes Sachsen* (BWV 215), deren Uraufführung am 5. Oktober 1734 zu einem glänzenden Erfolg für den Meister wurde, auch ein Honorar von vierzig Talern einbrachte. Um was für einen Pomp es sich handelte, kann man aus der Titelseite des (von einem Johann Christian Clauder verfaßten) Textbuches entnehmen:

Als der
Allerdurchlauchtigste, Großmächtigste
Fürst und Herr,
HERR
Friedrich August,
König in Pohlen und Groß-Hertzog von Litthaien,
Reußen, Preußen, Mazovien, Samogitien, Kiovien,
Volhynien, Podolien, Podlachien, Liefland, Smolensko,
Severien und
Czernicovien, Hertzog zu Sachsen, Jülich, Cleve und Berg,
auch Engern und Westphalen, des Heil. Röm. Reichs

Ertz-Marschall
und Churfürst, Landgraf in Thüringen, Marggraf zu
Meissen, auch
Ober- und Nieder-Lausitz, Burggraf zu Magdeburg,
Gefürsteter
Graf zu Hennenberg, Graf zu der Marck, Ravensberg und
Barby,
Herr zu Ravenstein,
Nebst
Dero Allerdurchlauchtigsten
Gemahlin
mit Ihrer allerhöchsten Gegenwart die Stadt Leipzig
an der Michaelis-Messe 1734. beglückten,
Wolten
am 5ten October, als am Tage, an welchem
Ihro Majestät
im verwichernen 1733ten Jahre
zum
König in Pohlen und Groß-Hertzog von Litthauen
gewehlet worden,
durch eine Abend-Music
ihre allerunterthänigste Devotion bezeugen
Die auf dasiger Universität Studirende.[68]

In der Riemer-Chronik (Stadtarchiv Leipzig) findet sich (unter dem 5. 10. 1734) folgender Bericht:

„Gegen 9. Uhr Abends brachten Ihro Majestät die allhiesigen Studirenden ein allerunterthänigste Abend Music mit Trompeten und Paucken, so Hr. Capell-Meister Joh. Sebastian Bach Cant. zu St. Thom. componiret. Wobey 600. Studenten lauter Wachs Fackeln trugen, und 4. Grafen als Marrschälle die Music aufführeten. Der Zug geschahe aus dem schwartzen Bret durch die RitterStraße, Brühl und Catharinen Straße herauf, bis ans Königs Logis, als die Music an der Wage angelanget, giengen auf derselben Trompeten und Paucken, wie den auch solches vom Rath Hause, durch ein Chor geschahe. Bey Übergabe des Carmens wurden die 4. Grafen zum HandKuß gelaßen, nachgehends sind Ihro Königliche Majestät, nebst Dero Königlichen Frau Gemahlin u. Königlichen Printzen, so lange die Music gedauret, nicht von Fenster weggegangen, sondern

Nachtmusik
Leipziger
Studenten, 1732

haben solche gnädigst angehöret, und Ihr. Majestät hertzlich wohlgefallen."[69]

Aber in derselben Chronik steht unter dem Datum des folgenden Tages auch ein solcher Bericht:

„An eben diesem Tage wurde der Wohlerfahrne und Kunstreiche Musicus u. StadtPfeiffer Herr Gottfried Reiche Leucopetra-Misn. und Senior der Mus: Stadt Compagnie alhier, als er nach Hause gehen wollten im StadtPfeiffer Gäßgen ohnweit seiner Wohnung vom Schlag gerührt, daß er niedergesuncken, und todt in seine Wohnung gebracht worden. Und dieses soll daher kommen seyn, weil er Tages vorhero bey der Königlichen Musique wegen des Blasens große strapazzen gehabt, und auch der Fackel Rauch ihm sehr beschwerlich gewesen."[70]

So hatte einer der getreuesten Diener der Bachschen Muse, für den der Meister viele seiner Trompetenpartien geschrieben hatte, ausgedient.

Der mit Bach freundschaftlich verbundene Rektor Johann Matthias Gesner war im Herbst 1734 nach Göttingen berufen worden; sein Nachfolger wurde der bisherige Konrektor Johann August Ernesti (nicht verwandt mit dem früheren Rektor). Natürlich hatte Bach zur Amtseinsetzung am 21. November des Jahres eine Begrüßungskantate zu schreiben: *Thomana saß annoch betrübt;* die Musik ist nicht erhalten. Aber dieser Mann, bei Amtsantritt siebenundzwanzig Jahre alt, schon bedeutender Theologe und Philologe, hatte eine andere Vorstellung von Erziehung als der Musiker Bach. Dieser sah verständlicherweise in seiner Musik ein wichtiges Mittel und Ziel der Erziehung, was ihn schon 1729 in Schwierigkeiten mit dem Rat der Stadt gebracht hatte. Ernestis Ziel war, den neuhumanistischen Bestrebungen der Zeit entsprechend, eine Befreiung von den starken kirchlichen Fesseln, letzten Endes eine Verweltlichung; die starke Beschäftigung der Alumnen mit Musik erschien ihm als eine Gefahr für die humanistische Erziehung. Zunächst wurde eine direkte Konfrontation vermieden, es schienen sich sogar freundschaftliche Beziehungen anzubahnen, aber der erste geringfügige Anlaß konnte schlimme Folgen haben.

Bach hatte auch andere Sorgen; das schon längst geplante *Weihnachtsoratorium* mußte fertiggestellt werden. Die Erstaufführung der sechs Kantaten dieses Riesenwerkes erfolgte in der Zeit vom 25. Dezember 1734 bis zum 6. Januar 1735. Wie schon angedeutet, waren viele Nummern bereits in der Kantate *Herakles am Scheideweg* und dem Dramma per musica *Tönet, ihr Pauken* komponiert und wurden lediglich mit neuem Text versehen; noch weitere Werke hat Bach hier herangezogen. In der Tat stammt der Hauptbestand der Chöre und Arien aus anderen Werken; es handelt sich um eine repräsentative Zusammenstellung von früheren Kompositionen, die durch das Rezitativ des Evangelisten und durch Choralsätze zu einem oratorischen Werk verbunden werden. Dabei scheint es zunächst nur schwer verständlich, höchstens aus dem starken Zeitdruck, wie Bach die Arie der Tugend „Auf meinen Flügeln sollst du schweben“ ohne Bedenken zur Arie „Ich will nur dir zu Ehren leben“

parodieren konnte, oder gar die ganz auf Echowirkung eingestellte Arie „Treues Echo" als sanfte Jesus-Arie „Flößt, mein Heiland" im neuen Werk anbietet oder die entschiedene Abwehr des Hercules an die Tugend „Ich will dich nicht hören" in den neuen Text „Bereite dich, Zion, mit zärtlichen Trieben" kontaminieren will (wobei er allerdings im letzteren Falle eine „zärtliche" Oboe d'amore mitspielen läßt).

Die jubelnden Anfangschöre der einzelnen Teile (bei der zweiten Kantate fügt Bach die berühmte G-Dur-Sinfonia ein) passen freilich auch, mit meist wenig verändertem Text, in die neue Umgebung. Bach wollte mit seiner Musik die Menschen aufrütteln, ihnen große Leitbilder vor Augen stellen; er benutzte zu seinen gewaltigen Konzeptionen bekannte Gestalten der Geschichte, des antiken und christlichen Mythos sowie seiner eigenen Zeit ohne Unterschiede.
Sein Opus I hatte Bach vor einigen Jahren mit großem Erfolg gedruckt herausgebracht; jetzt folgte die *Klavierübung Teil II* mit zwei bedeutenden Werken: dem *Italienischen Konzert* (BWV 971) und der *h-Moll-Partita* (BWV 831), die, während des aufregenden Jahres 1734 komponiert, zur Ostermesse 1735 in Nürnberg herauskam. Die Partita ist eigentlich noch ein — besonders imponierender — Nachklang der sechs Partiten des ersten Teils der *Klavierübung*, mit ihren elf (z. T. sehr umfangreichen) Sätzen auch fast ein Pendant zu den Orchester-

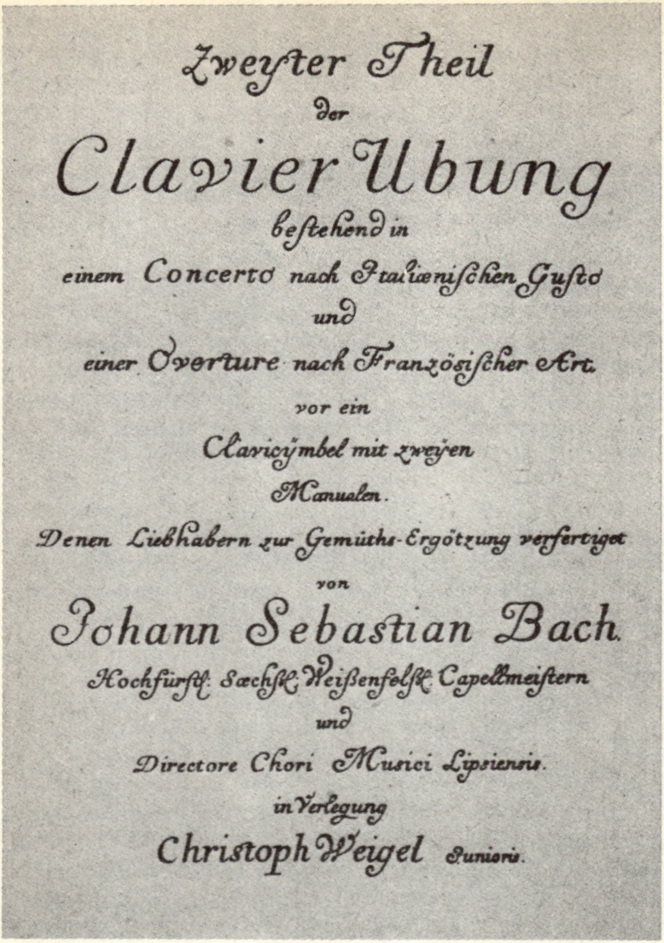
Zweyter Theil
der
Clavier Ubung
bestehend in
einem Concerto nach Italiænischen Gusto
und
einer Overture nach Französischer Art.
vor ein
Clavicymbel mit zweyen
Manualen.
Denen Liebhabern zur Gemüths-Ergötzung verfertiget
von
Johann Sebastian Bach.
Hochfürstl: Saechß: Weißenfelß: Capellmeistern
und
Directore Chori Musici Lipsiensis.
in Verlegung
Christoph Weigel Junioris.

ouvertüren. Das stolze Ausmaß der „Ouvertüre“ mit 326 Takten, die ebenso wirkungsvolle wie feine Gegenüberstellung von je zwei Gavotten, Passepieds und Bourrées, das spritzig weghuschende „Echo“ am Schluß — wieder fand Bach in dieser seiner letzten Suitenkomposition eine originelle Folge, eine überraschende Lösung. Noch bekannter wurde das *Italienische*

Konzert, das Bach gleichsam in Nachfolge seiner vielen Bearbeitungen italienischer (insbesondere Vivaldischer) Violinkonzerte schuf; damit stellte er ein geniales Muster auf, das in eigenartiger Weise zwischen den Zeiten steht, sie überbrückt. Die Form und Faktur lehnt sich an das alte italienische Konzert an; die Übertragung auf das Klavier ist ein individueller, folgeträchtiger Akt. Der Kopfsatz deutet in seiner Periodizität und Kadenzierung schon auf die spätere Klassik, während

das von einem Ostinato gestützte Andante bewußt eine Erinnerung darstellt. Das Finale dagegen läßt bereits an ein Klavierrondo

Haydnscher oder Mozartscher Prägnanz denken. Insgesamt ein fesselndes Werk, das bei jedem Erklingen Entzücken auslöst. Darüber hinaus vervollständigte Bach die *h-Moll-Messe,* die zunächst nur als „Kleine Messe“ (mit Kyrie und Gloria) entworfen war; die drei großen weiteren Komplexe hat er in den dreißiger Jahren, zum großen Teil durch das sich auch hier bewährende Parodieverfahren, hinzugefügt. Nur einem Meister von so ungeheuer konzentrierter Gedankenkraft wie Bach war es möglich, unter solchen Bedingungen höchste Meisterwerke zu schaffen, die — wie das *Weihnachtsoratorium* und gerade die *h-Moll-Messe* — noch nach Jahrhunderten als unerreichbare Exempel architektonisch vollendeter Musik gelten.[71]
Daneben hat Bach gerade in dieser Zeit auch reiche Geselligkeit gepflegt und durchaus intime Musik geschaffen. So betätigte er sich als Herausgeber von Schemellis „Musikalischem Ge-

sangbuch“, das 1736 bei Breitkopf in Leipzig erschien; sind von den neunundsechzig (mit Generalbaß gesetzten) Melodien auch nur wenige von Bach selbst — darunter sicherlich das herrliche „Komm, süßer Tod“ —,

so zeigt diese Sammlung auf jeden Fall, wie sehr Bach daran interessiert war, die Hausmusik zu bereichern.
Ganz dem Leipziger Volksleben verbunden zeigt sich Bach aber in der *Kaffee-Kantate „Schweigt stille, plaudert nicht“* (BWV 211), die um 1734/35 (auf den Text von Picander) entstand. Wenn es nicht schon längst klar wäre — hier merkt man unmittelbar, über welch ursprünglichen Humor Bach als Musiker verfügt. Der damals in Leipzig aufkommende Kaffeegenuß wird zum Thema eines kleinen Singspiels schon fast Hillerscher Prägung (erst drei Jahrzehnte später brachte Johann Adam Hiller in Leipzig seine treuherzigen Singspiele wie „Die Jagd“ oder „Der Aerndtekranz“ heraus): Schlendrian verbietet seiner Tochter Lieschen das Kaffeetrinken; sie gibt erst nach, als ihr der Vater einen Bräutigam verspricht — aber in den (wohl von Bach selbst stammenden) Abschlußversen weiß das Mädchen bald einen Ausweg.

Nun geht und sucht der alte Schlendrian,
Wie er vor seine Tochter Lieschen
Bald einen Mann verschaffen kann;
Doch Lieschen streuet heimlich aus:
Kein Freier komm mir in das Haus,
Er hab es mir denn selbst versprochen
Und rück es auch der Ehestiftung ein,
Daß mir erlaubet möge sein,
Den Kaffee, wenn ich will, zu kochen.
Chor (Terzett)
Die Katze läßt das Mausen nicht,
Die Jungfern bleiben Kaffeeschwestern.
Die Mutter liebt den Kaffeebrauch,
Die Großmama trank solchen auch,
Wer will nun auf die Töchter lästern![72]

Bach läßt durch einen Erzähler einleiten und beschließen; drei Melodien mögen die ungebrochene Volkstümlichkeit der Bachschen Liedmelodik beweisen:
Schlendrians Antrittslied,

Lieschens erste Aria

sowie der Schluß-Coro, der das Ganze, von den drei Personen

gesungen, zündend beschließt. Acht Jahre später wird Bach in der *Bauernkantate* seinen volkstümlichen Humor nochmals unter Beweis stellen.
In einer Zeit, an einem Ort, da die populäre Liedersammlung „Singende Muse an der Pleiße" (1736) erschien und erste Singspielversuche sich regten, wußte Bach durchaus, was man von ihm verlangte. Sein Collegium musicum stand gerade damals in höchster Blüte, und der lebensfrohe Meister wird nicht

versäumt haben, mit Kantaten, mit Ouvertüren und Suiten, sicherlich auch mit leichterer Kost seiner Zeitgenossen, die Leipziger Bürger zu erfreuen. In den Jahren 1729 bis 1737, dann wieder von 1739 bis (mindestens) 1741 leitete Bach das Collegium musicum, das zusammen mit Görners Collegium ein Vorläufer des Gewandhausorchesters gewesen ist. Was Bach für diesen Klangkörper alles komponiert haben mag, ist heute nicht mehr genau festzustellen; vor allem an Orchestermusik, aber auch an „Dramma per musica" scheint uns manches verlorengegangen zu sein.

In diesen Jahren muß Bach, trotz der Mißhelligkeiten im Amt, doch recht vital und ausgeglichen gewesen sein. Er machte wieder Orgelprüfungsfahrten, bei denen pekuniär immer etwas heraussprang und man alte Bekanntschaften auffrischen konnte; die beiden ältesten Söhne waren versorgt (Friedemann Sophien-Organist in Dresden, Carl Philipp Emanuel studierte), der dritte, Johann Gottfried Bernhard, erhielt, nicht ohne eifrige Empfehlungen des Vaters, eine Organistenstelle in Mühlhausen, wo einst Bach selbst tätig gewesen war. Im Jahre 1735 wurde Johann Christian geboren, der letzte der hochbegabten Bach-Söhne. Das geistige Klima war durch enge Beziehungen zu seinen Textdichtern Henrici-Picander und Mariane Ziegler wesentlich bestimmt. Von einem Umgang mit den Leipziger Universitätsprofessoren ist wenig bekannt; das Leben Bachs spielte sich weitgehend in seiner Schule und im Kontakt mit seinen musizierenden Kollegen ab. Aber wir haben Zeugnisse, daß Bach mit verschiedenen Familien des begüterten Leipziger Bürgertums enge Verbindung pflegte, was vor allem aus der Wahl seiner Taufpaten bzw. seinen eigenen Patenschaften in angesehenen Familien deutlich wird. Besonders hervorzuheben ist die freundschaftliche Verbindung der Bachschen Familie zu der des wohlhabenden Kauf- und Handelsherrn Georg Heinrich Bose, dessen komfortables Bürgerhaus schräg gegenüber der Thomasschule stand (1973 wurde in diesem Haus eine neue Bach-Gedenkstätte eingerichtet[73]). In der Zeit von 1731 bis 1749 (also nach dem Tode Boses) haben fünf Töchter der Familie Bose bei Kindern Anna Magdalenas und Johann Sebastians Pate gestanden. Bach knüpfte über dieses Haus Verbindungen mit Universitätsprofessoren — so wurde hier wahrscheinlich die Kantate BWV 36b *Die Freude reget sich* für den Professor Johann Florens Rivinus aufgeführt (das war freilich

Wilhelm Friedemann Bach

nur eine Umdichtung der für Köthen geschriebenen Kantate *Steigt freudig in die Luft*, BWV 36a), und zur Hochzeit von Anna Regina mit dem Juristen Dr. Friedrich Heinrich Graf am 3. April 1742 erklang vielleicht die recht virtuose (wahrscheinlich aber auch schon früher komponierte) Solokantate *O holder Tag, erwünschte Zeit* (BWV 210). Übrigens hatte Bach schon in Köthen eine andere Hochzeitskantate — *Weichet nur, betrübte Schatten* (BWV 202) — komponiert, die einen besonders tänzerisch-fröhlichen Charakter hat. Am 3. August 1735 wurde zum Namenstag der Kurfürstin die schon längst geplante Kantate *Auf, schmetternde Töne der muntern Trompeten* (BWV 207a) aufgeführt — es war im wesentlichen eine Umdichtung der *Kortte-Kantate* (BWV 207) vom Jahre 1726. Ende November nahm Bach an der Hochzeitsfeier des Thomasschul-Tertius Abraham Kriegel in Collmen teil, so daß sich ein freundliches Jahresende bot. Bach stand auf der Höhe seines

Ruhmes und fand die Kraft, für Karfreitag 1736 eine Neuaufführung der *Matthäuspassion* vorzubereiten, wie auch das Schemelli-Gesangbuch abgeschlossen wurde.
Das folgende Jahr 1736 war eines der krisenreichsten in Bachs Leben. Es begann mit einem noch harmlosen Gespräch des Kantors mit seinem neuen Rektor über den künftigen Chorpräfekten, eine Stelle, die für Bachs Tätigkeit und Autorität außerordentlich wichtig war und deren Besetzung ihm oblag. Ernesti maßte sich jedoch seinerseits, in Überschreitung seiner Kompetenz, die Benennung eines ersten Präfekten mit einem von Bach als „liederlichen Hund" bezeichneten ehemaligen Alumnen an. Es kam zu erheblichen Disziplinschwierigkeiten im Chor, während sich der „Präfektenstreit" über zwei Jahre hinzog. Ein Vermittlungsversuch des Konrektors Dresig zwischen Ernesti und Bach Mitte Juli scheiterte; die Disziplinschwierigkeiten unter den Thomanern häuften sich unter diesen Bedingungen. Innerhalb weniger Tage richtete der Thomaskantor dringende Eingaben an den Rat der Stadt, am 13., am 15. und am 19. August.[74] Es war Bachs härteste Zeit des Kampfes um ein Recht, das er nicht aufgeben wollte; dabei waren diese Streitigkeiten nur ein Symptom der grundsätzlichen Meinungsverschiedenheiten über die kirchenmusikalische Tätigkeit des Chores, ja über die Aufgaben der Musik überhaupt. Eine bereits im November entworfene Eingabe an das Konsistorium schickte er erst am 12. Februar 1737 ab, ohne — wie auch auf die anderen Schreiben — eine Antwort zu erhalten. So wandte er sich am 18. Oktober 1737 an die höchste Instanz, an den Kurfürsten, und er scheint auch wirklich, wie aus einem Schreiben von Dresden an das Konsistorium (17. Dezember 1737) hervorgeht[75], eine Art Genugtuung erhalten zu haben; wenigstens ist seit Anfang des Jahres 1738 der Streit verstummt. Bach hatte sich, zumindest nach außen hin, durchgesetzt. Sein letztes, entscheidendes Schreiben an den Kurfürsten möge hier stehen, nicht zuletzt als Dokument, wie streitbar und geschickt der Thomaskantor sein Recht wahrzunehmen wußte.

Aller Durchleuchtigster, Großmächtigster König und Churfürst Allergnädigster Herr,

Daß Ew. Königl. Maiest: aus allerhöchsten Gnaden mir das Praedicat Dero Hoff-Componisten angedeyhen laßen solches venerire Zeit Lebens mit allerunterthänigstem Dancke. Gleich-

wie nun dahero Ew. Königl. Maiest. Allergnädigste Protection ich mir in allertiefster Zuversicht zueigne, so unterwinde mich auch, um selbige bey meinen iezigen Bedrückungen allergehorsamst anzusuchen.

Es haben meine Vorfahren, die Cantores bey der Schule zu S. Thomae alhier iederzeit nach der hergebrachten Schul=Ordnung das Recht beseßen, die Praefectos bey denen Choris Musicis zu ernennen, und dieses aus der gegründeten Ursache, weil sie am sichersten wißen können, welches Subjectum am allertüchtigsten zu gebrauchen, und dieses Praecipuum habe ich auch geraume Zeit und ohne Jemandes Contradiction genoßen; Nichts destoweniger aber hat sich der ietzige Rector, M. Johann August Ernesti nicht entblödet, mir iüngsthin ohne meine Concurrenz die Praefectur und zwar mit einem Subjecto, welches in musicis sehr schlecht erfahren, zu besezen; und als ich bey Gewahrwerdung deßen Schwachheit, und der daher in der Music entstandenen Unordnung mich genöthiget sahe, eine Änderung vorzunehmen und an deßen statt ein geschickteres Subjectum zuerwehlen, so hat gedachter Rector, Ernesti, meinem Vorhaben sich nicht allein stracklich opponiret, sondern auch zu meiner größten Bekränckung und Prostitution denen sämtlichen Schul=Knaben in coetu publico sub poena baculationis untersaget, meinen Veranstaltungen Parition zu leisten. Ob ich nun wohl meine wohl fundirte Praerogative bey dem alhiesigen Magistrat in der Beyfuge sub A. zu mainteniren gesuchet, auch das Königl. Consistorium allhier um Satisfaction der mir angethanen Injurien sub B. imploriret, so ist dennoch vom letzteren gar nichts, vom erstern aber die abschrifftlich beigefügte Weisung sub C. erfolget. Dieweilen aber, allergnädigster König und Herr, von dem Rathe alhier nach der inducirten Beyfuge meine sonst gehabte Gerechtsame gänzlich abgeschnitten und sich auf eine neuerlich Anno 1723 errichtete Schul=Ordnung bezogen wird, die mich aber hauptsächlich um deswillen nicht binden kan, weilen selbige von dem hiesigen Consistorio, wenn sie anders gültig seyn wollen, niemahlen confirmiret worden;

Als ersuche Ew. Königl. Majest. ich in allertieffster Unterthänigkeit

1) dem allhiesigen Rathe, daß er mich in meinem jure quaesito ratione der zuernennenden Praefectorum Chori Musici ungekränckt erhalten, und darbey schützen solle, und

Johann Christian Bach

2) dem Consistorio alhier allergnädigst anzubefehlen, den Rector Ernesti zu einer Abbitte der mir angethanen Beschimpffung anzuhalten, auch sodann sonder Maßgebung dem Superintendenten, D. Deylingen aufzutragen, den ganzen coetum dahin anzumahnen, daß die sämtlichen Schul-Knaben mir den sonst gehörigen Respect und Obedienz erzeigen sollen. Diese allerhöchste Königl. Gnade erkenne mit unsterblicher Danck Begierde und beharre in allertiefster Submission

Leipzig — *Ew. Königl. Majestät*
den 18ten Octobris 1737. — *alleruntertbänigster*
allergehorsamster
Johann Sebastian Bach.[76]

b) Die späteren Leipziger Jahre (1736—1750)

Die Jahre 1736/37 waren die Halbzeit der Leipziger Periode Bachs; es waren zugleich seine konfliktreichsten Lebensjahre, was in den reichlich erhaltenen Dokumenten dieser Zeit deutlich zum Ausdruck kommt. Im Grundsätzlichen gab Bach nicht nach, setzte sich am Ende auch durch, wobei die Ernennung zum kurfürstlich-sächsischen Hofkomponisten (am 19. November 1736) ihm einen starken Rückhalt gab. Ein Konzert auf der Silbermann-Orgel in der Dresdener Frauenkirche war Bachs offizieller Dank; es heißt darüber im „Außerlesenen Kern Dreßdnischer Merkwürdigkeiten“:

„Den 1. Decembr. hat der berühmte Hoch-Fürstl. Sachsen-Weisenfelß. Capell-Meister und Director Musices zu Leipzig, Herr Johann Sebastian Bach, Nachmittags von 2. biß 4. Uhr sich in der Frauen-Kirchen auf der Neuen Orgel in Gegenwarth Sr. Excell. des Rußisch-Kayserl. Gesandten, Herrn Baron von Kayserlings, und vieler Procerum auch starcker Frequentz anderer Personen und Künstler, auf der neuen Orgel mit besonderer Admiration hören lassen, weswegen auch Ihro Königl. Majest. denselben wegen seiner großen Annehmlichkeit aufm Clavier, und besonderer Geschicklichkeit in Componiren, zu Dero Componisten allergnädigst ernennet.“[77]

Der Triumph war vollkommen, als Bach bei Hofe am 28. April 1738 bei Gelegenheit der Vermählung der Prinzessin Amalie mit Karl IV. von Sizilien eine „Abendmusik“ präsentieren durfte; es war diesmal ein Gottschedsches Libretto, *Willkommen, ihr herrschenden Götter der Erde,* wofür Bach (der sich wiederum gegen Görners Ansprüche durchsetzen mußte) fünfzig Taler erhielt. Die Komposition, die später von Mizler und Birnbaum wegen ihrer Einfachheit und Verständlichkeit besonderes Lob erhielt, ist nicht erhalten; man kann annehmen, daß einiges davon in andere Werke des Meisters eingeflossen ist. Denn was den (erhaltenen) Text betrifft[78], so ist er in seinem aufdringlichen Fürstenlob wenig erfreulich, und es ist gerade hieraus verständlich, daß Bach seine „weltlichen“ Kantaten möglichst bald einem allgemeineren, das heißt für seine Zeit religiösen Gebrauch zuführte.

Auch im Familienleben gab es bald Sorgen. Zwar war Wilhelm Friedemann versorgt — seinen desolaten Abstieg sollte der Vater nicht mehr erleben —, und Carl Philipp Emanuel hatte nach dem mißlungenen Versuch, in Naumburg als Organist anzukommen, und nach dem Studium der Rechtswissenschaften in Leipzig und Frankfurt (Oder) im Jahre 1734 eine ehrenvolle Anstellung als Cembalist bei dem preußischen Kronprin-

Inneres der Thomaskirche vor dem Umbau von 1885

zen Friedrich erhalten, wodurch er mit führenden modernen Meistern in Berührung kam und bald das Haupt der norddeutschen Musik werden sollte. Sorge bereitete dem Vater aber der dritte Sohn Johann Gottfried Bernhard, der nur kurze Zeit als Organist in Sangerhausen blieb, nachdem er die Mühlhäuser

Stelle bald verlassen hatte — beide hatte er durch Bachs eindringliche Fürsprache erhalten.[79] Im Frühjahr 1738 verließ dieser „ungeratene“ Sohn (wie ihn Bach selbst bezeichnete) Sangerhausen mit unbekanntem Ziel, aber mit Hinterlassung von erheblichen Schulden, die dem Vater präsentiert wurden. Ein Schreiben an den befreundeten Sangerhäuser Bürgermeister Klemm vom Mai 1738 zeigt die Sorge und beleidigte Liebe des Vaters.[80] Der Sohn tauchte dann als Inscribent der Juristischen Fakultät in Jena Anfang 1739 wieder auf, starb aber dort schon am 27. Mai desselben Jahres (am „hitzigen Fieber“).

Wir kennen keine Reaktion Bachs oder seiner Familie auf dieses Ereignis, wie ja auch sonst die erhaltenen Briefe höchst selten Gemütsbewegungen verraten. Wir können aber sicher sein, daß es in der Familie ebenso herzlich wie offen zuging und der Hausherr sich in seinen Äußerungen keinen Zwang antat. Von großer Bedeutung für Bachs persönliches Wohlergehen war die Aufnahme des Vetters Johann Elias Bach im Oktober 1737 in der Familie; dieser blieb einige Jahre als Hauslehrer und Privatsekretär Bachs, der ihn sehr geschätzt zu haben scheint. In seinen Briefen — etwa wenn er seine Schweinfurter Schwester um Wein für seinen lieben Vetter bittet[81] — vernehmen wir häufig sehr persönliche Töne und erhalten dabei einen Einblick in das innige Familienleben.

In den Jahren nach 1736 tritt die Kantatenproduktion auffällig zurück. 1736 war die Geburtstagskantate *Schleicht, spielende Wellen* (BWV 206) entstanden, die zu den schönsten weltlichen Kantaten gehört und merkwürdigerweise keine geistliche Parodie erhalten hat; vielleicht liegt das daran, daß Bach sie noch mehrmals zum Geburtstag des Kurfürsten (1740 und 1742) aufführte. Das umfangreiche Werk zeigt, trotz des Huldigungsballastes, einige wirklich poetische Gedanken, die uns das ganze Werk genießbar machen — mit modernisierenden Umdichtungen sollte man ohnehin vorsichtig sein. Weichsel, Elbe, Donau und Pleiße wetteifern im Gesang; die beiden deutschen Flüsse seien mit ihren Anfangsmelodien vorgestellt:

Einen prächtigen Gesang bieten die beiden das Werk wirkungsvoll umschließenden Chöre, wobei sich die Dreiachtel des Beginns zu munteren Zwölfachteln im Schlußgesang erweitern.

Das Jahr 1737 bringt eine *Huldigungskantate „Angenehmes Wiederau“* (BWV 30a) für Johann Christian von Hennicke, Gutsherrn auf Wiederau; die herrliche Musik hat Bach bald darauf fast vollständig in der Kantate *Freue dich, erlöste Schar* (BWV 30) verwendet. Es ist, ähnlich wie beim *Weihnachtsoratorium* und vielen anderen Parodiewerken, sonderbar, daß Bach die wortgezeugten Melodien an vielen Stellen so unpassend durch Henrici-Picander parodieren lassen konnte; zwei Beispiele dafür mögen genügen:

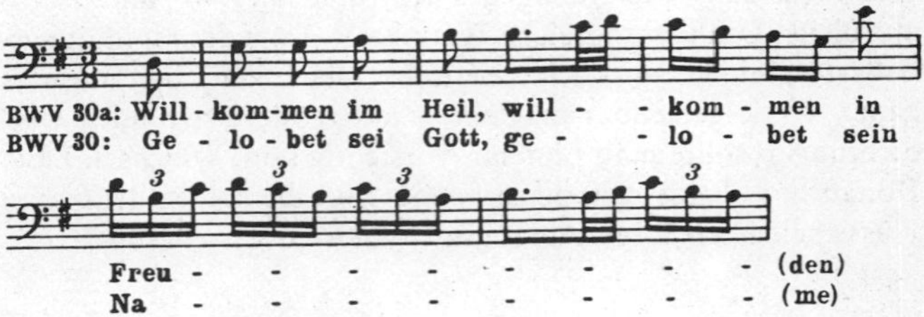

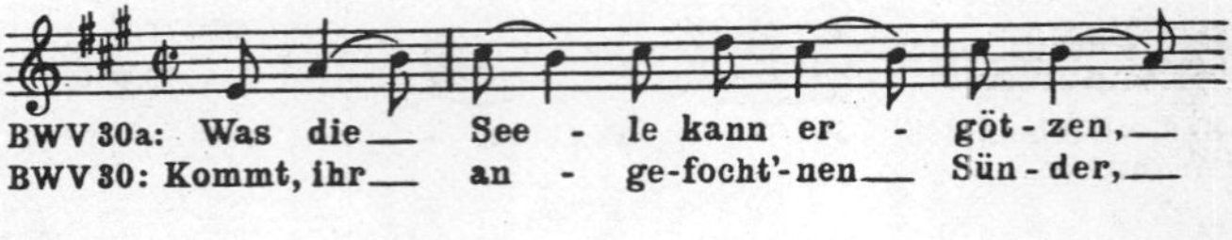

Kirchenkantaten hat Bach ab jetzt überhaupt nicht mehr geschrieben (soweit wir das noch feststellen können); das letzte derartige Werk war *Lobet Gott in seinen Reichen* (BWV 11) von Himmelfahrt 1735, das in enger Verbindung zum Agnus Dei der *h-Moll-Messe* steht. Für die Ratswechselkantate jedes Jahr (Ende August) hat Bach wahrscheinlich, je später, desto regelmäßiger, auf frühere Werke zurückgegriffen, da es kaum glaubhaft ist, daß sie alle verlorengegangen sein sollten (daß am 29. August 1741 eine verlorengegangene Kantate *Herrscher des Himmels, König der Ehre* aufgeführt wurde, ist nur schwach belegt[82]).

Bachs letzte uns überlieferte Kantate ist die *Bauernkantate „Mer hahn en neue Oberkeet“* (BWV 212) vom 30. August 1742, die eine Huldigung für Carl Heinrich von Dieskau in Kleinzschocher darstellt. Gewiß sollte man nicht daran Bachs ganze Kunst ermessen wollen; aber es erhellt auf entzückende Weise die Volksverbundenheit seines Schaffens. Bach nimmt mit diesem humorvollen, leicht verständlichen Werk von der Vokalmusik Abschied. Das ist keine „Huldigungs“-Kantate mehr, das ist, wie auch im Titel steht, eine „Cantate en burlesque“, die eine echte Volksszene malt und mit wenigen Instrumenten — zu den Streichern und Continuo treten nur Querflöte und Horn — auskommt. Henrici beginnt, um recht dem Volk „aufs Maul zu sehen“, in obersächsischem Dialekt, der allerdings bald vergessen wird.

Melodien wie die des ersten Duetts,

die alla Polacca klingende A-Dur-Arie,

die G-Dur-Arie des Basses (mit der Bach eine böhmische Weise übernommen hat)

oder der ausgelassene Schluß-Coro

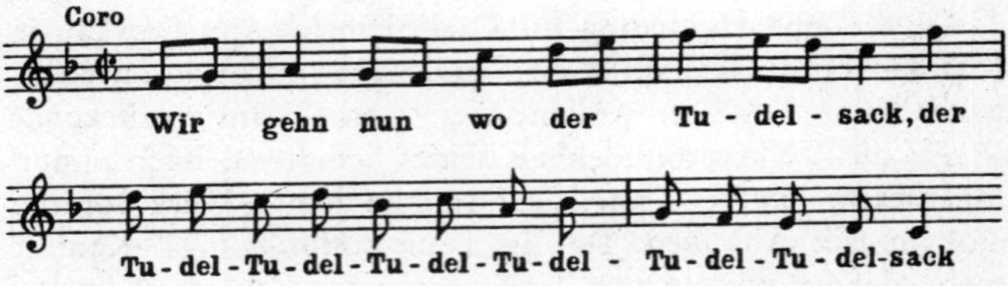

gehören durchaus in das Zentrum der Bachschen Musik, sind nichts Aufgesetztes, sondern eine wichtige, vielleicht die ursprünglichste Seite seines musikalischen Wesens, gerade wenn man an das Herkommen der Bachs denkt.

Die *Bauernkantate* gehört in das Vorfeld des deutschen Singspiels und ist zugleich ein köstliches Zeugnis des Bachschen Humors, den man über seinen gewichtigen Werken leicht vergißt.[83]

Wir sind mit der Betrachtung des letzten Bachschen Vokalwerkes den Geschehnissen etwas vorausgeeilt und müssen nochmals auf das Jahr 1737 zurückkommen, die Zeit, da Bach in den größten Ärgernissen wegen des Präfektenstreites steckte. Damals kam „Der Critische Musicus" von Johann Adolph Scheibe heraus, und zwar das „Sechste Stück", in dem, wenn auch ungenannt, auf Bach ein deutlicher Angriff gestartet wurde:

„Der Herr ** ist endlich in ** der Vornehmste unter den Musicanten. Er ist ein ausserordentlicher Künstler auf dem Clavier und auf der Orgel, und er hat zur Zeit nur einen angetroffen, mit welcherm er um den Vorzug streiten kan. Ich habe diesen

Autograph der Bauernkantate

grossen Mann unterschiedene mahl spielen hören. Man erstaunet bey seiner Fertigkeit, und man kan kaum begreifen, wie es möglich ist, daß er seine Finger und seine Füsse so sonderbahr und so behend in einander schrencken, ausdehnen, und damit

die weitesten Sprünge machen kan, ohne einen einzigen falschen Thon einzumischen oder durch eine so heftige Bewegung den Körper zu verstellen.
Dieser grosse Mann würde die Bewunderung gantzer Nationen seyn, wenn er mehr Annehmlichkeit hätte, und wenn er nicht seinen Stücken durch ein schwülstiges und verworrenes Wesen das Natürliche entzöge, und ihre Schönheit durch allzugrosse Kunst verdunkelte. Weil er nach seinen Fingern urtheilt, so sind seine Stücke überaus schwer zu spielen; denn er verlangt die Sänger und Instrumentalisten sollen durch ihre Kehle und Instrumente eben das machen, was er auf dem Claviere spielen kan. Dieses aber ist unmöglich. Alle Manieren, alle kleine Auszierungen, und alles, was man unter der Methode zu spielen verstehet, druckt er mit eigentlichen Noten aus; und das entziehet seinen Stücken nicht nur die Schönheit der Harmonie, sondern macht auch den Gesang durchaus unvernehmlich. Alle Stimmen sollen mit einander, und mit gleicher Schwierigkeit arbeiten, und man erkennet darunter keine Hauptstimme. Kurtz: Er ist in der Music dasjenige, was ehemahls der Herr von Lohenstein in der Poesie war. Die Schwülstigkeit hat beyde von dem natürlichen auf das künstliche, und von dem erhabenen auf das Dunkle geführet; und man bewundert an beyden die beschwerliche Arbeit und eine ausnehmende Mühe, die doch vergebens angewendet ist, weil sie wider die Natur streitet."[84]
Diese Charakterisierung der Bachschen Musik durch einen maßgebenden Musiker und Musikkritiker, der aus Leipzig stammte, sich 1729 ohne Erfolg um das Organistenamt an der Thomaskirche beworben hatte und seit 1735 in Hamburg wirkte, erregte bedeutendes Aufsehen und kam natürlich auch bald Bach selbst zu Ohren. Wir kennen keine Äußerung von ihm darüber; gleichgültig wird ihm die Angelegenheit nicht gewesen sein, zumal er gerade in diesen späten Jahren in manchen Werken eine besondere Einfachheit walten ließ. Bach fand aber bald einen rührigen Anwalt in seiner Sache in dem Dozenten für Rhetorik an der Leipziger Universität, Johann Abraham Birnbaum, der ihn energisch in zwei größeren Schriften gegen Scheibes Angriffe verteidigte. Die ganze Polemik liest sich amüsant, obwohl manches recht weitschweifig ist.[85] Auch Scheibe, (der übrigens erst 1745 gestand, daß die Bemerkungen von ihm selbst stammten, nicht etwa, wie er einst behauptet

hatte, ihm zur Veröffentlichung zugeschickt worden seien) mußte darauf reagieren, was er nicht allzu geschickt tat. Viele Freunde und Schüler Bachs sprangen für ihn in die Bresche, insbesondere Lorenz Mizler, Johann Ludwig Krebs und Christoph Gottlieb Schröter; es war nach außen und von den Argumenten her ein Sieg der Bachschen Sache. Andererseits war im Sinne der populären Bestrebungen der Aufklärung Scheibes Eintreten für die liedmäßig geformte Musik eines Hasse, Graun und Telemann durchaus verständlich; diese wurde ja auch sowohl in breiten Kreisen des Publikums wie von den führenden Aufklärungsästhetikern als die neue Sprache der Tonkunst anerkannt, ganz deutlich Mitte des Jahrhunderts vor allem von Jean-Jacques Rousseau. Diese Seite der Aufklärung war Bach, wie wir gerade sahen, durchaus nicht fremd; aber gerade seine große Kantatenkunst mußte durch ihre festliche Bindung, durch ihre komplizierten Formtraditionen und die intensive bildhafte musikalische Gestaltung einer schematisch angewandten rationalistischen Ästhetik, wie sie Scheibe vertrat, ein Dorn im Auge sein.

Die ganze Problematik der Bachschen Wirksamkeit zu seiner Zeit und in ihrer unmittelbaren Nachfolge bricht hier auf; sie wird uns noch weiter beschäftigen, denn es ist die Problematik der Epoche. Seit Mitte der dreißiger Jahre, seit dem Präfektenstreit, seit der Erledigung der lästigen Kantatenverpflichtungen, hatte sich Bach immer stärker von der unmittelbaren Kantorentätigkeit zurückgezogen. 1740 wurde ein besonderer Lehrer für Theorie an der Thomasschule angestellt; die drei (zeitweilig vier) Chorpräfekten nahmen Bach weitgehend die Proben ab. Bach reiste oft, nahm Orgeln ab und trat als Orgelvirtuose auf, war insbesondere häufig in Dresden als Hofkomponist. Das häusliche Musizieren — Johann Elias berichtet von einem Besuch Wilhelm Friedemanns vom Jahre 1739, der mit mehreren renommierten Dresdner Musikanten kam —, vor allem der Verkehr mit musikalischen Freunden, verstärkte sich. In den vierziger Jahren bemühten sich viele, Schüler Bachs zu werden, und der Thomaskantor stellte seinen Zöglingen Zeugnisse für auswärtige Organisten- und Kantorenstellen aus. Wir besitzen solche Empfehlungsschreiben für Johann Christoph Altnikol (der 1749 Bachs Schwiegersohn wurde), für Johann Christoph Dorn, für Bernhard Dieterich Ludewig und viele andere[86], die Bachs Unterricht als Alumnen oder in späteren

Jahren genossen. Eine weitere wichtige Aufgabe war die musikalische Unterweisung seiner Kinder, wobei ihm nun die drei jüngeren Söhne Gottfried Heinrich (geb. 1724), Johann Christoph Friedrich (geb. 1732) und Johann Christian (geb. 1735) vor allem am Herzen liegen mußten. Der Vetter Johann Elias blieb insbesondere ihretwegen da und zögerte seinen Weggang aus Dankbarkeit und Verantwortungsbewußtsein immer wieder hinaus. Die beiden jüngeren wurden dann auch berühmte Musiker („Bückeburger" und „Londoner" Bach). Rührend kümmerte sich Johann Elias um die „Muhme" Anna Magdalena, beispielsweise auch beim Beschaffen ihrer geliebten Blumen[87], für das Familienoberhaupt besorgte er aus der Heimat manches Faß Wein. Das durfte aber nie zu teuer sein, denn Bach mußte seine Groschen zusammenhalten, so daß er schließlich (1748) den Getreuen bat, nichts mehr zu schicken, da die Ausgaben für solch eine Sendung zu hoch seien; andererseits verlangte er von ihm Bezahlung für eine „Preußische Fuge" (wohl aus dem *Musikalischen Opfer)*, die sich dieser erbeten hatte.[88] Da kannte Bach keine Sentimentalitäten!
Im letzten Lebensjahrzehnt hat Bach (abgesehen von der *Bauernkantate*) nur noch Instrumentalsachen geschrieben bzw. geordnet und herausgegeben; das war eine Beschränkung, um eine letzte Freiheit des Schaffens zu erreichen. Folgende großen Werke bzw. Werkkomplexe entstanden:
1739: Dritter Teil der *Clavierübung* (BWV 552, 669—689, 802—805)
1742: *Goldberg-Variationen* (Vierter Teil der Clavierübung) (BWV 988)
1744: *Wohltemperiertes Klavier, Teil II* (BWV 870—893)
um 1746: *Sechs Choräle von verschiedener Art (Schüblersche Choräle)* (BWV 645—650)
1746/47: *Einige kanonische Veränderungen über „Vom Himmel hoch"* (Orgel) (BWV 769)
1747: *Musikalisches Opfer* (BWV 1079)
1746 bis 1750: *Siebzehn Choräle von verschiedener Art* (BWV 651—667)
1749/50: *Die Kunst der Fuge* (BWV 1080)
Nach den gewaltigen Leistungen auf dem Gebiete der Kantate Mitte der zwanziger Jahre, die unter mannigfaltigen Schwierigkeiten zustande gekommen waren, erscheint das gewiß, jedenfalls quantitativ, als ein Rückgang; aber was jetzt entsteht, ist

aus größter geistiger Konzentration geboren und ist das Letztgültige, was dem Meister zu sagen möglich war. Zudem sind die beiden umfangreichsten Sammelwerke dieser Liste, das *Wohltemperierte Klavier II* und die *Choralbearbeitungen* zum Teil schon Jahre vorher entstanden, sind Zusammenstellungen und Endbearbeitungen, wobei zu einzelnen der letzten Choralbearbeitungen mehrere Vorfassungen vorliegen. Demgegenüber sind die *Goldberg-Variationen* und das *Musikalische Opfer* ihrem Ursprung nach Gelegenheitswerke, die allerdings weit darüber hinauswachsen.

Am interessantesten und seltsamsten ist die Zusammenstellung des Werkes von 1739: *Dritter Teil der Clavier Übung bestehend in verschiedenen Vorspielen über die Catechismus — und andere Gesänge, vor die Orgel: Denen Liebhabern, und besonders denen Kennern von dergleichen Arbeit, zur Gemüths Ergezung verfertiget von ...* [89] Das Großartigste, was in dieser Sammlung steht, ist zweifellos das Es-Dur-Präludium, das den Eingang, und die Es-Dur-Fuge, die den Abschluß bildet; mit Recht sind diese beiden Werke immer im Zusammenhange gesehen und gespielt worden. Schon der festliche Beginn mit seinen klaren Viertaktgruppen ist weit mehr als eine Französische Ouvertüre:

Praeludium

Bach vermag hier, aus grandioser Rückschau, gleichsam die klassische Gestalt des Präludiums in festlich-heroischer Prägnanz zu entwerfen. Die machtvolle Architektonik dieser breit angelegten Rondoform weist ganz auf die späte Klassik, wobei das wörtliche Dacapo des einleitenden Hauptsatzes bemerkenswert ist. Die Fuge exponiert und kombiniert drei Themen (im 8/2-, im 6/4- und im 12/8-Takt), das erste von choralmäßigem Duktus, das zweite in ruhiger Bewegung, das dritte tänzerisch aufgelockert.

Fuga

Die Gliederung dieser drei Themen und ihre Verknüpfung miteinander gehören zu den Meisterleistungen Bachs; dieser gedrungene und zugleich sich frei entfaltende fünfstimmige Satz ist ein Preislied auf die Kräfte des Lebens, auf die Verpflichtung großer Kunst. Das Präludium/Fuge-Paar, das Bach dann noch im Jahre 1744 schrieb, ist ein heiterer, kraftvoller Abschied von der großen Orgelform, wobei er den frühen wagemutigen Moll-Schöpfungen eindeutig das C-Dur letzter Weisheit und Klarheit entgegenstellt. Diese 160 Takte gehören jedenfalls zu Bachs reifsten Werken überhaupt und zeigen noch einmal im letzten Lebensjahrzehnt, wie diesseits-bejahend gerade seine große Orgelkunst war.

Im *Teil III der Clavierübung* stehen noch weitere einundzwanzig Orgelstücke, die (gemeinsam mit dem einrahmenden großen Orgelwerk) eine „Orgelmesse" bilden, da sie, in größerer und kleinerer Form nebeneinander, Orgelbearbeitungen von liturgischen Gesängen rein instrumental bieten; die kleinere Form ist jeweils auch für Clavichord oder Cembalo gedacht. So erscheint zuerst „Kyrie, Gott Vater in Ewigkeit" auf zwei Klavieren mit Pedal; es folgt „Christe, aller Welt Trost" in derselben Besetzung, aber mit dem Cantus firmus im Tenor, während „Kyrie, Gott Vater Geist" sich in machtvoller Fünfstimmigkeit äußert (Cantus firmus im Baß). Darauf erklingen dieselben Melodien (natürlich wiederum in variierter instrumentaler Bearbeitung) etwa um die Hälfte verkürzt rein manualiter, also für Cembalo ohne weiteres spielbar, aber in ganz anderer kompositorischer Fassung. Großartige satztechnische und emotionale Höhepunkte bietet der Cantus-firmus-Kanon „Vater unser im Himmelreich", der eine weit kürzere, in ständiger Sechzehntelbewegung verlaufende stille Variante folgt; ihr entspricht die eigenartig verflochtene fis-Moll-Fassung von „Aus tiefer Not schrei ich zu dir", die ein feines Gegenbild zu der vorangegangenen strengen sechsstimmigen, phrygisch getönten Fuge über das gleiche Thema darstellt. Nach einer überraschend konzertanten Umspielung des Chorals „Jesus Christus, unser Heiland“ wird dieser zum Schluß in einer strengen vierstimmigen Fuge manualiter durchgeführt, eines der erstaunlichsten, weil ebenso kunstvoll durchkomponierten wie ausdrucksstarken Stücke Bachs. Und es versteht sich, daß ganz am Schluß die verbreitete Choralmelodie krönend den Sieg erringt, sechs Takte hindurch, denen dann aber ein ebenso langer Orgelpunkt auf dem Grundton f korrespondiert.

Gleichsam um den Titel *Clavierübung* auch bei diesem, ganz anders strukturierten Teil zu rechtfertigen, hat Bach diesem Bestand noch vier „Duette“ beigefügt, die in strengem zweistimmigem Satz deutlich als Klavierwerke erkennbar sind. Von krauser Motivik über freundliche Melodik und tänzerische Gestik gelangen diese Stücke zu einer ausgedehnten a-Moll-Fuge, was beweist, welche Variabilität an Kunstfertigkeit der Meister auch in diesem engen Rahmen zu bieten vermag. Das ganze Opus ist somit die Mannigfaltigkeit selbst und, weit über bloß liturgische Zwecke hinaus, ein echter Musizierband erstaunlichen Formenreichtums.

Die als vierter Teil der *Clavierübung* herausgegebenen *Goldberg-Variationen (Aria mit 30 Variationen,* BWV 988) sind das würdige Schlußstück dieser von Bach als Zentralopus angelegten Werkreihe. Hermann Carl von Keyserlingk hatte das Werk in Auftrag gegeben, um, wie es heißt, dadurch Linderung von der ihn quälenden Schlaflosigkeit zu erhalten. Der russische Gesandte am Dresdener Hof und große Musikliebhaber hatte Ende des Jahres 1736 Bach das Dekret über seine Ernennung zum Hofkomponisten ausgehändigt, war also seit Jahren mit ihm bekannt. Nach der Rückkehr von einer längeren Reise nach Berlin im Jahre 1741 besuchte Bach auch Dresden wieder, und es wurde vereinbart, daß Johann Theophil Goldberg, Bachs Schüler und beim Grafen als Cembalist in Diensten, ihm dieses geplante Werk vorspielen sollte; daher der Name. Das Werk scheint auch seine Wirkung getan zu haben, denn Bach erhielt vom Grafen einen goldenen Becher mit hundert Louisdor.[90]

Es gibt nur ein Variationswerk für Klavier, das hinsichtlich der Größe der Konzeption mit den *Goldberg-Variationen* verglichen werden kann, das sind Beethovens Diabelli-Variationen, auch ein typisches Gelegenheitswerk, das zudem von Bach inspiriert wurde. Dreißigmal verändert Bach das zweiunddreißig-taktige Thema (mit Wiederholung sind es vierundsechzig Takte), das schon im zweiten *Notenbüchlein für Anna Magdalena* (1725) als „Aria“ stand, Jede dritte Variation ist eine Kanonform, vom Kanon im Unisono bis zum Kanon in der None

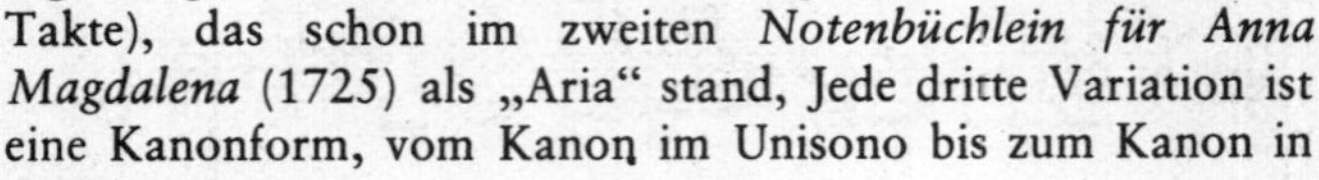

erweitert; dazwischen stehen abwechselnd je eine inventionsmäßige und eine etüdenhaft-virtuose Variation, immer genau dem Thema (oder eigentlich dem Baß, insofern dem Typ der Chaconne angenähert) entsprechend, nie seinem milden harmonischen, metrischen und taktmäßigen Zwang sich entziehend. Da gibt es virtuoses Überschlagen der Hände (in der 5. Variation), ein reizvoll sich wiegendes Siciliano (Nr. 7), eine echte „Fughetta“ mit strengem Fugenkopf, tolle Läufe und Triller (Nr. 23 und Nr. 28), vor allem tiefsinnige lyrische Intermezzi unvergeßlichen Ausdrucks wie das f-Moll-Andante Nr. 15 (als Kanon in der Quinte in Gegenbewegung!) oder gar die 25. Variation, ebenfalls in g-Moll, ein Adagio von seltener Erlebnistiefe, das von wirbelnder Virtuosität abgelöst wird. Am Schluß, vor der wörtlichen Wiederkehr des Themas, steht ein „Quodlibet“, in dem Bach, natürlich auf dem Baß des Themas, zwei Volkslieder in kunstvoll enggeführtem Kanon koppelt: „Ich bin so lang nicht bei dir gewest“ und „Kraut und Rüben haben mich vertrieben“.

Quodlibet

Zweifellos herrliche Beispiele Bachschen Humors, mit gewisser Selbstironie auf das lange, fast einstündige Werk. zugleich ein Beispiel für die klassische Verbindung von Volkstümlichkeit und Kunstfertigkeit. Die Verbindung zur etwa gleichzeitig entstandenen *Bauernkantate* ist deutlich genug.
Ganz im Gegensatz zu diesem in wahrscheinlich recht kurzer Zeit geschaffenen Werk (für dessen Entstehung aber auch die Zeit bis 1745 in Frage kommt) ist der zweite Teil des *Wohltemperierten Klaviers* ein Sammelwerk, dessen einzelne Nummern zeitlich weit auseinanderliegen, die aber im Jahre 1744 ihre

endgültige Fassung bzw. ihre Vereinigung gefunden haben. Man merkt manchen Stücken an, daß sie einer ziemlich frühen Schaffensperiode angehören, etwa die Fuge in e-Moll und die in a-Moll mit ihrer krausen, wenig ausgeglichenen Linienführung. Manche andere Stücke besitzen frühe Vorformen, haben aber hier ihre vollendete, klassische Gestalt erhalten, was gleich für das erste Präludium zutrifft.

Es ist sehr reizvoll, die Stücke derselben Tonart mit denen im ersten Teil zu vergleichen; im allgemeinen zeigen sie eine technisch-handwerklich noch gewachsene Meisterschaft, in der melodischen Prägnanz und stimmungsmäßigen Dichte vielleicht eine gewisse Zurückhaltung, in der geistigen Durchdringung aber eine Schärfe und Überzeugungskraft, die diesen Teil insgesamt als den noch ausgereifteren erkennen lassen. Herausragende Stücke sind die eigenartig erregte cis-Moll-Fuge,

das stolze D-Dur-Paar,

die einem fein gewobenen Präludium folgende, heroische Es-Dur-Fuge,

der wundersame Gegenklang der E-Dur-Stücke,

der heiter spielerische Fluß der f-Moll-Fuge,

ganz besonders das b-Moll-Paar kurz vor Schluß,

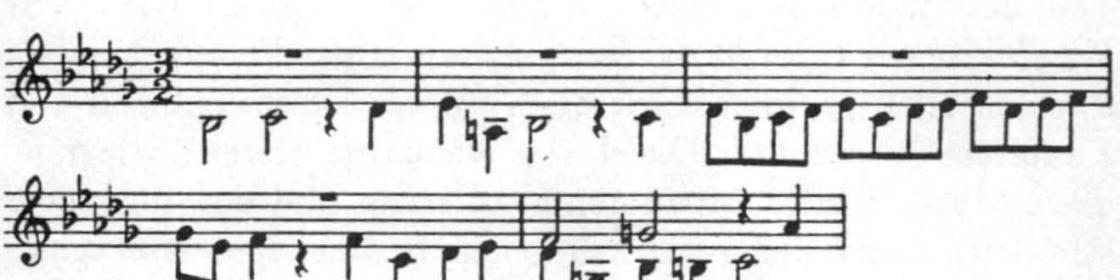

das in der Logik, Konstruktivität und Architektonik nicht seinesgleichen kennt und, bei aller formalen Vollendung, eben auch ein Meisterwerk philosophischen Denkens – freilich eines Denkens in Tönen – darstellt. Mögen die kurzen Epitheta, die hier den zitierten Stücken gegeben wurden, als unzureichend empfunden werden – sie können und wollen nur Hinweise

sein, in die eigene Sprache und Logik der Musik, die sich hier ebenso elementar wie aufs feinste organisiert uns mitteilen, engagiert einzudringen.
Das *Wohltemperierte Klavier I* ist bekannter, man kann fast sagen volkstümlicher als das Sammelwerk von 1744. Die meisten Nummern der späteren Sammlung sind etwas kühler, in sich versponnener, komplizierter, dennoch keineswegs schwer verständlich. Es gibt herrliche melodische Gedanken und zarte lyrische Gebilde von unmittelbarer Wirkungskraft, und auch die sich erst bei mehrmaligem Hören ganz erschließenden Stücke überzeugen durch plastische, instrumentengerechte Erfindungskraft und reiche Innenarchitektur. Die Komplexität des musikalischen Weltbildes ist hier noch erstaunlicher als beim früheren Werk, wenn auch dessen planvolle Einheitlichkeit fehlt. Bach hat dieser Sammlung keinen Titel gegeben, aber es kann kein Zweifel bestehen, daß er sie als ein Pendant zum ersten Teil verstanden wissen wollte.
Es lag ihm in seinen späteren Lebensjahren offenbar am Herzen, auch der Orgel seine letzten großen Konzeptionen und Gedanken anzuvertrauen, wie er es beim Klavier getan hatte. Der dritte Teil der *Clavierübung* wies schon darauf hin; vor allem Es-Dur-Präludium und Fuge hatten eine deutliche Sprache gesprochen. Außer dem späten, bereits kurz besprochenen C-Dur-Paar, das noch einmal als Einzelwerk den großen Orgelvirtuosen Bach ausweist, gab er für sein geliebtes Instrument ein Variationswerk und ein Sammel-Opus heraus, wie er es für das Klavier mit den *Goldberg-Variationen* und dem zweiten Teil des *Wohltemperierten Klaviers* getan hatte. Die sechs *Schüblerschen Choräle* fallen stilistisch etwas heraus; sind sie doch in allen Nummern ziemlich genaue Übertragungen von Kantatensätzen auf die Orgel, was wiederum beweist, wie nahe diese Musik seinem Instrumentalstil stand und daß ihm seine schönsten Gedanken auf der Orgel am besten beheimatet schienen. Insofern sind diese „Parodien" ein besonders typisches Bachsches Vermächtnis; die Drucklegung war wohl sein individueller Wunsch. Das hier zu nennende Variationswerk *Vom Himmel hoch, da komm' ich her* (BWV 769) ist dagegen ein echtes „Gelegenheitswerk". Man kann und muß diese beiden Möglichkeiten deutlich unterscheiden, und dennoch sind sie, was den Schöpfungsprozeß, die Ernsthaftigkeit des Herangehens betrifft, nicht grundsätzlich voneinander verschieden.

Johann Sebastian Bach (Gemälde von E. G. Haußmann, 1747)

Bach schrieb das wahrhaft meisterliche Werk anläßlich der Aufnahme in die „Societät der musicalischen Wissenschaften", die sein Schüler Lorenz Mizler im Jahre 1728 gegründet hatte.[91] Mizler, mehrfacher Doktor (Musik, Mathematik, Philosophie und Medizin), war einer der gelehrtesten Männer der Zeit. Bach, der an der Musik als Wissenschaft äußerst interessiert war, zögerte dennoch, dieser Gesellschaft beizutreten (die insgesamt nur zwanzig Komponisten aufnahm, unter anderen Händel, Telemann, als letzten: Leopold Mozart). Zunächst widmete er der Societät einen *Rätselkanon* (BWV 1076) — es ist derjenige, der auf dem (sehr umstrittenen) Bach-Gemälde von Elias Gottlieb Haußmann auf dem Notenblatt zu sehen ist. Die *canonischen Veränderungen* selbst gehören zu Bachs kunstvollsten Werken. In den fünf Variationen, die alle Möglichkeiten des Fugatos, des Kanons, der Augmentation und der Themenspiegelung in sich fassen, fällt die Klarheit der Formgebung und die Allgegenwart des volkstümlichen Luther-Themas auf; diese Künste kommen dem unbefangenen Hörer allerdings nicht zum Bewußtsein, und der Kenner freut sich um so mehr. Bachs später, aber wohlüberlegter Entschluß, der Societät beizutreten, die ebenso kunstvolle und symbolstarke wie elementare Lösung der ihm dabei gestellten Aufgabe lassen erkennen, daß es ihm, der beide Werke durch Bild und Druck verbreitete, hier um eine Manifestation ging.[92]

Das eigentliche große Sammelwerk für die Orgel, dem *Wohltemperierten Klavier II* entsprechend, sind die *Siebzehn Choräle „von verschiedener Art"*, die um 1747 bis 1749 ihre endgültige Fassung erhielten (BWV 651—667). Das ist eine Sammlung von Choralvorspielen, Choralfantasien und Orgelchorälen, die Bachs letzte Weisheit auf diesem ihm seit frühester Schaffenszeit so vertrauten Gebiete darstellen. Man kann gut erkennen, welche Choräle ihm besonders nahestanden; denn die meisten von ihnen hat er in dieser Sammlung gleich mehrmals komponiert, so daß es eigentlich nur elf verschiedene sind. Stücke wie „Nun komm' der Heiden Heiland" (mit älteren Varianten siebenmal komponiert!), „Allein Gott in der Höh' sei Ehr'", „Jesus Christus, unser Heiland" sind deshalb von besonderer Tiefe des Gefühls und überzeugender Architektonik; weit über jede liturgische und konfessionelle Funktion hinausgehend, künden diese — gegenüber dem Weimarer *Orgelbüchlein* weit ausgesponneneren — Stücke von der Vollendung einer jahrhundertelangen Tradition, für die Brahms' und Regers einschlägige Werke nur einen schönen Nachklang darstellen konnten.

Den hier oft angefügten, aber der Sammlung nicht zugehörigen Choral „Vor deinen Thron tret' ich" (BWV 668) soll Bach kurz vor seinem Tode seinem Schwiegersohn Altnikol diktiert haben, eine lichte Komposition von abgeklärter, reiner Schönheit.[93]

Das *Musikalische Opfer* (BWV 1079) hängt unmittelbar mit Bachs Lebensgeschichte zusammen, ist ein Gelegenheitswerk höchster Qualität. Wahrscheinlich auf Einladung des preußischen Königs Friedrich II. weilte Bach am 7. und 8. Mai 1747 in Potsdam; Wilhelm Friedemann, der seit 1746 Organist an der Marktkirche in Halle war, begleitete ihn. Bach wiederholte damit seine Berliner Reise vom Jahre 1741, als er seinen Sohn Carl Philipp Emanuel zum ersten Male besucht hatte; inzwischen hatte dieser geheiratet, auch Kinder hatten sich schon eingestellt. So kam Bach wahrscheinlich von einem Familientreffen in Berlin am Sonntag, dem 7. Mai, nach Potsdam; das abendliche Konzert im Schloß wurde abgebrochen, und der Meister wurde vom König aufgefordert, die dort vorhandenen neuen Silbermannschen Hammerklaviere zu erproben. Er ließ sich bei dieser Gelegenheit vom König ein Thema geben, das er in fugierter Form entwickelte. Am Nachmittag des folgenden Tages gab Bach in der Garnisonkirche ein Orgelkonzert, und am Abend war er wieder im Schloß, wo er eine sechsstimmige Fuge improvisiert haben soll.

Das Schloß zu Potsdam

Musicalisches

Opfer

Sr. Königlichen Majestät in Preußen ꝛc.

allerunterthänigst gewidmet

von

Johann Sebastian Bach.

Wie der Verlauf auch im einzelnen gewesen sein mag — wir wissen über diesen Besuch von Carl Philipp Emanuel, der seine Erinnerung an Forkel weitergegeben hat[94] —, auf jeden Fall hatte das „königliche“ Thema Bach angeregt, sich weiter mit ihm zu beschäftigen. So arbeitete er unmittelbar nach seiner Rückkehr aus Berlin ein umfangreiches Werk aus, das er dem König am 7. Juli desselben Jahres mit folgendem Begleitschreiben übersandte:

Allergnädigster König,

Ew. Majestät weyhe hiermit in tiefster Unterthänigkeit ein Musicalisches Opfer, dessen edelster Theil von Deroselben hoher Hand selbst herrühret. Mit einem ehrfurchtsvollen Vergnügen erinnere ich mich annoch der ganz besondern Königlichen Gnade, da vor einiger Zeit, bey meiner Anwesenheit in Potsdam, Ew. Majestät selbst, ein Thema zu einer Fuge auf dem Clavier mir vorzuspielen geruheten, und zugleich allergnädigst auferlegten, solches alsobald in Deroselben höchsten Gegenwart auszuführen. Ew. Majestät Befehl zu gehorsamen, war meine unterthänigste Schuldigkeit. Ich bemerkte aber gar bald, daß wegen Mangels nöthiger Vorbereitung, die Ausführung nicht also gerathen wollte, als es ein so treffliches Thema erforderte. Ich fassete demnach den Entschluß, und machte mich sogleich anheischig, dieses recht

Königliche Thema vollkommener auszuarbeiten, und sodann der Welt bekannt zu machen. Dieser Vorsatz ist nunmehro nach Vermögen bewerkstelliget worden, und er hat keine andere als nur diese untadelhafte Absicht, den Ruhm eines Monarchen, ob gleich nur in einem kleinen Puncte, zu verherrlichen, dessen Größe und Stärke, gleich wie in allen Kriegs- und Friedens-Wissenschaften, also auch besonders in der Musik, jedermann bewundern und verehren muß. Ich erkühne mich dieses unterthänigste Bitten hinzuzufügen: Ew. Majestät geruhen gegenwärthige wenige Arbeit mit einer gnedigen Aufnahme zu würdigen, und Deroselben allerhöchste Königliche Gnade noch fernerweit zu gönnen

Leipzig, *Ew. Majestät*
den 7. Julii 1747 *alleruntherthänigst gehorsamsten Knechte*
dem Verfasser.[95]

Dieses in erstaunlich kurzer Zeit fertiggestellte Werk, heute als *Musikalisches Opfer* bezeichnet, beruht ausschließlich auf dem vorgegebenen Thema,

einem strengen, etwas archaisierenden, inhaltsreichen und durchaus nicht friederizianischen Gedanken, so daß man im Zweifel sein kann, ob der Meister das ihm gestellte Thema nicht nachträglich „bachisiert" hat. Denn die umfangreiche, für den „galanten" Stil der Zeit nicht unbedeutende, aber recht einseitig auf die Flöte konzentrierte Musikproduktion des Königs hat solch einen Gedanken sonst nirgends aufzuweisen; sie war wesentlich dem Stil seines Kapellmeisters Carl Heinrich Graun und seines Flötenlehrers Johann Joachim Quantz verhaftet. Übrigens ist bekannt, daß Bach des Königs Musikambitionen nicht allzu hoch schätzte; seine kriegerischen Taten werden ihm von der Leipziger Besetzung durch die preußischen Truppen vom Ende des Jahres 1745 sowieso nicht in bester

Sechsstimmiges Ricercar aus dem Musikalischen Opfer

Erinnerung gewesen sein, wie devot auch hier wieder die Widmung des Werkes ausgefallen ist.
Das ausgearbeitete Werk — die Interpretation dauert etwa fünfzig Minuten — besteht aus dreizehn Nummern. Einem dreistimmigen „Ricercar“, einer frühen Form der Fugenkomposition, die sich als „Suchstück“ durch besonders

kunstvolle und ausgebreitete Durchführung eines Instrumentalthemas auszeichnet, folgen sechs Bearbeitungen über das „Thema Regium" in höchst komplizierter kanonischer Technik; einer „Fuga canonica in Epidiapente" (d. h. in anderthalb Oktaven Abstand) schließt sich ein zweites Ricercar an, diesmal zu sechs verschiedenen Stimmen gesteigert, ein grandioses Stück, das oft am Schluß des ganzen Werkes, als Pendant zum Beginn, gespielt wird. Zwei komplizierte Kanons zu zwei bzw. zu vier Stimmen folgen; der erste davon trägt die Bemerkung *Quaerendo invenietis. Canon, contrarium stricte reversum (Suchet, so werdet ihr finden. Kanon, Gegensatz genau in der Umkehrung).* Auch das Schlußstück der Sammlung ist ein Kanon, diesmal „perpetuum" benannt, da die oberen zwei der insgesamt drei Stimmen in einem fortwährenden Kanon in Gegenbewegung musizieren, während der Baß eine (sich an die Fuga canonica anschließende) kräftige Basso-continuo-Funktion dagegensetzt. Davor hat aber Bach, vielleicht als höfliche Geste gegenüber dem königlichen Flötenspieler, eine viersätzige Triosonate in der Besetzung Flöte, Violine und Basso-continuo gestellt, in der Folge Largo-Allegro-Andante-Allegro eines der schönsten Kammermusikwerke Bachs, vielleicht die Krönung dieses Zweiges seines Lebenswerkes. Während der Kopfsatz innige kolorierte Linien zieht,

zeigt das Allegro reiche, verspielte Geschäftigkeit; unversehens erscheint im Baß das Thema Regium, erst in g-Moll, dann

im originalen c-Moll, im Mittelsatz übernehmen es in dieser Fassung auch je einmal die oberen Stimmen. Das Andante ist ein echt „empfindsamer" Satz; es könnte in seinen zarten Seufzern von Carl Philipp Emanuel stammen, der als Hauptvertreter des „empfindsamen Stils" gilt, welcher mit dem literarischen Sturm und Drang korrespondiert.

Das Schluß-Allegro bringt gleich zu Beginn eine unverhohlene Variante des Hauptthemas, das hier eine

gültige konzertante Auflockerung erhält; seine Originalform wird in diesem modernen, stark chromatisch bestimmten Satz gleichsam hinweggespielt. Die eigenartige Stellung dieses Werkes zwischen alter kontrapunktischer Verpflichtung, Neuerertum und gesellschaftlichem Anlaß verleiht ihm einen besonderen Reiz und einen wichtigen Platz in der Musikgeschichte.
In engem Zusammenhang mit dem *Musikalischen Opfer* muß das letzte Opus gesehen werden, an dem Bach bis zu seinem Tode arbeitete, die *Kunst der Fuge*. Das Thema ist sozusagen eine Kurzfassung des Thema Regium, für eine ausgebreitete kontrapunktierende Verarbeitung noch weit geeigneter.

Vierzehn Fugen (vier davon mit Umkehrung bzw. einer Variante) sowie vier als „*Canon*“ bezeichnete Stücke sind das Ergebnis einer ungeheuren gedanklichen Arbeit. Als neunzehntes Stück steht eine fünfzehnte Fuge „*a tre soggetti ed a 4 voci*“, also mit drei verschiedenen Themen, von denen nur das erste an das Generalthema anschließt, während

das zweite eine frei sequenzierende Achtelmotivik bringt, das dritte die vier Noten BACH

intoniert. Leider ist dieses Stück nicht ganz zu Ende geschrieben; es ist anzunehmen, daß hier noch eine krönende Steigerung erfolgt wäre. Aber auch das uns Vorliegende ist eines der größten Meisterwerke der Tonkunst und hat schon im 18. Jahrhundert reiches Interesse gefunden. Während vieles andere, das meiste von Bachs Lebenswerk, etwa hundert Jahre hindurch unbekannt blieb, hat dieses Lehrwerk — das zweifellos für Klavier gedacht war und keinerlei Instrumentierung nötig hat — unmittelbar weitergewirkt und den Namen Bachs als Meister des Kontrapunkts ins 19. Jahrhundert getragen. Wir verehren dieses Opus ultimum als bemerkenswertes Zeugnis der Vereinigung von Musik als Ars und Scientia, als Kunst und Wissenschaft, um deren Synthese sich Bach im Sinne der aufklärerischen Gedanken seiner Zeit gerade im letzten Lebensjahrzehnt in wachsendem Maße bemüht hatte.
Auf solcher Höhenlage, in solch tiefschürfender Arbeit stehend, wurde Bach noch im letzten Lebensjahrzehnt durch unerfreuliche Dinge erregt und verärgert. Noch einmal sah er sich in einen Streit um seine Musik, überhaupt um den Wert und die Würde der Musik, hineingezogen. Während sein eigener Vorgesetzter Ernesti allmählich still geworden war — es muß in den letzten Jahren ein unerquickliches Nebeneinanderleben gewesen sein —, erhob nun der Rektor des Freiberger Gymnasiums Johann Gottlieb Biedermann Anklage gegen die Musik, behauptend, sie übe schlechten Einfluß auf den Charakter aus, sei zumindest in der Schule nicht zu gebrauchen. Den Anlaß dazu hatte die Aufführung eines Singspiels des Freiberger Kantors, eines Bach-Schülers, Johann Friedrich Doles (der 1756 Thomaskantor wurde) gegeben; der Rektor hatte dagegen in einem Schulprogramm heftige Attacken geritten. Bach bekam ein Exemplar davon in die Hand und schickte es an den Organisten in Nordhausen, Christoph Gottlieb Schröter, der ihm schon beim Angriff Scheibes zur Seite gestanden hatte und Mitglied der Mizlerschen Societät war, mit der Bitte, eine Entgegnung zu schreiben. Diese traf im Dezember 1749 bei Bach ein, der sie zum Druck beförderte (wahrscheinlich in Halle durch den Sohn Wilhelm Friedemann). Aber es gab Ärger

Autograph der letzten Noten aus der Kunst der Fuge mit einer Notiz von C. Ph. E. Bach

mit Schröter; zwar schrieb Bach Ende des Jahres an den Frankenhäuser Kantor Einicke: *Die schröterische Recension ist wohl abgefaßt, und nach meinem Goût... Sollten noch einige Refutationes, wie ich vermuthe, nachfolgen, so zweifle nicht, es werde des Auctoris Dreckohr [Anspielung auf „Rektor"] gereiniget, und zur Anhörung der Musik geschickter gemacht werden.*[96] Aber er hatte am Wortlaut noch einiges geändert (oder ändern lassen), was den braven Schröter in große Wut versetzte, so daß sich der todkranke Bach in einem weiteren Brief nach Frankenhausen vernehmen ließ: *An Herrn Schrötern bitte mein Compliment zu machen, biß daß ich selber im Stande bin zu schreiben, da ich mich alsdann, der Veränderung seiner Recension wegen, entschuldigen will, weil ich gar keine Schuld daran habe; sondern solche einzig demjenigen, der den Druck besorget hat, zu imputiren ist.*[97] Schröter blieb verstimmt: „Der Hr. Kapellmeister Bach bleibt in culpa." Die Sache wurde nie ganz geklärt; es ist wohl möglich, daß Bach einige Dinge noch verschärft hat, etwa durch folgende Einfügung: *Denn wann niemand mehr (nach des Autoris Abmachung) Musicam studieren soll, wo bliebe die Kirchen-Musick? wo würde man Operisten und Cappellisten hernehmen? und was würde die Tranck-Steuer dazu sagen?*[98]

Bach konnte jenen zitierten Brief — er ist uns nur aus einer Sekundärquelle überliefert — nicht mehr selbst schreiben. Ende März und Anfang April 1750 hatte er zwei Augenoperationen durchgemacht, die erfolglos verliefen; der reisende englische Augenarzt John Taylor hatte sie durchgeführt, derselbe, der ein Jahr später Händels Augen, ebenso erfolglos, behandelte. Schon im Frühjahr 1749 war die Gesundheit Bachs, der bis dahin keinerlei körperliche Beschwerden gehabt zu haben scheint, erschüttert, wahrscheinlich bereits durch dies Augenleiden. Damals schon dachte man an einen Nachfolger, und der Dresdener Minister Graf Heinrich von Brühl empfahl dafür seinen Musikdirektor Gottlob Harrer. Dieser leitete am 8. Juni 1749 auch eine Probeaufführung, aber der Rat der Stadt zögerte doch noch, ihn vor Bachs Ableben einzusetzen.

Bach hat in seinen letzten Jahren das Kantorat wahrscheinlich nicht mehr ernsthaft wahrgenommen, nicht nur hinsichtlich der Schaffung neuer Kantaten, sondern auch in seiner pädagogischen und interpretatorischen Tätigkeit; ihn interessierte das nicht mehr. Er sann über sein letztes, unvollendetes Werk nach,

nur selten noch scheint er sein Amt auf der Chorempore ausgeübt zu haben. Von seinen in Leipzig verbliebenen Söhnen war der achtzehnjährige Johann Christoph Friedrich Anfang des Jahres 1750 im höfischen Dienst nach Bückeburg gegangen. Johann Elias Bach war längst nicht mehr im Hause; die Mutter Anna Magdalena kränkelte seit Anfang der vierziger Jahre, hatte aber im Jahre 1742 noch eine Tochter geboren. Eine größere Zahl von Schülern scharte sich gerade in den letzten Jahren um ihn; die besten waren Johann Ludwig Krebs (*der einzige Krebs in meinem Bache*, scherzte der Meister), der Schwiegersohn Johann Christoph Altnikol sowie der später berühmte Theoretiker Johann Philipp Kirnberger, weiterhin Johann Friedrich Agricola, der spätere Leiter der königlichen Kapelle in Berlin (sein Nachfolger wurde dort Johann Friedrich Reichardt) sowie Johann Gottfried Müthel, der, von seinem Schweriner Landesherrn dafür extra freigestellt, die letzten Wochen und Monate bei Bach studiert und ihn betreut hat.
Die musikalische Geltung Bachs — vor allem als Lehrer und Organist — war kurz vor seinem Tode bei den Fachleuten im allgemeinen unumstritten. Gewiß gab es, in Nachfolge der Scheibeschen Kritik, hinsichtlich seiner Kompositionen manche ablehnende Meinung; aber selbst eine solche Autorität wie Padre Martini in Bologna, der zwei Jahrzehnte später noch den jungen Mozart förderte, schrieb im April 1750:
„Ich halte es für überflüssig, das besondere Verdienst des Herrn Bach beschreiben zu wollen, weil er nicht allein in Deutschland, sondern auch in unserem ganzen Italien zu sehr bekannt und bewundert ist; nur sage ich, daß ich es für schwierig halte, einen Lehrer zu finden, der ihn übertrifft, weil er sich heutzutage mit Recht rühmen kann, einer der ersten zu sein, die es in Europa gibt.“[99]
Ähnliche Urteile fällten hervorragende deutsche Zeitgenossen wie Marpurg, Pisendel und Telemann, die alle wußten, daß Bach zu den ganz Großen der Tonkunst ihrer Zeit gehörte.
Johann Sebastian Bach starb, nachdem am 18. Juli eine Besserung seines Zustandes eingetreten war, am Dienstag, dem 28. Juli 1750, abends kurz vor neun Uhr. Geschwächt durch die monatelange Augenkrankheit, war seine Lebenskraft gebrochen, obwohl ihn die Kränkung durch die voreilige Designierung Gottlob Harrers nicht allzu schwer getroffen haben mag. Es gab eine Reihe von Nachrufen, von einfachen Zeitungsnoti-

Georg Philipp Telemann

zen über gelehrte Ausführungen bis zu dichterischen Ergüssen. Vielleicht spiegelt Telemanns Sonett vom Jahre 1751 die Meinung der musikalischen Welt am besten wider:

Laßt Welschland immer viel von Virtuosen sagen,
Die durch die Klingekunst sich dort berühmt gemacht:
Auf deutschen Boden sind sie gleichfalls zu erfragen,
Wo man des Beyfalls sich nicht minder fähig acht't.
Erblichner Bach! Dir hat allein dein Orgelschlagen
Das edle Vorzugswort des Großen längst gebracht;
Und was für Kunst Dein Kiel aufs Notenblatt getragen,
Das ward mit höchster Lust, auch oft mit Neid betracht't.
So schlaf! Dein Name bleibt vom Untergange frey:
Die Schüler Deiner Zucht, und ihrer Schüler Reih,
Bereiten für Dein Haupt des Nachruhms Ehrenkrone;
Auch Deiner Kinder Hand setzt ihren Schmuck daran.
Doch was insonderheit Dich schätzbar machen kann,
Das zeiget uns Berlin in einem würdgen Sohne.[100]

Mizler gab für die Musicalische Bibliothek seiner „Societät“ eine eingehende Würdigung in Auftrag; es ist der Nekrolog, den Carl Philipp Emanuel und Johann Friedrich Agricola verfaßten. Er bildet mit seinen etwa zehn Druckseiten (zuzüglich eines längeren „Sinngedichts“, von einem Dr. Georg Venzky gereimt) die Grundlage für alle weiteren Darstellungen des Bachschen Lebens, zumindest bis zu Forkel, der sich weitgehend darauf stützte.[101]
Das Begräbnis Bachs am 31. Juli verlief ehrenvoll, aber geradezu himmelschreiend pietätlos reagierte die städtische Obrigkeit. Rektor Ernesti erwähnte Bach in seinem Rückblick auf das vergangene Schuljahr am 4. Mai 1751 überhaupt nicht, und man hatte es sehr eilig (bereits am 7. August), den gewiß nicht herausragenden Gottlob Harrer (der bereits 1755 starb) zum Nachfolger zu ernennen, obwohl Männer wie Carl Philipp Emanuel Bach, Johann Gottlieb Görner (der Thomasorganist und ständige Nebenbuhler Bachs) und Bachs Lieblingsschüler Johann Ludwig Krebs sich beworben hatten.
Der Bachsche Familienkreis brach schnell auseinander. Anna Magdalena, der vom Rat der Stadt noch einige Taler zuerkannt wurden, starb als „Almosenfrau“ am 27. Februar 1760, neunundfünfzig Jahre alt.[102] Von ihr lebten sechs Kinder, die zum größten Teil bei Bachs Tod noch unmündig waren und sie nicht unterstützen konnten; immerhin nahm die älteste Tochter Elisabeth Juliana Friederica, die in Naumburg mit Altnikol verheiratet war, den schwachsinnigen Bruder Gottfried Heinrich bei sich auf. Die Stiefsöhne fühlten sich wohl nicht verpflichtet, für Anna Magdalena zu sorgen, nachdem die kümmerliche Erbschaft aufgeteilt war. Aus der ersten Ehe lebten nur noch Catherina Dorothea, die unverheiratet 1774 starb, Wilhelm Friedemann, dessen vielversprechender Genius 1784 in Berlin erlosch, und Carl Philipp Emanuel, der hochangesehen 1788 in Hamburg starb. Bachs jüngster Sohn Johann Christian, 1735 geboren, der „Londoner Bach“, starb 1782; diese beiden gehörten zu den berühmtesten Komponisten ihrer Zeit und wurden weit mehr als ihr fast vergessener Vater geschätzt. Im Jahre 1809 starb in Leipzig Bachs jüngste Tochter Regina Susanna, für die sich Friedrich Rochlitz sowie Breitkopf & Härtel mit einer Spendensammlung um 1800 eingesetzt hatten. Von der männlichen Nachkommenschaft tauchte der Sohn des

Carl Philipp Emanuel Bach

Bückeburger Bach, Wilhelm Friedrich Ernst, bei der Enthüllung des Bach-Denkmals am 23. April 1843 in Leipzig auf, was Schumann in seiner „Neuen Zeitschrift für Musik" gebührend vermerkte; er lebte zurückgezogen in Berlin, ehemals war er Cembalist der Königin Luise gewesen.
Inzwischen war Bachs Grabstelle längst vergessen; sie lag an der Südmauer der Johanniskirche. Man fand sie erst wieder bei intensiven Nachforschungen im Jahre 1894; in einem Kalksteinsarkophag, lediglich mit der Inschrift

JOHANN SEBASTIAN BACH
1685—1750

versehen, wurden seine Gebeine gesammelt und 1900 in einer Gruft in der Johanniskirche beigesetzt. Seit dem 25. Juli 1950 — zur 200. Wiederkehr des Todestages — fand der Thomaskantor in seiner Kirche die endgültige Ruhestätte. Das heute bekannteste Bach-Denkmal stammt von Carl Seffner und wurde 1907 an der Südfront der Thomaskirche aufgestellt, wobei dieser Bildhauer schon die Schädelmessung nach den gerade aufgefundenen Gebeinen auswerten konnte.
Wir können an dieser Stelle nicht näher auf die bildlichen Darstellungen Bachs eingehen; es hat in den letzten Jahrzehnten darüber eine reiche Literatur gegeben[103], insbesondere ausgehend von dem Ölbild des Elias Gottlieb Haußmann aus dem Jahre 1747, also aus der Zeit des Eintritts in die Mizlersche Societät (Bach hält dort den erwähnten Kanon, dessen Notenbild deutlich erkennbar ist, in der Hand). Eine weitere authentische Wiedergabe der Bachschen Gesichtszüge soll 1774 dem Kupferstecher Samuel Gottlieb Kütner (nach Angabe Carl Philipp Emanuels) gelungen sein, der sich wohl an Haußmanns Vorlage (wir kennen diese heute nur in mehrfach restauriertem Zustand) orientiert hat; danach ist das bekannte Ölbild (um 1810) entstanden.
Das sind die beiden am besten gesicherten, authentischen Porträts von Johann Sebastian Bach; das bereits besprochene Bild des eben dreißigjährigen Weimarer Hofmusikers ist in seiner Originalität umstritten, und eine Reihe weiterer Gemälde und Zeichnungen ist noch schlechter beglaubigt, obwohl das Bildnis eines älteren Mannes, das erstmalig 1903 auftauchte (genannt nach dem Entdecker Musikdirektor Fritz Volbach) echt zu sein scheint.
Die Persönlichkeit Bachs kann nicht so sehr aus Bildern rekonstruiert werden, eher schon aus den von ihm hinterlassenen Dokumenten, vor allem aber aus den zahlreichen Berichten seiner Kinder, Schüler und sonstigen Zeitgenossen, auf die wir uns weitgehend stützten.
Bach war in eine widerspruchsvolle, von scharfen Klassenkämpfen erfüllte Zeit geboren, die einen selbstbewußten Musiker vor schwere Entscheidungen stellte. Leidenschaftlicher Musikant, im christlich-lutherischen Glauben durch lange Familientradition erzogen, schien für ihn zunächst die Berufslaufbahn eines Kirchenmusikers vorgezeichnet, wenn er auch früh mit einer höfischen Anstellung liebäugelte. Von der äuße-

ren Wirksamkeit ebenso wie von der persönlichen Intention her war ihm die Hinwendung zur Orgelmusik, zur Motettentradition, zum Choral immanent; hier fühlte er sich am meisten zu Hause. Aber bald sah er, und zwar schon in Arnstadt, die Grenzen, die ihm als Organisten durch Kirche und Stadt für die freie Entfaltung seiner künstlerischen Individualität gesetzt wurden. Dem im Bürgertum verwurzelten Musiker war es fast nur erlaubt, sich innerhalb der strengen Formen der kirchlichen Gebrauchsmusik zu entfalten; großzügige Möglichkeiten, wie sie beispielsweise Heinrich Schütz als Hofkapellmeister hatte, waren äußerst selten geworden und konnten im beginnenden Zeitalter der Aufklärung sowieso nicht mehr genügen. Händel, die andere große Musikerpersönlichkeit der Zeit, hatte sehr schnell die Konsequenzen gezogen, probierte verschiedene Musikzentren aus, wo sich seine individuell geprägte Kunst am besten etablieren könnte, und fand die für ihn günstigste Position im bürgerlichen England. Bach war hartnäckiger, ganz der von ihm einmal als richtig erkannten Aufgabe verschworen; er wollte diese ohne Traditionsbrechung unbedingt weiterverfolgen. Auf Grund des erweiterten musikalischen, überhaupt geistigen Horizontes, den ihm unter anderem die Lübecker Reise erschlossen hatte, stürzten ihn die Mühlhäuser Erlebnisse schon in einige Zweifel über die Funktion der Kirchenmusik, der „regulierten Kirchenmusik“, die ihm zunächst selbstverständliches Anliegen war. Es tat sich da ein Widerstreit auf zwischen freier Entfaltung eines neuen Künstlerwillens und dogmatischer kirchlicher Forderung, obwohl er sich dieser anfangs ganz verpflichtet fühlte.

Hinzu kam reiches pietistisches Gedankengut, das schon den jungen Bach berührt haben muß, ihn durch verschiedene Schriften in Bann schlug und leidenschaftlich erfüllte. Bach wich zunächst aus und wurde Geiger, Organist und Konzertmeister an einer Hofkapelle, in einem kleineren Kreise wirkend, hier, durch erst größere Kantatenproduktion, durch Erfahrungen in der neuen Instrumentalkunst, zum eigenen Stil gelangend, sich auf der Orgel bereits vollendend, von der *d-Moll-Toccata* bis zum *Orgelbüchlein*. Er fand kongeniale Partner in seinem Vetter Johann Gottfried Walther, in Johann Matthias Gesner; über den Sinn seiner Kunst wurde er sich jetzt völlig klar. Er stand auf der geistig-künstlerischen Höhe der Zeit, als er den Abschied von Weimar erzwang und am Köthener Hofe ganz

seinem Schaffen leben konnte, zunächst in der Illusion, hier sein Ziel gefunden zu haben. Die geistigen Anregungen waren dort ziemlich gering, aber die stille Auseinandersetzung mit der reinen Materie der Instrumentalmusik führte zu endgültigen Höhen der Meisterschaft.
Erst in Leipzig wurde Bach wieder mit der ganzen Widersprüchlichkeit seiner Zeit und seines Berufes konfrontiert. Die neuen bedeutenden Möglichkeiten musikalischer Betätigung machten zugleich Grenzen und Gefahren sichtbar, da zunächst die kirchlich-funktionale Musik die alleinige Basis war. So kam Bach auf neuer Ebene mit dem — sehr heterogenen — Geist der Aufklärung, deren universelle Idee in seine großen Werke längst eingegangen war, in Konflikte; die kirchliche Zweckbestimmung konnte nicht mehr mit den neuen, noch vielfach gehemmten historisch-gesellschaftlichen Forderungen harmonieren. Innerhalb des handelsstädtisch-bürgerlichen Milieus mangelte es, wie ersichtlich geworden, sehr an Initiative von außen, um die neue Funktion der Musik durchzusetzen. Das geschah mehr im kleinbürgerlich-volkstümlichen Bereich; dies bezeugen einfache Lieder und kleine Instrumentalstücke, über die Bach durch seine Köthener Musik schon längst hinausgewachsen war. Er versuchte vielmehr, seine gewonnene instrumentale Meisterschaft in seine pflichtmäßig zu pflegende Kantatenkunst einzubauen. Die ganze Innigkeit und Inbrunst seiner Musik, die in der stillen Weimarer Orgelkunst und in der mannigfaltigen Köthener Instrumentalmusik erworben war, legte er nun in die Kantaten und Passionen hinein; sie erlebten hier, im Bilde der Christusgestalt, eine verstärkte Humanisierung. Aber schon Ende der zwanziger Jahre, als die *Matthäuspassion* vollendet war, spürte Bach, daß er hier an einen Kreuzweg gekommen war, der Einhalt gebot. Zwar kämpfte er, eigentlich auf verlorenem Posten, kraft seiner gewaltigen Persönlichkeit eine Weile noch immer erfolgreich, für die Funktion der Musik in Kirche und Schule, seiner großen Traditionsverpflichtung getreu; aber sein Interesse daran war eigentlich schon vorüber, die Kantatenkunst wurde entscheidend eingeschränkt, weltliche Kantaten starker Gelegenheitsprägung erhielten den Vorrang, bestimmte objektivierte Gattungen wie die *h-Moll-Messe*, wie das *Weihnachtsoratorium*, zum großen Teil anderen Werken entlehnt, traten hervor, und die Instrumentalmusik wurde, wie in der Frühzeit, vor allem in den Köthener Jahren, wieder zum

Hauptanliegen. Die seit Ende der zwanziger Jahre erfolgende Herausgabe der vier Teile der *Clavier-Übung*, die Vielzahl der Orchestersuiten und Konzertwerke, die wieder hervorbrechende Orgelmusik mannigfaltigster Prägung zeigen das deutlich, und das letzte Lebensjahrzehnt ist dieser gleichsam emanzipierten, wortlosen, dem Handwerk verpflichteten Kunst ganz verschworen, ohne Rücksicht auf die Umwelt, auf seinen Beruf, auf seine Gegner. Nur indirekt wirkte Bach auf seine Gegenwartsmusik ein und ließ sich von ihr anregen. Die *„Dresdner Liederchen"* seines Freundes Johann Adolf Hasse hörte er sich mit seinem Sohn freundlich-ironisch an, auch zu den Modekomponisten der Zeit wie Stölzel oder Graupner, selbst zu Sperontes, scheint er ein freundliches Verhältnis gehabt zu haben, und er nahm manches von ihnen in die Familien-Notenbüchlein auf, schrieb gar auch einiges in diesem Stil und wußte in der *Kaffee-* und in der *Bauernkantate* aufs beste volkstümliche Melodien zu verwenden. Aber nie waren diese eigentlich „modisch"; sie zeugen von echter Volksverbundenheit, aber er schuf sie nicht mit dem Ziel, moderne galante oder empfindsame Musik zu machen. So stark Bach durch gedankliche Klarheit und Logik, durch die starke Affekthaftigkeit seiner Musik der Aufklärung verbunden war, so wenig fühlte er sich genötigt, mit seiner Kunst dem Zeitgeschmack entgegenzukommen; er verlangte intensives Zuhören, ein ständiges Eingehen auf seine Gedankengänge. Der Bach-Schüler Friedrich Doles, seit 1758 Thomaskantor, meinte: „Wenn ich eine Versammlung gelehrter Tonkünstler zu Zuhörern habe, so würde ich mich gern mit einer tief durchdachten Fuge auf der Orgel etc. hören lassen, aber nicht so in der Kirchenmusik bei der öffentlichen Gottesverehrung und in der Absicht, ungelehrte Zuhörer zu rühren."[104] Solche Gedanken sind Bach wohl kaum gekommen; die Möglichkeit, daß seine Musik nur für bestimmte Fachleute da sei, hat er nicht ins Auge gefaßt. Er schrieb nicht für bestimmte Schichten, sondern für bestimmte Gelegenheiten und bestimmte Themen, wie Mozart also für „alle Arten Leute", nur nicht für solche mit „langen Ohren". Der sich seit den dreißiger Jahren herausbildende Zweifel an den großen Traditionen der Musik, an ihrer Überladenheit und Schwierigkeit, wie sie der „Critische Musicus" geäußert hatte, entstammt einer rationalistisch-engen Auffassung von der Musik, sie müsse vernünftig, unmittelbar verständlich, empfindsam und

Das 1843 von Mendelssohn gestiftete Bach-Denkmal an der Thomaskirche zu Leipzig

galant sein. Es ist klar, daß hier nur der äußere Schein, nicht der innere Kern großer Musik erfaßt wurde, und noch im gleichen Zeitalter, in der zweiten Hälfte des Jahrhunderts, wurde erkannt, daß nur die Verbindung beider Seiten, des Popularen und der höchsten Kunstfertigkeit, einem simplen Rationalismus entgehen konnte. Ob sich Bach über das Problem selbst klargeworden ist oder nicht; auf jeden Fall war das

Sichversenken in die Tiefen der Instrumentalkunst, mochte stilistisch manches, formal gesehen, anachronistisch einer älteren Zeit angehören, die ideelle Basis für die Größe der späteren klassischen Musik. Die Kantatenkunst mußte demgegenüber zurückstehen, und so bedauerlich es war, daß Haydn, Mozart und Beethoven die *Matthäuspassion* nicht kennen konnten — die unmittelbar weiterwirkenden Werke Bachs wurden, historisch durchaus begründet, das *Wohltemperierte Klavier*, die *Inventionen* und *Sinfonien* sowie die großen späten Instrumentalwerke. In diesem Sinne war Bach, gemeinsam mit Händel, dessen Oratorium die Wiener Meister stärkstens befruchtete, der erste Klassiker der deutschen Musik des 18. Jahrhunderts. Zur genaueren Begründung dieser These ist aber noch ein tieferes Eindringen in seine Schaffensmethode und stilistische Welt notwendig.

Bachs musikalische Leistung und Nachwirkung

Johann Sebastian Bach hat wohl von allen großen Komponisten der Vergangenheit das wechselvollste Nachleben gehabt. Enthusiastische Zustimmung, Mißverständnisse und gänzliche Ablehnung der Persönlichkeit, des Gesamtwerkes und einzelner Bereiche seiner musikalischen und kompositorischen Wirksamkeit stehen nebeneinander, und wirklich gibt es in Bachs Schaffen neben leicht Erklärbarem manches Rätselhafte, merkwürdig archaische Züge korrespondieren überraschend mit modernen Klängen und Strukturen. Wir kommen dem Phänomen der Bachschen Kunst nur näher, wenn wir diesen Meister aus seiner historischen Situation begreifen, seinen musikgeschichtlichen Standort erkennen und daraus die fortwirkenden Elemente seines Schaffens zu bestimmen versuchen.
Bach war, aus der großen Musiktradition der lutherischen Reformation herkommend, in vielem noch dem älteren protestantischen Denken und Fühlen verhaftet, das die Musik und ihre entscheidenden Äußerungen als eine religiös gebundene und dem Gottesdienst dienende Kunst ansah; in dieser Hinsicht unterscheidet er sich kaum von Heinrich Schütz, bei dem die erzieherisch-progressiven, sozialen Aspekte oft sogar noch direkter wirksam wurden. Als städtischer Organist oder Kantor war Bachs Hauptziel die Schaffung einer „regulierten" Kirchenmusik; in diesem Sinne konnte die Bindung an einen fürstlichen Hof nur eine Episode sein, so intensiv er dort auch tätig war, so sehr die Wirkung seiner Kunst gerade von dort ausging. Aber aus diesem Verhaftetsein erwuchs immer klarer die Erkenntnis, daß seine individuelle Begabung, sein persönliches Schöpfertum zu umfassenderen Aufgaben bestimmt sei. Dieses Bewußtsein fand erst zu Beginn der Weimarer Zeit volle Ausprägung, mit den ersten gewaltigen Orgelwerken, die schon in Arnstadt bedeutsam angegangen waren. Die kirchliche Gebrauchsmusik, ihrem ursprünglichen Zweck immer mehr entfremdet, wird künstlerischer Selbstzweck, zur inneren Befriedigung des Komponisten, zur Verwunderung der Hörer. Die starke Berücksichtigung der Klaviermusik seit Weimar, die

Inneres eines Orgel-Positivs (L'art du facteur d'orgues)

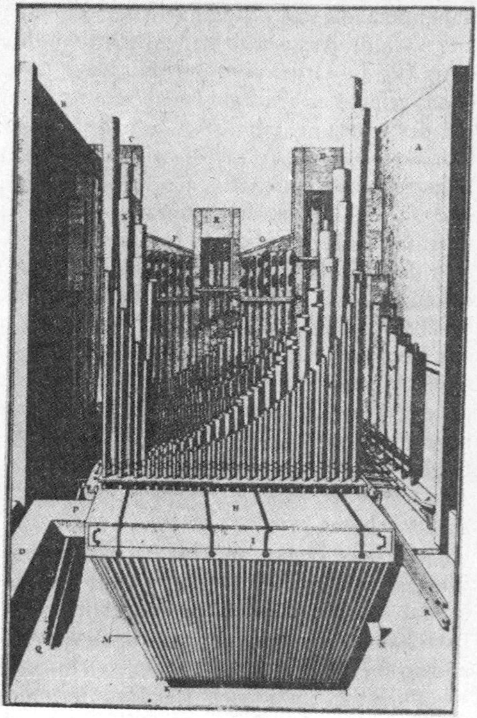

Toccata-Produktion um 1710 sind weitere Kennzeichen dieser Entwicklung. Die Weimarer Periode von 1707 bis 1717, vom dreiundzwanzigsten bis zum dreiunddreißigsten Lebensjahr des Komponisten reichend, war die entscheidende Reifezeit; seitdem besteht das klar gesehene Problem für Bach in der Meisterung des dialektischen Widerspruchs von Tradition und Neuerertum, in der Auseinandersetzung mit dem musikalischen Erbe, sei es die alte Orgelmusik, sei es die neuere Klaviermusik, sei es die große, sich gerade um diese Zeit erneuernde Tradition der Kirchenkantate. Zu solchen vorwiegend mitteldeutschen Traditionen, die allerdings durch die Kenntnis der norddeutschen Orgel- und Kantatentradition und der französischen Suitenliteratur von vornherein bereichert wurden, tritt ebenfalls in Weimar die Verarbeitung der Anregungen aus der großen italienischen Instrumentalmusik der Legrenzi, Albinoni, Corelli und Vivaldi. Ausgehend von Abschriften ihrer Werke, sie vielfältig für die Orgel, sein persönlichstes Instrument, umschreibend, gelangt er hier bald zu eigenen Konzeptionen und Gesetzen der Instrumentalmusik, die sich in Köthen voll auswirken konnten. Die nun in Leipzig einsetzende Kantatenproduktion zeigt Bachs leidenschaftliches Bemühen, diesem zu jener Zeit wichtigsten Zweig der protestantischen Kirchenmusik eine Qualität zu geben, die den Kontakt zu den Gläubigen sichert, aber das Kunstwerk für sich bestehen läßt. Eine Glut religiösen Bekennertums, von der Mystik und vom Pietismus aufs tiefste berührt, spricht aus diesen frühen Kantaten, aber nicht weniger das Bestreben, diese Gedanken und Gefühle künstlerisch zu objektivieren. Wie ihm der Einbau der Kantate als Hauptmusik in den sonntäglichen Gottesdienst selbstverständliche Verpflichtung war, so nicht weniger ihre sinnvolle künstlerische Organisation; an ihr hat er vor allem in seiner ersten Leipziger Zeit gearbeitet, dabei mit eigenen poetischen Bemühungen nicht zurückhaltend.

Ein zentraler Punkt, an dem Bachs Beziehung zum biblischen Wort, überhaupt sein Verhältnis zur Vokalmusik ablesbar ist, ist das — schon mehrfach angedeutete — Parodieverfahren. Bach hat es nicht erfunden; es war zu seiner Zeit gang und gäbe und schon seit dem Mittelalter ein wichtiges schöpferisches und soziologisches Phänomen. Der Hauptgrund bei Bach, weltliche Kantaten in geistliche zu parodieren — oder auch geistliche Werke mit anderem geistlichen Text zu versehen —, war der Faktor der Zeitökonomie; die immer wieder benötigten Sonntagskantaten konnten auf solche Weise am schnellsten geschaffen werden. Aber zugleich bestand dadurch die Möglichkeit, wertvolle Musik, die nur einmal oder sehr selten erklungen war, für andere, wesentlichere Gelegenheiten zu retten; das war zum Beispiel der Fall, wenn eine Huldigungskantate eine gehobene gesellschaftliche Bedeutung erhielt oder wenn Gelegenheitskantaten als wesentliche Bausteine eines zyklischen Werkes dienen konnten, etwa bei der *h-Moll-Messe* oder beim *Weihnachtsoratorium*. Oft überschneidet sich diese Tendenz mit dem Willen der Überarbeitung und Verbesserung eines Werkes oder eines musikalischen Gedankens, was besonders für die Instrumentalmusik gilt; Bach hat oft frühere Werke überarbeitet, ein ihm besonders gelungen oder noch nicht

Zeichnung aus „L'art du facteur d'orgues"

ausgereift erscheinendes Motiv oder eine größere Struktur weiterentwickelt, eine Erscheinung, die natürlich auch bei anderen bedeutenden Komponisten seiner Zeit auftritt. Auf solcher Ebene berührt sich dies Verfahren auch mit dem Problem der Mehrfassungen, die bei Bach vor allem in der Instrumentalmusik auftreten; die meisten seiner Choralvorspiele und der Präludien und Fugen des *Wohltemperierten Klaviers* besitzen Früh- bzw. Erstfassungen, die zuweilen erst nach Jahren ihre endgültige Gestalt erhielten.

Bach war zeitlebens bemüht, seine musikalischen Gedanken so ökonomisch und so sinnvoll wie nur möglich zu verwenden. Motive, Melodien, Strukturen, Formtypen, die ihm fruchtbar erschienen, hat er deshalb immer wieder genutzt, und zwar oft in verschiedener Bedeutung und Funktion, zuweilen als Variante, zuweilen in einer entwickelten Qualität. Die Frage der geistlichen oder weltlichen Funktion war dem Gedanken untergeordnet, wie sich die Musik am zweckmäßigsten für eine bestimmte Gelegenheit oder Absicht produzieren konnte. Es entsprach den gesellschaftlichen Gegebenheiten, wenn kurzlebige Huldigungskantaten für weltlich-politische Gelegenheiten, in Kirchenkantaten verwandelt, wieder aufgegriffen wurden, also eine geistliche Parodierung erfuhren; außerdem war es für Bach selbstverständlich, daß er Stücke aus bereits vollendeten Werken andernorts für dringende Gelegenheiten verwendete. Es hätte seinem Schaffensethos aber widersprochen, wenn er aus geistlichen Kantaten, Motetten, Passionen oder Oratorien zu direkten weltlich-politischen Anlässen etwas entlehnt hätte; die nun in der Kirche beheimatete Musik hätte auf solche Weise eine ihm nicht passend erscheinende Profanierung erfahren, die dem großen ursprünglichen Gegenstand nicht gemäß erschien. Andererseits hielt es Bach für durchaus möglich, daß Kantatensätze — sowohl rein instrumentale als auch mit dem Wort verbundene — in der Instrumentalmusik wieder auftauchten, was insbesondere für die Orgelchoräle (und alle orgelmäßigen Choralbearbeitungen) zutraf und sie zu höchsten Kunstwerken des Meisters qualifizierte. (Übrigens hat ein Händel Bachs Scheu im Hinblick auf die Parodierung ursprünglich geistlicher Stücke nicht gehabt; er hat zum Beispiel aus seiner Brockes-Passion wichtige Teile in dem Pastoral „Acis und Galatea" verwendet und weite Strecken von Anthems in seinen Oratorien.) Jedenfalls ist die Frage der geistlichen oder weltlichen Parodierung eine sekundäre Frage gegenüber den generellen Schaffensprinzipien und ordnet sich unter dem Gedanken einer möglichst ökonomischen, in die Breite wirkenden und qualifizierten Verwendbarkeit.

Mit diesem Fragenkomplex kommen wir zu wichtigen Merkmalen des Bachschen Stils, der Bachschen Schaffensmethode überhaupt. Wir haben bei der Betrachtung des Lebens mit wachsender Deutlichkeit festgestellt, daß Bach vom Instrument, von der Orgel, vom Clavichord und Cembalo, auch von der Violine und vom Violoncello, von der Oboe (oder Oboe d'amore), vom Clarinblasen bzw. von der Trompete ausgeht, daß auf der anderen Seite für ihn die Gesangsstimme — im Gegensatz etwa zu Händel — nicht vorrangiges Interesse hat. Natürlich brauchte er Sänger und Chöre — wir wissen, sie waren oft ziemlich anderer Art und Besetzung als heute. Er fand für den vierstimmigen vokalen Choralsatz wunderbare Linien und Harmonien; der Ausdruck der Secco-Rezitative geht weit über die Gewohnheiten der Zeit hinaus; konzertierend mit den Instrumenten, erreichten die vier Gesangslagen herrliche Möglichkeiten freier Entfaltung und differenziertesten Ausdrucks. Und dabei ist ein besonderer Vorteil der Bachschen Vokalsprache, daß ihre Notierung meist bis ins letzte festgelegt ist, keine zusätzliche Ornamentierung durch den Sänger benötigt, im Notenbild das Notwendige zum Ausdruck bringt. Dennoch gilt das oben Gesagte: Bach schreibt für Instrumente, und die Singstimme ist für ihn eben auch ein Instrument, ein brauchbares und notwendiges, vom Worte her konkretisierbar, wobei das biblische, choralgebundene Wort in den rein instrumentalen Orgelchorälen am schönsten und reichsten zur Geltung kommt.

Wirklich war Bachs von Anbeginn bevorzugte musikalische Gattung und Form die instrumentale Choralbearbeitung; daran schließen sich andere orgelimmanente Formen (Partita, Fantasie, Präludium, Fuge), die ihn von Anfang bis Ende seines Schaffens begleiten. Auf dem Klavier (Clavichord bzw. Cembalo) sind es Suitensätze, aber auch fantasiemäßige und fugenartige Formen, die ihn durchgehend interessieren, mehr als vier Jahrzehnte seines Schaffens. Dagegen nehmen ihn Vokalgattungen und Vokalformen nur etwa zweieinhalb Jahrzehnte seines Schaffens gefangen, von 1710 bis Mitte der dreißiger Jahre; alles Frühere (oder das wenige Spätere) sind Gelegenheitswerke, die nicht direkt zum eigentlichen Schaffensanliegen gehören. Vokale Großwerke wie Passionen, Oratorien und Messen haben ihn höchstens anderthalb Jahrzehnte beschäftigt, bilden also, wenn man will, von 1724 bis 1734 den krönenden Mittelpunkt seines Schaffens; sie alle waren — gewiß leidenschaftlich vorangetriebene — Pflichtstücke, die von ihm selbst später — da eigentlich nicht mehr in die Zeit gehörig — aufgegeben wurden und infolgedessen im 19. Jahrhundert neu entdeckt werden mußten.

Wenn wir somit die genannten Orgel- und Klaviergattungen und -formen als die Ausgangs- und Endpunkte der Bachschen Musik bezeichneten, dürfen wir freilich nicht vergessen, daß ebenfalls in der Mitte, im Zenit seines Schaffens, das Konzert steht, als Gattung und als Prinzip. Von etwa 1720 (dieses Datum hatte schon Forkel als den entscheidenden Beginn der größten Reife des Meisters angegeben!) bis gegen 1734 durchziehen das konzertante Prinzip und die Gattung des Konzerts

Johann Sebastian Bachs Kielflügel

Bachs Schaffen wie ein roter Faden, meist in der Form des beredten Dialogisierens zweier Melodiestimmen über dem — oft sehr individualisierten, häufig ostinatohaften — Basso continuo, aber auch weitere Stimmen zur strukturellen und ornamentierenden Belebung einbeziehend.
Die konzertierende Schreibweise hat Bach nicht erfunden; sie stammt aus der italienischen Musik des 17. Jahrhunderts und hatte schon bei Monteverdi und Schütz großartige vokale Ausprägung erhalten, ihre instrumentale Verdichtung und Beweglichkeit in der Triosonate Corellis und im vielfältig besetzten Instrumentalkonzert Vivaldis erreicht. Gleichzeitig hatte die Solokantate, auch in der Form der Kammerduette Steffanischer Prägung, insbesondere bei Alessandro Scarlatti und Händel Anfang des Jahrhunderts klassische Repräsentanz gefunden. In Auswertung der Weimarer Erfahrungen hat Bach in der Köthener Zeit das Solokonzert, das Concerto grosso und das konzertierende Prinzip im allgemeinen zu höchster Vollendung geführt, indem er sie verband mit den ihm unmittelbar vererbten kontrapunktischen Formen; das war eine starke individuelle künstlerische Leistung, die auf der Grundlage handwerklich-technischer Meisterschaft, durch angestrengtes

Nachsinnen über den notwendigen eigenen Beitrag zustande kam. Die überzeugende und überwältigende Verbindung des konzertanten mit dem polyphonen Prinzip im Kopfsatz des *d-Moll-Doppelkonzerts* (BWV 1043), aber auch die sich innig verschmelzenden Linien der Violine und des Basso ostinato im cis-Moll-Mittelsatz des *E-Dur-Violinkonzerts* (BWV 1042), beide um 1720 geschrieben, haben in der Musikgeschichte Epoche gemacht und symbolisieren mit am gültigsten Bachs Leistung für die Weltmusik in der Einheit von Tradition und Neuerertum, in der „unendlichen" Melodik, in der Verschmelzung des Vokal- und Instrumentalstils, in der echten Funktionalität der oft für einen angeblich einheitlichen „Barockstil" — wir halten den (aus der Kunstgeschichte übernommenen) Begriff des Barock in seiner gleichsam plakathaften Anwendung auf die Musik für unbrauchbar und mißverständlich — beschworenen, aber meist viel zu starr gesehenen und gedeuteten „Figur".

Man soll gewiß nicht übersehen, was frühere Generationen von Bach-Forschern, insbesondere zu Beginn unseres Jahrhunderts Albert Schweitzer, als „Wörterbuch der Bachschen Tonsprache" bezeichnet haben. Bachs Musik wird, wie die seiner Zeitgenossen, wesentlich von der bildhaften „Figur" bestimmt, die sich im allgemeinen durch ein ganzes Stück zieht, klar erkennbar, jedoch auf das mannigfaltigste abgewandelt. Wichtig ist, daß dabei meist nur e i n Gedanke bzw. Wortbild als Ausgangs- und Zielpunkt genommen wird; dies ist allerdings in seiner ganzen Komplexität erfaßt. Es wird nicht nur mit Ornamenten, sondern auch mit kontrapunktierenden Gegenweisen bereichert und umspielt, erfährt in seinem Verlauf wesentliche Nuancen. Der generelle Stimmungs- und Gedankengehalt eines Satzes, einer Arie, eines Chores ist meist gleich zu Beginn festgelegt; das ist bei fast aller damaligen Musik so. Er kann jedoch, und das gerade bei Bach, ungeahnte Steigerungen und Intensivierungen erfahren, da das dynamische Vorwärtsdrängen mit dieser verhältnismäßig starren Themenstellung dialektisch korrespondiert, was nicht zuletzt den Reiz solcher Musik ausmacht. Und bei Bach wird dies allgemeine Kennzeichen dadurch noch verschärft, daß die Figur, bei einem Orgelchoral meist ein knapp formuliertes Motiv bildhaften Gepräges, sich bei konzertanten Sätzen zu einem breit gelagerten Melos entwickelt, das sich aber den konzertanten

Belangen fügen muß. Konzertierende Stimmen gibt es auch in den Choralbearbeitungen, aber stets um die Choralmelodie gruppiert, die aus ihrer Einförmigkeit auf diese Weise in lebendige Aktion tritt. Das Wesentliche sind nicht Tonmalerei oder Untermalung und Ausdeutung des vorgestellten Wortbildes, sondern seine instrumental-gedankliche Übertragung, die dann ihr selbständiges Leben führt, ob das Wort noch erkennbar bleibt oder nicht. Zweifellos hat Bach sich von den Worten anregen lassen, und es macht ihm besonderen Spaß, auch aus späteren (dem Hörer meist nicht gegenwärtigen) Strophen des Choraltextes für seine musikalischen Bilder zu borgen; aber das Wesentliche blieb seine eigene musikalische Phantasie, sein Formensinn, seine unerschöpfliche Erfindungsgabe, die sich, wie etwa die *Chromatische Fantasie* erweist, auch aus der Improvisation am Instrument, aus dem Willen, das musikalische Material zu erproben, großartig entzündet.

Was die Bildhaftigkeit, die Tonsymbolik im Zusammenhang oder in Ausdeutung des Wortes betrifft, so mag uns noch einen Augenblick die *Kreuzstab-Kantate* (BWV 56) beschäftigen, einer der bedeutendsten Belege für die symbolisch-konkrete Bildhaftigkeit der Bachschen Tonsprache. In den ersten zwei Takten des in strenger Vierstimmigkeit verlaufenden siebzehntaktigen Instrumentalvorspiels werden bereits alle Elemente der Anfangsarie formuliert: das schmerzliche Wollen des Leidenden, die niederdrückende, doch gern getragene Last, die gewisse Leichtigkeit

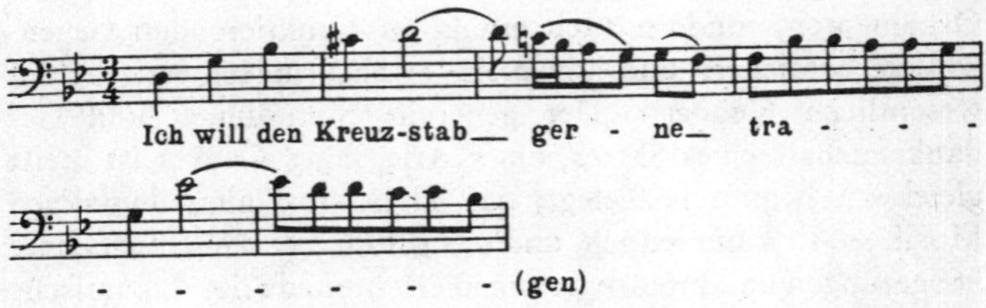

des Tragens (in der kleinen Sechzehntelbewegung); aber auch das „Kreuz“ selbst wird durch das cis (zu Beginn des zweiten Taktes) symbolisiert (und dann wirklich auf das Wort „Kreuz“ gesungen). Also: all diese Begriffe werden instrumental vorweggenommen und vokal dann bis ins letzte ausgekostet, wobei die später auftauchenden Begriffe — wie „er führet mich“,

„meine Plagen", das „Abwischen" der Tränen — alle in diesem vielgestaltigen Gedanken enthalten sind oder ihm zugeordnet werden. Niemand wird also leugnen können, daß Bachs Musik sich unmittelbar von den poetischen Bildern anregen ließ; aber die musikalische Linie und Struktur erwächst nicht aus tonmalerischen Absichten, sondern ist gleichsam parallelgeschaltet, geht konform und reißt schließlich den Text in seinem Strome mit. Das folgende Rezitativ läßt den Baßsolisten zum Texte „Mein Wandel auf der Welt ist einer Schiffahrt gleich" eine innig bewegte rezitativische Phrase singen, während das Violoncello mit dem ruhigen Basso continuo eine Wellenbewegung in Sechzehnteln beschreibt, die auch prompt aufhört, „wenn das wütenvolle Schäumen sein Ende hat". Bachs unerhörte Reagibilität läßt in solch einem Accompagnato eigentlich jedes Wort hervortreten, auch natürlich die Schlußfloskel „aus vieler Trübsal".

War das konzertierende Prinzip bisher nur immanent zu Worte gekommen, nimmt es freien Lauf in der anderen Arie, „Endlich wird mein Joch", deren rüstige B-Dur-Freude von der Oboe festgelegt wird; es ist eine schier endlose Weise,

die in konzertierender Kanonik von der Singstimme aufgegriffen wird. Bach verzichtet hier auf Tonsymbolik und auch auf Tonmalerei im eigentlichen Sinne; die Begriffe „Joch", „weichen" oder „Adler" werden nicht zur Kenntnis genommen. Dennoch merkt man, es ist eine nicht parodierte Arie; allein der Gedanke des „endlich", die energisierende Freude über das

„endliche“ Weichen des Jochs — das wird in der geschäftig-frohen Bewegung der sich ständig auf den Fersen folgenden Konzertierlust deutlich. Das zweite Accompagnato steigert den Streichersatz zur Vierstimmigkeit und führt im „Adagio“ zum noch ungeheuer vertieften Nachklang des Mittelteils der Anfangsarie, wobei man in den Schlußphrasen Vorklänge von Schuberts „Winterreise“ zu vernehmen meint. Ein inbrünstiger vierstimmiger Choral — er könnte hier fast rein instrumental musiziert werden — „Komm, o Tod, du Schlafes Bruder“ schließt die Kantate ab, deren sechzehn Partiturseiten zum Kostbarsten gehören, was Bach auf dem Gebiete der Kantate geschaffen hat. Ihre Größe besteht wesentlich in der Verbindung des polyphonen mit dem konzertanten Satz, in der Vereinigung von unmittelbarer Bildhaftigkeit und rein musikalischem Verlauf. Darin liegt wohl überhaupt die Eigenart der Wort-Ton-Beziehung bei Bach, die hier infolge der Tatsache, daß die Worte der Kantate wahrscheinlich von ihm selbst stammen, noch ihren besonderen Aspekt hat.

Es kann kein Zweifel darüber bestehen, daß Bach den Regeln der Rhetorik, insbesondere durch Gottsched angeregt, in seiner Vokalmusik große Beachtung schenkte und daß er vor allem im Secco und Accompagnato bestrebt war, den Gesetzen der Sprache, des Wortausdrucks und seines Sinngehalts zu entsprechen. Aber das hatte seine — oben angedeutete — Grenze schon bei den Arien, erst recht bei ausgebreiteten Chören, die keineswegs von den einzelnen Worten oder gar Wörtern, sondern von den übergeordneten Gedanken und ihrer architektonischen Funktion bestimmt sind. Deshalb war es Bach auch möglich, so viele Parodien vorzunehmen, ohne daß ein unerträglicher Widerspruch entstanden wäre; im einzelnen gab es gewiß Schwierigkeiten, die fast stets durch die musikalische Substanz überwunden wurden.

Das hier Dargelegte möchte andeuten, daß die reine Instrumentalsprache zweifellos Bachs künstlerischem Anliegen am meisten entsprach, daß aber seine geistigen Vorstellungen in liturgisch gebundenen Werken stark bestimmt waren von der Plastik des (Lutherischen) Bibelwortes, von dem Willen, dieses in musikalischer Verwandlung so klar und wirksam wie möglich zum Ausdruck zu bringen. Im Laufe der Komposition jedoch verlor er das anregende Anfangsmotiv zwar nie aus den Augen, aber es hatte, gegenüber der musikalischen Entwick-

Inneres der Thomaskirche zu Leipzig in der heutigen Gestalt

lung, nicht mehr das dominierende Interesse für ihn. Es zeigt sich, daß die „Musica instrumentalis", sobald sie eine gewisse Ausgesponnenheit erreicht, nicht zur „Musica sacra" gehören kann; zu stark wird ihr eigenes Organisationsstreben, das ihren unmittelbaren Lebensbeziehungen entspringt.

Wir erinnern uns an dieser Stelle, daß Bach im letzten Lebensjahrzehnt kein einziges Vokalwerk mehr schrieb mit Ausnahme der *Bauernkantate*, die ihm wohl auch als Abwechslung Spaß machte. Die große Bedeutung der Bachschen Musik für die spätere Klassik und die Weltmusik liegt in der Ausbildung seines Instrumentalstils; das ist immer wieder zu betonen, ohne freilich — wie es auch geschehen ist — darin eine besondere Form der Irrationalität, einen Symbolismus, eine rein mathematische Kunst zu sehen. Im Gegenteil, die aufgeklärte Lebensbeziehung seiner Kunst konnte sich am ungestörtesten in der reinen Instrumentalmusik entfalten, nur diese Erkenntnis führt uns zum tieferen Begreifen der Bachschen Musik, keine theologischen und auch keine allgemein-philosophischen Erörterungen. Es ist an der Zeit, von dem Bild eines tönenden Theologen oder auch Philosophen Bach Abschied zu nehmen, zumal wir keinerlei Anhalt dafür haben, daß sich Bach mit der einschlägigen wissenschaftlichen Literatur seiner Zeit wirklich beschäftigt hat. Der wohl geistvollste Kopf unter seinen späten Schülern, Lorenz Christoph Mizler, hat ausdrücklich das wesentlich musikalisch-musikantische, nicht philosophisch gerichtete Künstlertum seines verehrten Lehrers hervorgehoben, und die künstlerische Größe Bachs besteht auch darin, daß er sich aus unfruchtbaren theologischen, philosophischen und stilistischen Diskussionen stets herausgehalten hat.
Die Wirkung, die Anregungskraft Bachscher Musik beruht auf der Einheit von handwerklicher Meisterschaft und schöpferischer Phantasie, von Konstruktivität und Gefühlssprache; der Reichtum dieser Verbindung, die Vielfalt der Beziehungen und — künstlerisch gelösten — Widersprüche macht die Universalität seines Schöpfertums aus. Hinzu kommt die Tatsache, daß sich Bachs unermeßliches Wirken in engstem geographischem Raume, vor einem verhältnismäßig kleinen Kreis von Hörern und ihm ebenbürtigen Kennern abspielte; auch diese Tatsache ist für Charakter und Wirksamkeit seiner Musik von Bedeutung. Im Zusammenhang damit verdient vermerkt zu werden, daß häufig gerade die Beschränktheit der zur Verfügung stehenden Möglichkeiten, aber auch die bewußte Beschränkung des Meisters auf bescheidene Mittel den kämpferischen, in die Weite strebenden Zug seiner Musik hervorrief und wirksam machte. Die nicht allzu große Leistungsfähigkeit seiner Leipziger Alumnen veranlaßte Bach, den Typus der Neumeisterschen

Choralkantate konsequent zu verfolgen, mit einem (sorgfältig einzuübenden) anspruchsvollen großen Chor zu Beginn (häufig Choralfantasie), mit dem schlichten (leicht zu bewältigenden) Choralsatz am Schluß; die Rezitative und konzertierenden Arien dazwischen waren mit Vokal- und Instrumentalsolisten dann ohne weiteres einzuproben. Insgesamt aber entstand dadurch der knapp geformte, abwechslungsreiche, bildhafte Typus der Bachschen Kantate für den kirchlichen Gebrauch. Die weltlichen Kantaten brauchten mehr Aufwand, und für sie hatte er meist reichere Möglichkeiten der Besetzung und der Proben. Oft zeigt sich bei Bach, daß er bei strengster Beschränkung besonders großartige Werke zusammenbekommt; man denke an die zweistimmigen Inventionen, an die Solo-Violin-Sonaten und -Partiten, auch an die stillen Orgelchoräle aus Weimar. Natürlich gibt es daneben den Pomp der großen Vokalsätze in den beiden Passionen, in der *h-Moll-Messe* und den Glanz der Trompetenchöre in den Ouvertüren, die Repräsentanz mancher Orgelkompositionen. Alles entspringt dem ungeheuren Musikantentum, der Lebenszugewandtheit Bachscher Musik, die durchaus nichts „Mystisches" an sich hat, wie manche Theologen und Musikwissenschaftler ihm das andichteten. Bachs Musik bleibt stets dem breiten Strom der Volksmusik verbunden, die im Choral, in der Suite, in den konzertanten Genres spürbar bleibt. Bis in die letzten Lebensjahre hat Bach diese Verbindung bewußt gepflegt, ob man an die *Bauernkantate*, an das *Quodlibet* der *Goldberg-Variationen* oder an die *Kanonischen Veränderungen über „Vom Himmel hoch"* denkt. Quelle und Mündung seiner Musik ist immer wieder die einfache Weise, das prägnante Thema, die plastische Figur; aus ihnen erwachsen die großen konstruktiven Bauten, die gewiß nicht selten kompliziert anmuten und staunen machen, aber nie unerklärlich sind, stets ihre elementare Bindung beweisen.

In all diesen Zügen zeigt sich bereits ein klassischer Charakter der Bachschen Tonkunst, wie ja schon Forkel den Begriff der Klassik für unseren Meister in Anspruch nahm.

Bachs Musik ist klassisch durch ihre stets auf den Menschen zielende, seine Freuden und Leiden und Hoffnungen umfassende Thematik.

Bachs Musik ist klassisch, weil sie sich auf die besten

Volkstraditionen der Musik gründet und auf höchster Ebene Popularität mit Kunstfertigkeit vereint.
Bachs Musik ist klassisch, weil sie religiöse Formeln und Symbole humanisiert und zur Sprache der Menschen macht.
Bachs Musik ist klassisch, weil sie starke nationale Eigenart mit ebenso starker Internationalität verbindet.
Bachs Musik ist klassisch, weil sie Gedanken und Gefühle ebenso gegenüberstellt wie selbstverständlich vereint, weil sie darüber hinaus und im Einklang damit die Musik als freies gelöstes Spiel sprechen läßt.
Bachs Musik ist klassisch auch im Sinne der Wiener Klassiker — die sich alle zu ihm bekannten —, weil er die entscheidende Bedeutung der motivisch-thematischen Arbeit für die Säkularisierung und Autonomie der Musik erkannte und praktizierte, weil er sie zu einer unersetzbaren Äußerung bei der ästhetischen Aneignung der Wirklichkeit erhob, weil er sie in seinem Wirkungskreis — der sich nach seinem Tode gewaltig verbreiterte — zur Sprache höchsten geistigen und seelischen Ausdrucks machte, weil er mit ihrer unangreifbaren künstlerischen Qualität Leitbilder für künftige Jahrhunderte aufstellte.
All dies veranlaßt uns, Bachs Musik — sie nicht als Anfang oder Ende, sondern im großen Fluß des Musikgeschehens der letzten Jahrhunderte sehend — als im umfassendsten Sinne vorwärtsweisend zu bezeichnen, bei allen mehrfach betonten archaischen, traditionsgebundenen Zügen seiner Kunst. Der fruchtbare Kampf zwischen Altem und Neuem hat in seiner Musik zur überzeugenden Bewährung dieses Grundprinzips jeder Kunst, jeder Epoche geführt; Bachs Traditionsverpflichtung gewährleistet geradezu sein revolutionäres Neuerertum, das andererseits stets gebändigt wird durch diese innere Verpflichtung und Bindung.
Doch, mag man auch in der Musik manches bis zu einem letzten Abstraktionsgrad formulieren können — sie lebt von ihrer klanglichen Realität. Der Beginn des dritten *Brandenburgischen Konzertes* soll uns das noch einmal verdeutlichen.

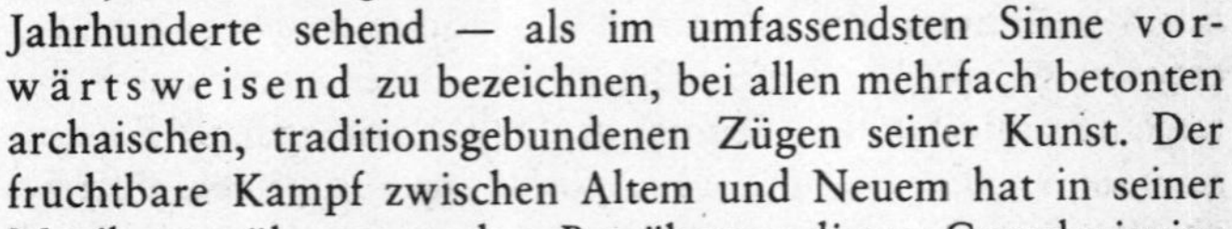

Zur alten Tradition gehört das von Anfang an durchgehaltene anapästische Grundmotiv, das fast keinen einzigen Takt des mächtig ausladenden Satzes schweigt. Aber typisch Bachisch, neu und vorwärtsweisend ist die konsequente Besessenheit in der Verfolgung dieser Figur, die sich bei immer weiter getriebener motivischer Steigerung zu grandiosen Kadenzen logischer Konsequenz entschließt, ohne daß dadurch die Bewegung aufhört. Hinzu kommt die konzertierende Neunstimmigkeit, mit der das vorgetragen wird, diese Durchdringung von vollharmonischer Klanglichkeit und kontrapunktischer Arbeit. Und nicht weniger vorwärtsweisend ist die motivisch-thematische Anlage selbst, die durchbrochene Arbeit, die auf alle neun Stimmen übergreift, die Verbindung von Kraft und federnder Rhythmik, von Beharrung und Bewegung, von nüchternem Ernst und freier Phantasie — alles Züge, die der Aufklärung, einem Nachdenken und Überprüfen alter Gewohnheiten entstammen und mit ungeheurer Vehemenz die bisherigen Grenzen der Tonkunst durchbrechen, zumindest auf dem Gebiete der wortlosen Musik. Wenn Goethe bei Bachs Musik — insbesondere bei Orgel- und Cembalowerken — empfand: „Als wenn sich die ewige Harmonie mit sich selbst unterhielte..." — sicherlich, es ist eine Kunst, die in sich selbst ruht, nicht unbedingt sofort mit jedem Menschen in Kontakt sein kann. Das ist kein „Gespräch zwischen vier vernünftigen Leuten", wie Goethe das klassische Streichquartett charakterisierte; bei Bach geht es um die Frage der großen Harmonie des Menschen mit dem All und mit dem Weltschöpfer, die in ungeheurer Vielfalt in Hunderten von Präludien und Fugen hörbar wird. Aber so innig der Meister zu seinem Gott gebetet haben mag — bestimmt lag ihm jede quietistische Jenseitsschwärmerei fern —, seine Musik erscheint uns als kolossaler, überzeugender Versuch, ein letztlich freudiges, harmonisches Lebensgefühl zum Ausdruck zu bringen; nicht im Sinne konkreter gesellschaftlicher Auseinandersetzungen und menschlicher Konflikte innerhalb einer bestimmten Situation — so etwas spielt bei Bach höchstens eine Rolle bei einigen humorvollen Szenen beispielsweise in der *Kaffee-Kantate* —, sondern im Sinne eines Nachdenkens über die Probleme des individuellen und kollektiven Seins, über die Möglichkeit und Notwendigkeit des Sichbewährens. Die starken gesellschaftlichen Konflikte, in die Bach während seines künstlerisch-praktischen Wirkens täglich hineingestellt war, spiegeln sich in seiner Musik nicht direkt wider, sondern sehr vermittelt, meist im Bilde religiöser Illusionen, im Leben des geliebten Heilandes, der — in der Tradition der späten Schützschen Passionen — immer stärker als leidender Mensch gesehen wird, aber auch in vielfältigen Gewissenskämpfen, deren scheinbares Für-sich-selbst-Meditieren in stets sich erneuernden musikalischen Gestalten den ganzen Reichtum menschlichen Sinnens und Fühlens ausschöpft. Der damaligen deutschen Kunst, zumindest der Musik, war es noch nicht gegeben, die Klassenwidersprüche deutlich zu machen; in Händels Musik, die in den scharfen Klassenauseinandersetzungen englischer Traditionen entstand, war das zur gleichen Zeit entscheidend anders. Aber die revolutionäre, aufbegehrende Seite des Bachschen Künstlertums, die wir vielfach mitverfolgen konnten, liegt nicht nur in seinem Leben, sondern durchaus in der Kraft und Eigenart seiner Musik begründet, die neue Möglichkeiten des Denkens erschloß und sich als fähig erwies, die dogmatischen Fesseln des geistlichen und weltlichen Feudalismus durchbrechend, die innersten Seelenregungen der Menschen wiederzugeben und zu beeinflussen. „Volksmusik", populär im üblichen Sinne war diese Musik nicht, sie stellte sich in vielem der Zeit entgegen, sang von einem Menschen, der sein ganzes Inneres offenbaren wollte, auch in den Grenzen eines religiösen Bekenntnisses. Dies wurde bei Wortbindung natürlich deutlicher als in der Instrumentalmusik, und Bach mag selbst die Enge dieser Fesseln, die oft kläglichen Bemühungen seiner Poeten gespürt haben. Wir haben Beispiele, wie er selbst die Libretti Picanders und anderer korrigierte, eine innigere, poetischere Fassung fand. Mit der eindringlichen Klage, den jubelnden Klängen der in der Kirche musizierten Kantaten hat Bach — mögen auch nur wenige Hörer die Größe der Konzeption empfunden haben — die Sehnsüchte, Leidenschaften und Freuden seiner Mitbürger angesprochen, ihnen auf der

Höhe seiner Kunst eine Ahnung von echtem Menschsein gegeben. Er durchbrach die dogmatischen Grenzen der Kirchenmusik, humanisierte sie, sah Christus als leidenden Mitmenschen — das war sein unüberhörbarer Ruf innerhalb der von ihm gepflegten geistlichen Musikgattungen. Ein direkter Aufruf zum Kampf gegen die Feudalordnung, für die wahren Interessen des Bürgertums, konnte das nicht sein; zu dick war noch das biblisch-religiöse Gewand, zu stark noch der Selbstzweck der christlichen Bilder. Die Situation in Leipzig, für dessen Bürgerschaft Bach seine meisten Kantaten schrieb, kann freilich nicht repräsentativ für das damalige Deutschland gelten. Die Bedingungen waren hier in manchem besonders günstig, aber im Hinblick auf geistige Freiheit, auf einen Durchbruch neuer aufgeklärter Ideen — trotz Gottsched und mancher anderer Professoren — bei weitem nicht so progressiv wie beispielsweise in Hamburg; die starke ökonomische Entwicklung darf uns da nicht täuschen. Geistlicher und weltlicher Feudalismus schien in vielem noch ungebrochen. Bach mußte in Leipzig, im Gegensatz zur Situation in Köthen, wieder beiden dienen. Und mit engstirnigen Vertretern der Aufklärung, wie sie ihm in dem jüngeren Ernesti oder in Scheibe entgegentraten, kam er als Musiker nicht zurecht, mußte die Rettung bei einem Fürsten suchen, dem er dann jahrelang mit Huldigungskantaten diente, von dem er endlich den ersehnten Hof-Compositeur-Titel erhielt.
Diese vielfachen Widersprüche muß Bach, bis zuletzt trotzig für sein „Recht" kämpfend, selbst am meisten gespürt haben; es war auf die Dauer für ihn nicht möglich, weiterhin Kirchenkantaten zu schreiben, seine besten Kräfte einer Produktion zu widmen, die thematisch veraltet, in der musikalischen Qualität nicht verstanden, im gesellschaftlichen Anliegen nicht konkret genug, in musikalischer Hinsicht nicht vorwärtsweisend sein konnte. Nachdem er aus diesem Reservoir noch gewaltige Sammelwerke wie die *Matthäuspassion, die h-Moll-Messe* und das *Weihnachtsoratorium* geschaffen hatte, gab er das Genre praktisch auf, etwa zur gleichen Zeit, da Händel seine geliebte Oper fallenließ. Mit untrüglichem Sinn für das Notwendige und ihm Gemäße schuf er die Grundlagen für die moderne Instrumentalmusik, angefangen mit den *Inventionen* von 1720 bis zur *Kunst der Fuge* von 1750. Händel schrieb in denselben drei Jahrzehnten, neben seinen — genau

Platte auf der heutigen Ruhestätte Johann Sebastian Bachs im Chorraum der Thomaskirche zu Leipzig

wie Bachs Kirchenkantaten — heute wieder begeistert aufgenommenen Opern, seine Oratorien, angefangen mit „Acis und Galatea“ von 1718 bis „Jephta“ von 1751. Das waren die Höhenzüge der deutschen Musik — der eine konnte nur im

ökonomisch und geistig fortgeschrittenen England gedeihen, der andere entfaltete sich in der stillen Leipziger Kantorenstube, abseits von direkten stilistischen Einwirkungen. So war der „Endzweck“ der Bachschen Kunst nicht die „regulierte“ Kirchenmusik, sondern die Schaffung gedankentiefer Instrumentalwerke, die denn auch — und das wußte Bach genau, deshalb kümmerte er sich zuletzt so sehr um ihre Drucklegung — eine unmittelbare Auswirkung hatten. War Bach nach seiner Leipziger Berufung bald bemüht, seine kirchenmusikalischen Verpflichtungen eng mit seinen in Köthen erworbenen Fertigkeiten zu verbinden, so gibt er diese schwer erworbene Zielsetzung schließlich auf, arbeitet nur noch für die Ziele einer hochentwickelten, sowohl dem kirchlichen Rahmen wie der unmittelbaren täglichen Musikpraxis entrückten Musik.
Die in der bürgerlichen Bach-Literatur gern aufgeworfene Frage „Bach — Anfang oder Ende“ kann deshalb ebensowenig wie die Alternative „Bach — geistlich oder weltlich“ für uns irgendwie sinnvoll sein. Johann Sebastian Bach wuchs auf in einer mächtigen Musiktradition und vermochte, innerhalb der speziellen zeitlichen und geographischen Situation und entsprechend seiner besonderen Begabung, einige ihrer besten Züge zur Vollendung zu führen und weiterzuentwickeln. Die in diesem Prozeß auftretenden Unvollkommenheiten und Schwierigkeiten resultieren aus den Widersprüchen der Zeit, ihren Klassengegensätzen und dem individuellen Versuch, ihnen zu trotzen oder auszuweichen, um den künstlerischen Auftrag im Sinne der Aufklärung zu erfüllen. Daß Bach dabei, trotz mancher Rückschläge, mit wachsendem Erfolg die Rechte eines sich engagierenden bürgerlichen Künstlers vertreten hat, haben wir verfolgen können; das Wesentliche bleibt die unvergängliche musikalische Leistung.

ANHANG

ANMERKUNGEN

1 Johann Nikolaus Forkel (1749—1818) war ein führender Musikwissenschaftler seiner Zeit, der an einer umfassenden Musikgeschichte arbeitete, sie aber zugunsten dieser Bach-Schrift unterbrach. Walther Vetter hat sie 1966 (Henschelverlag Berlin) neu herausgegeben („Über Johann Sebastian Bachs Leben, Kunst und Kunstwerke").

2 Philipp Spitta (1841—1894), ursprünglich klassischer Philologe, war ein führender Musikwissenschaftler der zweiten Hälfte des 19. Jahrhunderts. Er war eng mit Brahms befreundet, der ihm als der maßgebende lebende Komponist erschien.

3 Albert Schweitzer (1875—1965), Theologe, Philosoph, Arzt und Musikforscher, aus dem Elsaß stammend, schrieb auf Französisch das Buch „Jean-Sébastian Bach, le musicien poète" (Paris 1905), das zu dem umfassenden Band „Johann Sebastian Bach" (Leipzig 1908) anwuchs.

4 Wir nennen an dieser Stelle die wichtigste bürgerliche Bach-Literatur zwischen beiden Weltkriegen:
Ernst Kurth, Grundlagen des linearen Kontrapunkts (Bern 1917).
Ch. S. Terry, Bach, a Biography (London 1928, dt. Leipzig 1929 u. ö.).
Rudolf Steglich, J. S. Bach. Der Meister und sein Werk (Berlin 1936, Kassel und Basel 1947 u. ö.).
Arnold Schering, Bach und das Musikleben Leipzigs im 18. Jahrhundert (Leipzig 1941).

5 Vgl.: Bericht über die Wissenschaftliche Bach-Tagung Leipzig 1950 (hrsg. von W. Vetter, E. H. Meyer und H. H. Eggebrecht, Leipzig 1951).

6 Vgl. insbesondere die Forschungen von Günther Kraft (Habilschrift Halle 1964: „Entstehung und Ausbreitung des musikalischen Bach-Geschlechtes in Thüringen", 2 Bände).

7 J. N. Forkel, a. a. O., S. 80.

8 Es ist im Rahmen unseres Vorhabens nicht möglich, die Verwandtschaftsbeziehungen der Bach-Familie im einzelnen auszubreiten.

9 Der Nekrolog auf Johann Sebastian Bach (Faksimile-Wiedergabe des Erstdrucks von 1754). Leipzig und Hannover 1965, S. 160f.

10 Georg Böhm (1661—1733), der aus der Nähe von Ohrdruf stammte, war einer der besten deutschen Meister der Jahrhundert-

wende; die einst Händel zugeschriebene Johannespassion (1704) stammt wahrscheinlich von ihm.

11 Die frühen Werke von Bach, der vielleicht schon in Ohrdruf erste Kompositionsversuche gemacht hat, sind in ihrer Datierung äußerst unsicher.

12 Die Organistenbestallung Bachs (vom 9. 8. 1703) sowie verschiedene Besoldungsanweisungen sind erhalten (s. Bach-Dokumente II, Dok. 8 ff.).

13 Vgl. dazu a. a. O. Dok. 16 und 17.

14 Vgl. a. a. O. Dok. 21; die Besoldung liegt höher als bei Bachs Vorgänger Johann Georg Ahle und seinem Nachfolger Johann Friedrich Bach.

15 Der Streit über die Echtheit dieser Komposition ist noch nicht ganz verstummt; im allgemeinen neigt man dazu, sie als nicht Bachisch anzusehen. Die Handschrift ist aber zweifellos von Johann Sebastian Bach.

16 Vgl. Bach-Dokumente I, Dok. 1. Die von Werner Neumann und Hans-Joachim Schulze vorgelegte Kritische Gesamtausgabe der Bach-Dokumente (3 Bände, seit 1963) bringt zu jedem Dokument ausführliche philologische Kommentare und Hinweise.

17 Johann Ernst, Prinz von Sachsen-Weimar, geb. 1696, starb im Alter von neunzehn Jahren. Eines der von Bach in Weimar zu Orgelkonzerten bearbeiteten Violinkonzerte (die Autorschaft Bachs ist allerdings nicht fest verbürgt) stammt von diesem Prinzen.

18 Im Jahre 1713 wurden die Zwillinge Marie Sophia und Johann Christoph geboren und starben wenige Tage darauf. 1715 wurde Johann Gottfried Bernhard geboren, der den Eltern später manche Sorgen bereiten sollte. Nur die Hälfte der zwanzig Kinder Bachs ist über die ersten Kinderjahre hinaus am Leben geblieben.

19 Bach-Dokumente II, Dok. 432.

20 Bach-Dokumente I, Dok. 4. Die Hallenser versprachen Bach 171 Taler, während er in Weimar damals schon 234 erhielt.

21 Über die hallische Orgelabnahme vgl. im einzelnen Bach-Dokumente II. Dok. 76.

22 Der Ausdruck stammt von Albert Schweitzer, der ihn vor allem auf die Bachschen Orgelchoräle anwandte, aber auch auf die Kantaten bezog.

23 Bach-Dokumente II, Dok. 84.

24 Darüber wird recht verschieden berichtet; vgl. insbesondere Bach-Dokumente III, Dok. 666.

25 Bach-Dokumente II, Dok. 83.

26 Bach-Dokumente II, Dok. 102 und 253.

27 Vgl. O. E. Deutsch, Handel, A Documentary Biography, London 1955, S. 86 ff.

28 Forkel, a. a. O., S. 70.

29 Bach-Dokumente I, Dok. 8.

30 Die Bach-Dokumente I und II geben über diesen gesamten Vorgang ausführliche Auskunft; wir beleuchten sie im folgenden Kapitel noch einmal kurz von der Leipziger Seite aus.

31 Bach-Dokumente II, Dok. 138 ff.; die Amtseinweisung erfolgte am 1. Juni 1723.

32 Bach-Dokumente I, Dok. 23 (S. 67).

33 Bach-Dokumente I, Dok. 155

Dem Durchlauchtigsten Fürsten und Herrn
Herrn Emanuel Ludewig,
Erb-Printzen zu Anhalt, Hertzogen zu Sachßen,
Engern und Westphalen, Grafen zu Ascanien,
Herrn zu Bernburg und Zerbst, etc. etc.
Widmete diese geringe Musicalische Erst-
linge aus unterthänigster Devotion
Johann Sebastian Bach.
Durchlauchtigst
Zarter Prinz
den zwar die Windeln decken
Doch Dein Fürsten Blick mehr als erwachsen zeigt,
Verzeihe, wenn ich Dich im Schlaffe sollte wecken
Indem mein spielend Blatt vor Dir sich nieder beugt.
Es ist die Erste Frucht, die meine Saiten bringen;
Du bist der erste Printz den Deine Fürstin Küst
Dir soll Sie auch zuerst zu Deinen Ehren singen,
Weil Du, wie dieses Blatt, der Welt ein Erstling bist,
Die Weisen dieser Zeit erschrecken uns und sagen:
Wir kämen auf die Welt, mit wünzeln und Geschrey
Gleichsam als wolten wir zum vorauß schon be Klagen,
Daß dieses Kurtze Ziel betrübt und Kläglich sey.
Doch dieses Kehr ich um, und sage, das Gethöne,
Daß Deine Kindheit macht, ist lieblich, Klar und rein,
Drum wird Dein Lebens Lauff vernügt, beglückt und schöne,
Und eine Harmonie von eitel Freude seyn.
So Hoffnungs-Voller Prinz will ich Dir ferner spielen
Wenn Dein Ergözungen noch mehr als tausendfach.
Nur fleh ich, allezeit, wie ietzt, den Trieb zu fühlen
Ich sey
Durchlauchter Prinz
Dein
tieffster Diener
Bach.

Die Wünsche des von Bach verfaßten (oder nur in Auftrag gegebenen?) Gedichtes erfüllten sich nicht, der Erbprinz starb im Alter von zwei Jahren.

34 Bach-Dokumente I, Dok. 60 (S. 129).

35 Annales Lipsienses, Bd. III, Leipzig 1723, S. 60—66.
36 Ratsprotokoll, Stadtarchiv Leipzig.
37 Bach-Dokumente II, Dok. 127.
38 Bach-Dokumente II, Dok. 129.
39 Bach-Dokumente II, Dok. 133.
40 Bach-Dokumente I, Dok. 92.
41 Bach-Dokumente II, Dok. 159.
42 Bach-Dokumente II, Dok. 156. Die Geburtstagsfeier hatte am 9. August stattgefunden.
43 Der zitierte Protokollausschnitt stammt vom 3. Dezember 1723, an welchem Datum die neue Schulordnung in der Thomasschule verkündet wurde; vgl. Bach-Dokumente I, Dok. 91 (S. 176).
44 Wir können den Widerspiegelungsprozeß in der Musik hier natürlich nur andeuten; die dialektisch-materialistische Weiterführung der Affektentheorie der Aufklärungsästhetik ist eine der wichtigsten Aufgaben der marxistischen Musikästhetik.
45 Die genannten (und viele ungenannte) Kantaten sind insbesondere von Arnold Schering in dem Band „Über Kantaten J. S. Bachs" (hrsg. von Fr. Blume, 1950) auf ihren musikalischen Symbolgehalt fesselnd untersucht worden.
46 Bach-Dokumente I, Dok. 10.
47 Bach-Dokumente II, Dok. 214.
48 Bach-Dokumente II, Dok. 227/28.
49 Es muß erreicht werden, daß wir solche Gelegenheitswerke ähnlich „historisch" hören, unter Beibehaltung ihres Zeitgewandes, wie das ja auch für einen Nichtchristen bei den Kirchenkantaten der Fall ist.
50 Bach-Dokumente II. Dok. 280.
51 Bach-Dokumente II, Dok. 281.
52 Bach-Dokumente I, Dok. 22 (S. 60).
53 A. a. O., S. 64.
54 Johann Christoph Gottsched in „Der Biedermann" (20. Dezember 1728); vgl. Bach-Dokumente II, Dok. 249.
55 Bach-Dokumente II, Dok. 251/52.
56 Bach-Dokumente II, Dok. 270.
57 Bach-Dokumente I, Dok. 23; vgl. dort den reichen Kommentar dazu. Eine Faksimile-Ausgabe des Briefes erschien in der Faksimile-Reihe Bachscher Werke und Schriftstücke, hrsg. vom Bach-Archiv Leipzig, Bd. 3 (Leipzig 1960).
58 Bach-Dokumente II, Dok. 278.
59 Siehe: Werner Neumann, Johann Sebastian Bach: Sämtliche Kantatentexte (Leipzig 1967), S. 328—330.
60 Bach-Dokumente I, Dok. 165.
61 Vgl. Bach-Dokumente II, Dok. 270.
62 Das fällt besonders auf bei der abschließenden Gigue ($^3/_8$-Takt) des Wohltemperierten Klaviers II; erinnert sei auch an das Schluß-

stück der zwölf Concerti grossi von Händel, vor allem an die am Ende stehende Gigue, die auf Zachow zurückweist.

63 Bach-Dokumente II, Dok. 294. Der Verfasser des Gedichts wurde nicht klar ermittelt.

64 Leider sind wir über die genaueren Programme dieser Veranstaltungen kaum unterrichtet und deshalb weitgehend auf Vermutungen angewiesen.

65 Bach-Dokumente I, Dok. 27.

66 Bach-Dokumente II, Dok. 337.

67 Einen solchen Vergleich nahm der Verfasser vor im Händel-Jb. 1966 (Leipzig 1967), in dem Artikel „Bach und Händel" (S. 141 ff., insbes. S. 150 ff.).

68 Bach-Dokumente II, Dok. 351.

69 Bach-Dokumente II, Dok. 352.

70 A. a. O., Kommentar (S. 251).

71 Es ist hier nicht möglich, auf die komplizierte Entstehungsgeschichte der h-Moll-Messe, ihre kompositorische Eigenart und das in ihr angewandte Parodieverfahren näher einzugehen; das ist ein eigener Komplex der Bach-Forschung.

72 Vgl. W. Neumann: J. S. Bach, Sämtliche Kantatentexte (Leipzig 1967), S. 551 f.

73 Das Bach-Archiv hat 1973 dazu eine eigene hübsche Broschüre herausgegeben.

74 Vgl. Bach-Dokumente I, Dok. 33, 34 und 35.

75 Bach-Dokumente II, Dok. 406.

76 Bach-Dokumente I, Dok. 41.

77 Bach-Dokumente II, Dok. 389.

78 Vgl. W. Neumann, J. S. Bach, Sämtliche Kantatentexte (Leipzig 1967), S. 530 ff.

79 Bach-Dokumente I, Dok. 30, 31 und 38.

80 Bach-Dokumente I, Dok. 42 und 43. Bach zeigt sich hier übrigens nicht bereit, die Schulden ohne weiteres zu begleichen. Ganz geklärt ist die Angelegenheit nicht.

81 Bach-Dokumente II, Dok. 423 (Brief von Johann Elias Bach von Ende April 1738 an seine Mutter).

82 Vgl. Bach-Dokumente II, Dok. 452; Bachs Name wird bei Erwähnung verschiedener Ratswechselkantaten gar nicht genannt.

83 Telemanns „Pimpinone" (1725) kann in diesem Zusammenhange nicht genannt werden, da dies Werk zahlreiche italienische Einflüsse widerspiegelt. Das Thema „Humor bei Bach" verdiente eine eigene größere Studie, müßte übrigens auch die Instrumentalmusik einbeziehen.

84 Bach-Dokumente II, Dok. 400; die folgenden Jahre sind angefüllt mit Repliken und Verteidigungen oft sehr umfänglicher Art.

85 Der verhältnismäßig kurze Abschnitt bei Scheibe wird Anlaß zu

traktatartigen Ausführungen, die aber manche Einblicke in die rationalistische Ästhetik der Zeit gestatten.

86 Bachs erhaltene Zeugnisse und Prüfungsberichte finden sich vollständig abgedruckt in den Bach-Dokumenten I, Dok. 57—82.

87 Das beginnt mit einem Brief von Johann Elias Bach an seine Mutter in Schweinfurt (vgl. Bach-Dokumente II, Dok. 423).

88 Vgl. Bachs Brief an Johann Elias Bach nach Schweinfurt vom 6. Oktober 1748 (Bach-Dokumente I, Dok. 49).

89 Bach-Dokumente I, Dok. 169.

90 Näheres darüber in Bach-Dokumente I, Dok. 172 (Kommentar).

91 Vgl. dazu den Kommentar in: Bach-Dokumente I, Dok. 176.

92 Der Druck der canonischen Veränderungen stellt eine typographische Kostbarkeit dar und wurde von Bach sorgfältig überwacht.

93 Die Legende ist verschiedentlich, insbesondere durch Forkel, überliefert; größer als ihr anekdotischer Wert ist der kompositorische.

94 Der erste Bericht findet sich in den „Berlinischen Nachrichten von Staats- und gelehrten Sachen“ vom 11. Mai 1747. (vgl. Bach-Dokumente II, Dok. 554).

95 Bach-Dokumente I, Dok. 173.

96 Bach-Dokumente I, Dok. 53.

97 Bach-Dokumente I, Dok. 55; man vgl. den dortigen ausführlichen Kommentar.

98 A. a. O. (s. Kommentar, S. 125).

99 Bach-Dokumente II, Dok. 600.

100 Bach-Dokumente III, Dok. 636.

101 Bach-Dokumente III, Dok. 666 (S. 80—92).

102 Bach-Dokumente III, Dok. 706.

103 Erwähnt sei hier nur das wichtige Buch von Heinrich Besseler „Fünf echte Bildnisse von J. S. Bach“ (Kassel 1956).

104 Bach-Dokumente III, Dok. 944.

ZEITTAFEL

1685 6. Februar: Karl II. von England gestorben. Jakob II. wird Nachfolger.
23. Februar: Georg Friedrich Händel geboren.
21. März: Johann Sebastian Bach als sechstes Kind des Stadtmusikus Johann Ambrosius Bach und seiner Frau Elisabeth, geborene Lämmerhirt, in Eisenach geboren.
23. März: Taufe.
Aufhebung des Edikts von Nantes in Frankreich. Beginn der Auswanderung französischer Hugenotten.

1687 22. März: Jean-Baptiste Lully gestorben.
Die ungarische Krone fällt an das Haus Habsburg.

1688–1697 Pfälzischer Krieg Ludwigs XIV. von Frankreich.

1688 9. Mai: Friedrich Wilhelm von Brandenburg, der Große Kurfürst, gestorben. Friedrich III. wird Nachfolger.
Wilhelm von Oranien landet in England. Beginn der zweiten englischen Revolution, der „Glorious Revolution". Jakob II. von England wird abgesetzt und flieht nach Frankreich.

1689 Februar: Wilhelm von Oranien wird König von England, Schottland und Irland.
13. Februar: Declaration of Rights. Grundlegung des englischen Parlamentarismus.
Regierungsantritt des russischen Zaren Peter I., des Großen.

1690 Papin baut eine Dampfmaschine.

1693–1695 *Johann Sebastian besucht die Lateinschule in Eisenach, wo er auch im Schulchor singt.*

1694 *3. Mai: Johann Sebastian Bachs Mutter gestorben.*
21. November: François-Marie Arouet (Voltaire) geboren.

1695 *20. Februar: Bachs Vater kurz nach seiner Wiederverheiratung mit Barbara Maria Kaul gestorben.*
Februar: Johann Sebastian zieht mit seinem Bruder Johann Jacob zum ältesten Bruder Johann Christoph nach Ohrdruf bei Eisenach.
21. November: Henry Purcell gestorben.

1696–1700 *Besuch des Lyzeums in Ohrdruf. Bach erneut im Schulchor; er erhält bei seinem ältesten Bruder Klavierunterricht.*

1697 30. Januar: Johann Joachim Quantz geboren.
20. September: Friede zu Ryswijk zwischen Frankreich und Spanien, England und Holland. Ende des dritten Eroberungskrieges Ludwigs XIV. von Frankreich gegen die Pfalz. Das kaiserliche Heer unter Prinz Eugen schlägt bei Zenta die türkischen Truppen.
Friedrich August I. von Sachsen, der Starke, wird als August II. König von Polen.

1699 Der Friede von Karlowitz beendet den österreichisch-türkischen Krieg.

1700– 1721 Nordischer Krieg Dänemarks, Polens und Rußlands gegen Schweden.

1700– 1702/3 *Bach als Mettenschüler am Michaeliskloster in Lüneburg. Er lernt Johann Jakob Loewe und Georg Böhm kennen. In Celle erster Kontakt mit französischer und italienischer Musik. Es entstehen vermutlich die ersten Orgel- und Klavierkompositionen.*

1700 2. Februar: Johann Christoph Gottsched geboren.

1\. November: Mit dem Tod Karls II. von Spanien erlischt die spanische Seitenlinie der Habsburger.

Gottfried Wilhelm Leibniz gründet in Berlin die Preußische Akademie der Wissenschaften.

1701– 1714 Spanischer Erbfolgekrieg.

1701 18. Januar: Kurfürst Friedrich III. von Brandenburg als Friedrich I. König von Preußen.

1702 19. März: Wilhelm III. von Oranien gestorben. Anna, Tochter Jakobs II. und Schwägerin Wilhelms III., wird Königin von England.

2. Halbjahr: Bach bewirbt sich vergeblich um die Organistenstelle an St. Jakobi in Sangerhausen.

1703 *März–September: Bach in Weimar als Hofmusiker bei Herzog Johann Ernst von Sachsen-Weimar.*

Juli: Orgelprüfung in der Neuen Kirche zu Arnstadt.

9. August: Bach wird für vier Jahre Organist an der Arnstädter Neuen Kirche.

1704 *„Denn du wirst meine Seele nicht in der Hölle lassen", erste Kantate (BWV 15).*

„Capriccios für Cembalo", zwei Stücke, gewidmet den Brüdern Johann Jacob und Johann Christoph.

Georg Friedrich Händel schreibt seine erste Oper „Almira".

3\. Mai: Heinrich Ignaz von Biber gestorben.

1705 5. Mai: Kaiser Leopold I. gestorben. Josef I. folgt ihm auf den Thron.

Oktober–Januar 1706: Mehrmonatige Reise nach Lübeck. Bach lernt dort Dietrich Buxtehude kennen.

1706 3. März: Johann Pachelbel gestorben.

1707 9. Mai: Dietrich Buxtehude gestorben.

15. Juni: Bach als Organist an der St. Blasiuskirche (Divi Blasii) in Mühlhausen angestellt.

17. Oktober: Johann Sebastian Bach heiratet in Dornheim seine Cousine Maria Barbara Bach.

Union Englands und Schottlands unter der Bezeichnung „Großbritannien".

1708 *Juni: Bach zum Organisten und Kammermusiker der Herzöge Wilhelm Ernst und Ernst August nach Weimar berufen. Kontakte zu Johann Gottfried Walther, Georg Theodor Reineccius, Johann Matthias Gesner und Georg Philipp Telemann.*
29. Dezember: Taufe der Tochter Catharina Dorothea.
1709 Georg Philipp Telemann wird Hofkapellmeister in Eisenach. Johann Friedrich Böttger gelingt in Meißen die Porzellanherstellung.
1710 4. Januar: Giovanni Battista Pergolesi geboren.
22. November: Sohn Wilhelm Friedemann geboren.
1711 17. April: Joseph I. gestorben. Karl VI. folgt ihm auf den Kaiserthron.
Shore erfindet die Stimmgabel.
1712 24. Januar: Kronprinz Friedrich, der spätere König Friedrich II. von Preußen geboren.
28. Juni: Jean-Jacques Rousseau geboren.
Georg Philipp Telemann Kirchenmusikdirektor in Frankfurt am Main.
1713 8. Januar: Arcangelo Corelli gestorben.
25. Februar: Friedrich I. in Berlin gestorben. Friedrich Wilhelm I. wird König von Preußen.
19. April: Pragmatische Sanktion. Regelung der Erbfolge im Hause Habsburg.
13. Juli: Friede zu Utrecht zwischen Frankreich, England und Preußen.
Dezember: Organistenprobe in Halle.
François Couperins Klavierschule erschienen.
1714–1718 Krieg der Türkei gegen Venedig und Österreich.
1714 *Beginn der Arbeit am „Orgelbüchlein".*
Georg Friedrich Händel wird Hofkomponist in London. Er komponiert die „Wassermusik".
Februar: Bach zieht die Bewerbung um die Organistenstelle an der Kirche Unserer Lieben Frauen in Halle zurück.
2. März: Ernennung zum Konzertmeister in Weimar.
6. März: Der Friede von Rastatt zwischen Frankreich und dem Kaiser beendet den Spanischen Erbfolgekrieg.
8. März: Bachs Sohn Philipp Emanuel geboren. Taufpate ist Georg Philipp Telemann.
2. Juli: Christoph Willibald von Gluck geboren.
1. August: Königin Anna von England gestorben. Personalunion England – Hannover. Georg I. wird König.
7. September: Friede von Baden zwischen dem Deutschen Reich und Frankreich.
1715 *11. Mai: Sohn Johann Gottfried Bernhard geboren.*

4. Juli: Christian Fürchtegott Gellert geboren.
1. September: Ludwig XIV. von Frankreich in Versailles gestorben. Sein Urenkel Ludwig XV. wird König. Preußen tritt in den Nordischen Krieg ein.

1716 *„Jagdkantate" (BWV 208).*
28. April – 2. Mai: Orgelprüfung in Unserer Lieben Frauen zu Halle.
Prinz Eugen siegt bei Großwardein über die Türken.

1717 13. Mai: Maria Theresia als älteste Tochter Kaiser Karls VI. geboren.
19. Juni: Johann Stamitz geboren.
5. August: Bach nach Köthen berufen als Hofkapellmeister des Fürsten Leopold von Anhalt-Köthen.
Herbst: Reise nach Dresden, Begegnung mit Louis Marchand.
6. November – 2. Dezember: Bach wird inhaftiert. Entlassung aus dem Dienst in Weimar.
16. Dezember: Orgelprüfung in der Paulinerkirche zu Leipzig.

1718 *Mai/Juni: Reise nach Karlsbad.*
Friede von Passarowitz. Ende des Türkenkrieges.

1720 *„Klavierbüchlein für Wilhelm Friedemann Bach".*
4. Januar: Johann Friedrich Agricola geboren.
Mai/Juni: Reise nach Karlsbad.
7. Juli: Begräbnis von Maria Barbara Bach.
November: Reise nach Hamburg. Bach bewirbt sich um die Stelle eines Organisten in der Jakobikirche.

1721 *Bach komponiert sechs „Brandenburgische Konzerte" im Auftrag Christian Ludwigs von Brandenburg.*
22. Februar: Johann Sebastians Bruder Johann Christoph gestorben.
3. Dezember: Bach heiratet Anna Magdalena Wilcke.
Georg Philipp Telemann wird städtischer Musikdirektor in Hamburg.

1722 *„Orgelbüchlein". „Erstes Notenbüchlein für Anna Magdalena Bach". „Das wohltemperierte Klavier" (1. Teil).*
16. April: Bachs Bruder Johann Jacob in Stockholm gestorben.
Dezember: Bach bewirbt sich um das Thomaskantorat in Leipzig.

1723 *7. Februar: Aufführung der Probekantate („Jesus nahm zu sich die Zwölfe". BWV 22).*
26. März: Uraufführung der „Johannes-Passion" in der Leipziger Thomaskirche.
5. Mai: Der Anstellungsvertrag wird unterzeichnet. Offizielle Ernennung zum Thomaskantor.
22. Mai: Bach übersiedelt nach Leipzig.
30. Mai: Erste Kantatenaufführung in der Nikolaikirche.
1. Juni: Bachs Amtseinführung.

November: Orgelprüfung und -einweihung in Störmthal.
Weihnachten: „Magnificat".
1724 *26. Februar: Sohn Gottfried Heinrich geboren.*
7. April: Erste Aufführung der „Johannes-Passion".
22. April: Immanuel Kant geboren.
25. Juni: Orgelprüfung und -einweihung in Gera.
2. Juli: Friedrich Gottlieb Klopstock geboren.
1725 *„Zweites Notenbüchlein für Anna Magdalena Bach".*
19./20. September: Orgelkonzert in Dresden.
24. Oktober: Alessandro Scarlatti gestorben.
1726 *5. April: Taufe der Tochter Elisabeth Juliana Friederica.*
November: Erstmals erscheinen Bachs eigene Werke im Druck.
1727 *Neufassung der „Johannes-Passion"*
22. Juni: Georg I. gestorben. Sein Sohn Georg II. wird König von England und Kurfürst von Hannover.
1728 *10. Oktober: Taufe der Tochter Regina Johanna.*
1729 22. Januar: Gotthold Ephraim Lessing geboren.
Februar: Mehrtägiger Aufenthalt am Hof in Weißenfels.
Ernennung zum fürstlich-weißenfelsischen Hofkapellmeister.
15. April: Erste (?) Aufführung der „Matthäus-Passion".
Frühjahr: Bach übernimmt die Leitung eines Collegium musicum.
Juni: Händel in Halle. Vergebliche Einladung nach Leipzig.
1730 *Umarbeitung des „Magnificat".*
1731 *Abschluß der „Clavier-Übung I".*
„Marcus-Passion" (verschollen).
September: Orgelkonzert in Dresden.
1732 31. März: Joseph Haydn geboren.
April: Umzug in die erweiterte Thomasschule.
21. Juni: Sohn Johann Christoph Friedrich geboren.
1733–1735 Polnischer Thronfolgekrieg.
1733 *23. Juni: Bachs Sohn Wilhelm Friedemann als Organist an der Sophienkirche in Dresden angestellt.*
Juli: Reise nach Dresden.
27. Juli: Bach überreicht in Dresden die „Missa h-Moll" („Kyrie" und „Gloria", BWV 232).
5. September: Christoph Martin Wieland geboren.
12. September: François Couperin gestorben.
Giovanni Battista Pergolesi schreibt die Buffo-Oper „La Serva Padrona" („Die Magd als Herrin").
1734 *Carl Philipp Emanuel Bach geht nach Frankfurt an der Oder.*
Friedrich August II. von Sachsen wird als August III. König von Polen.
1734–1735 *Dezember/Januar: Erste Aufführung des „Weihnachtsoratoriums".*

1735 *„Himmelfahrtsoratorium" (Kantate „Lobet Gott" BWV 11).*
Frühjahr: „Clavier-Übung II" im Druck veröffentlicht.
Juni: Reise nach Mühlhausen.
5. September: Sohn Johann Christian geboren.

1736–1739 Krieg Rußlands und Österreichs gegen die Türkei.

1736 *„Osteroratorium". Neufassung der „Matthäus-Passion".*
16. März: Giovanni Battista Pergolesi gestorben.
Juli: Beginn des „Präfektenstreites".
19. November: Bach zum kurfürstlich-sächsischen Hofkomponisten ernannt.
1. Dezember: Orgelkonzert in der Frauenkirche zu Dresden.

1737 *Frühjahr: Bach gibt die Leitung des Collegium musicum ab.*
Herbst: Johann Elias Bach wird Hauslehrer und Sekretär.

1738 *Letzte Fassung der „Johannes-Passion".*
Carl Philipp Emanuel Bach wird Cembalist des Kronprinzen Friedrich, des späteren Königs Friedrich II. von Preußen.

1739 *Erneute Umarbeitung der „Matthäus-Passion".*
September: Die „Clavier-Übung III" erscheint im Druck.
Oktober: Wiederaufnahme der Arbeit mit dem Collegium musicum.
Der Friede von Belgrad beendet den russisch-österreichischen Krieg gegen die Türkei.

1740–1748 Österreichischer Erbfolgekrieg.

1740 31. Mai: Friedrich Wilhelm I. gestorben. Friedrich II. wird König von Preußen.
15. August: Matthias Claudius geboren.
20. Oktober: Karl VI. gestorben. Maria Theresia wird römisch-deutsche Kaiserin aufgrund der Pragmatischen Sanktion.
16. Dezember: Friedrich II. fällt in Schlesien ein. Beginn des ersten Schlesischen Krieges.
Haydn wird Chorsänger an der Wiener Stephanskirche.

1741 *Bach reist nach Berlin zu seinem Sohn Carl Philipp Emanuel.*
Antonio Vivaldi gestorben (oder 1743).

1742 *„Clavier-Übung IV" („Goldberg-Variationen") für Graf Carl Hermann von Kayserling. „Bauernkantate" (BWV 212).*
24. Januar: Kurfürst Karl Albrecht von Bayern als Karl VII. zum Kaiser gewählt.
12. Februar: Kaiserkrönung in Frankfurt.
22. Februar: Taufe der Tochter Regina Susanna.
11. Juni/28. Juli: Friede von Breslau und Berlin. Der größte Teil Schlesiens kommt an Preußen. Ende des ersten Schlesischen Krieges.
31. Oktober: Johann Elias Bach reist ab.
Händels „Messias" uraufgeführt.

1743 *Dezember: Orgelprüfung in der Johanniskirche zu Leipzig.*

1744 *„Du Friedefürst, Herr Jesu Christ" (BWV 116), Bachs letzte Kantate.*
„Das wohltemperierte Klavier" 2. Teil.
August: Friedrich II. marschiert in Böhmen ein und erobert Prag. Beginn des zweiten Schlesischen Krieges zwischen Friedrich II. und Maria Theresia.
25. August: Johann Gottfried von Herder geboren.

1745 *Letzte Fassung der „Matthäus-Passion".*
20. Januar: Karl VII. in München gestorben. Der Kaisertitel fällt wieder an das Haus Habsburg.
Oktober: Franz Stefan von Lothringen in Frankfurt als Franz I. zum Kaiser gekrönt.
25. Dezember: Preußisch-österreichischer Friede von Dresden. Ende des zweiten Schlesischen Krieges.

1746 *16. April: Wilhelm Friedemann Bach als Organist an Unserer Lieben Frau in Halle angestellt.*
24.–28. September: Orgelprüfung in der Wenzelskirche zu Naumburg gemeinsam mit Gottfried Silbermann.

1747 16. Januar: Barthold Heinrich Brockes gestorben.
Frühjahr: Bachs zweite Berlinreise (mit Wilhelm Friedemann) zu Carl Philipp Emanuel.
1. Mai: Schloß Sanssouci bei Potsdam wird fertiggestellt.
7./8. Mai: Besuch am Hof König Friedrichs II. Konzerte in Sanssouci und Potsdam.
Juni: Eintritt in die „Societät der musikalischen Wissenschaften".
September: Das „Musikalische Opfer" erscheint im Druck.
Johann Georg Leopold Mozart heiratet Anna Maria Pertl. (1756 wird ihr Sohn Wolfgang Amadeus geboren.)

1748 18. Oktober: Friede von Aachen. Ende des österreichischen Erbfolgekrieges. Preußen erhält Schlesien, Maria Theresia wird als Kaiserin anerkannt.

1749 *Arbeit an „Die Kunst der Fuge".*
20. Januar: Johann Christoph Altnikol heiratet Elisabeth Juliana Friederica Bach.
Ende Mai: Ein Schlaganfall vermindert Bachs Sehkraft.
8. Juni: Kantoratsprobe Gottlieb Harrers.
28. August: Johann Wolfgang Goethe geboren.
17. Dezember: Domenico Cimarosa geboren.

1750 *Januar: Johann Christoph Friedrich Bach wird als Hofmusiker in Bückeburg angestellt.*
17. Januar: Tomaso Albinoni gestorben.
März/April: Bach muß sich zwei Augenoperationen durch den englischen Augenarzt John Taylor unterziehen. Erblindung.
10. Juni: Voltaire kommt an den Hof Friedrichs des Großen von Preußen.

Juli: Bach diktiert seinem Schwiegersohn Johann Christoph Altnikol sein letztes Werk, den Choral „Vor deinen Thron tret ich hiermit“.
18. Juli: Bach kann wieder sehen.
Es folgt bald ein zweiter Schlaganfall.
28. Juli: Johann Sebastian Bach in Leipzig gestorben.
31. Juli: Beisetzung an der Südmauer der Johanniskirche.

d'Angélis, G./Mithois, M. (Hg.), Jean-Sébastien Bach. (= Collection Génies et réalités. 16). Paris 1963.
Bach, C.P.E./Agricola, J.F., Der Nekrolog auf Johann Sebastian Bach. Hg. v. C. Trautmann. (Nachdruck). Leipzig 1965.
Johann Sebastian Bachs Unterschriften. (Mitgliedsgabe der Neuen Bachgesellschaft). Leipzig 1972.
Bach. The Quarterly Journal of the Riemenschneider Bach Institute. Bd. 1ff. Berey, Ohio 1970 ff.
Bijl, T. van der, De toonschildering in the Matthäus-Passion van Johann Sebastian Bach. Amsterdam 1961.
Blankenburg, W., Johann Sebastian Bach. (= Wege der Forschung. 170). Darmstadt 1970.
Blume, F., Der junge Bach. (= Jahresgabe der Internationalen Bach-Gesellschaft). Wolfenbüttel/Zürich 1967.
Bodky, E., Der Vortrag der Klavierwerke von Johann Sebastian Bach. Aus d. Amerik. übertr. v. M. Wilke. Tutzing 1970. Amerik. Ausg. Cambridge, Mass. 1960.
Brückner, C., Johann Sebastian Bach, „Dritter Theil der Clavier Übung". Zürich 1973.
Buchet, E., Jean-Sébastian Bach. Après deux siècles d'études et de témoignages. (= Musique). Paris 1968.
Carell, N., Bach, the Borrower. London 1967.
Carell, N., Bach's Brandenburg Concertos. Foreword by Y. Menuhin. London 1963.
Chailley, J., L'art de la fugue de J.-S. Bach. (=Au-delà des notes. 1). Paris 1971.
Chailley, J., Les chorals pour orgue de J.-S. Bach. (= Au-delà des notes. 5). Paris 1974.
Chailley, J., Les passions de J.-S. Bach. Paris 1963.
Chase, H. R., German, Italian, and Dutch Fugal Precursors of the Fugues in the „Well-tempered Clavier I", 1600–1722. Diss. Ann Arbor, Mich. 1970.

---

* Auswahlbibliographie von Veröffentlichungen zu Leben und Werk Johann Sebastian Bachs seit dem Jahre 1960. Für den Zeitraum bis ca. 1960 gibt L. A. Marcel, Johann Sebastian Bach . . ., Reinbek 1963, S. 166–178 einen guten Überblick. Außerdem sind Bibliographien unter anderem in den genannten Werken von Chiapusso, Gauger, Hindermann (Kantaten), Hoekstra, Lewis, May, Morozov, Morrongiello, Schaeffer, Sharp und Wroński enthalten. An speziellen Nachschlagewerken sind in jüngster Zeit erschienen:
- Kenney, S. W. (Hg.), Catalog of the Emilie and Karl Riemenschneider Memorial Bach Library. New York 1960.
- Krause, P., Originalausgaben und ältere Drucke der Werke Johann Sebastian Bachs in der Musikbibliothek der Stadt Leipzig. (= Bibliographische Veröffentlichungen der Musikbibliothek der Stadt Leipzig. 5). Leipzig 1970.

Chiapusso, J., Bach's World. Bloomington/London 1968.
Clarke, J. W., Interpreting Rhythm in Bach. Diss. Ann Arbor, Mich. 1971.
Czaczkes, L., Analyse des wohltemperierten Klaviers. 2 Bde. Wien/München 1965.
Czaczkes, L., Bachs chromatische Fantasie und Fuge. Form und Aufbau. Die Arpeggienausführung. Wien 1971.
David, J. N., Das wohltemperierte Klavier. Göttingen 1962.
Day, J., The Literary Background to Bach's Cantatas. (= The Student's Music Library). London 1961.
Donington, R., Tempo and Rhythm in Bach's Organ Music. London/New York 1960.
Dürr, A., Johann Sebastian Bach. Weihnachtsoratorium. BWV 248. (= Meisterwerke der Musik. 8). München 1967.
Dürr, A., Zur Chronologie der Leipziger Vokalwerke J. S. Bachs. (= Musikwissenschaftliche Arbeiten. 26). Kassel 1976.
Dürr, A., Die Kantaten von Johann Sebastian Bach. 2 Bde. (= Deutscher Taschenbuch Verlag. 4080 u. 4081). Kassel/München 1971. Neuauflage 1975.
Dulęba, W., Bach. Oprac. Wladyslaw Dulęba. Teksty Bohdan Pociej. Kraków 1973.
Duse, U., Musica e cultura. 4 diagnosi. (= Saggi. NS. 2). Padova 1967.
Ehmann, W., „Concertisten" und „Ripienisten" in der h-moll-Messe Johann Sebastian Bachs. Kassel/Basel 1961.
Emery, W., Bach's Ornaments. (Nachdruck). London 1961.
Ennis, C. E., The Musical Setting in J. S. Bach's Cantatas and Selected Verbs Denoting Physical Motion of Varying Intensity. Diss. Ann Arbor, Mich. 1971.
Eppstein, H., Studien über J. S. Bachs Sonaten für ein Melodieinstrument und obligates Cembalo. (= Studia musicologica Upsaliensia. NS.2). Uppsala 1966.
Ernst, F., Bach und das Pianoforte. (= Schriftenreihe Das Musikinstrument. 6). Frankfurt a. M. 1964.
Finke-Hecklinger, D., Tanzcharaktere in Johann Sebastian Bachs Vokalmusik. (= Tübinger Bach-Studien. 6). Trossingen 1970.
Fitzsimmons, W. E., A Historical and Interpretative Study of Four Works for Orchestra. Diss. Ann Arbor, Mich. 1972.
Foelber, P. F., Bach's Treatment of the Subject of Death in his Choral Music. Diss. Washington 1961.
Forkel, J. N., Über Johann Sebastian Bachs Leben, Kunst und Kunstwerke. Hg. u. m. e. Nachw. vers. v. W. Vetter. (Nachdr. d. Ausg. v. 1802). Kassel 1968.
Foster, W. C., J. S. Bach's Musical Treatment of Negative Text Passages. Diss. Ann Arbor/Mich. 1969.

Freyse, C., Bachs Antlitz. Betrachtungen und Erkenntnisse zur Bach-Ikonographie. Eisenach 1964.

Friedemann, G., Bach zeichnet das Kreuz. Die Bedeutung der vier Duetten aus dem 3. Theil der Clavierübung. Pinneberg/Im Bans 1963.

Gauger, R. R., Ostinato Techniques in Chaconnes and Passacaglias of Pachelbel, Buxtehude and J. S. Bach. Diss. Ann Arbor, Mich. 1975.

Geck, M., Die Wiederentdeckung der Matthäuspassion im 19. Jahrhundert. (= Studien zur Musikgeschichte des 19. Jahrhunderts. 9). Regensburg 1967.

Geiringer, K., Johann Sebastian Bach. Unter Mitarb. v. I. Geiringer. (= Beck'sche Sonderausgaben. 14). München 1971.

Geiringer, K., Johann Sebastian Bach. The Culmination of an Era. In collab. with I. Geiringer. London 1967.

Geiringer, K., Die Musikerfamilie Bach. Musiktradition in sieben Generationen. Unter Mitarb. v. I. Geiringer. (= Beck'sche Sonderausgaben. 47). München 1977.

Gerstung, D. W., Performance Practice of Multiple Stops in the Sonatas and Partitas for Unaccompanied Violin of J. S. Bach. 2 Bde. Diss. Ann Arbor, Mich. 1970.

Grew, E. M. u. S., Bach. (= The Great Composers Series). New York 1962.

Grinde, N./Nielsen, L., Laerebok i Kontrapunkt etter Bach-stilen. Tostemmig invensjon Oslo 1966.

Hagen, H. W., Von Rembrandt bis Beethoven. Schöpferische Krisen europäischer Genies. München 1972.

Hahn, H., Symbol und Glaube im ersten Teil des Wohltemperierten Klaviers von Johann Sebastian Bach. Wiesbaden 1973.

Hammerschlag, J., Wenn Bach ein Tagebuch geführt hätte ... Stuttgart [9]1967.

Hanke, S. E., The German Unaccompanied Keyboard Concerto in the Early Eighteenth Century Including Works of Walther, Bach and their Contemporaries. Diss. Ann Arbor, Mich. 1973.

Harmon, T. F., The Registration of J. S. Bach's Organ Works. Diss. Ann Arbor, Mich. 1971.

Hellmann, D., J. S. Bach, Ende und Anfang. Gedenkschrift z. 75. Geburtstag des Thomaskantors G. Ramin. Wiesbaden 1973.

Hindermann, W. F., Die nachösterlichen Kantaten des Bachschen Choralkantaten-Jahrgangs. Hofheim 1975.

Hindermann, W. F., Wiedergewonnene Schwesterwerke der Brandenburgischen Konzerte Johann Sebastian Bachs. Hofheim a. T. 1970.

Hoekstra, T. E., Tempo Considerations in the Choral Music of Johann Sebastian Bach. Diss. Ann Arbor, Mich. 1976.

Huber, A. G., Bach-Studien. Zürich 1964.
Ihlenfeld, K., Geschichten um Bach. Berlin ²1961.
Jankowski, B. M., O muzyce i muzykach. Warszawa ²1976.
Kalendarium zur Lebensgeschichte Johann Sebastian Bachs. Zusammengest. u. hg. v. Bach-Archiv Leipzig. Leipzig 1971.
Keller, H., Das Wohltemperierte Klavier von Johann Sebastian Bach. Kassel 1965.
Kelletat, H., Zur musikalischen Temperatur, insbesondere bei Johann Sebastian Bach. Kassel 1960.
Kilgore, E. K., Metric Anomalies in the Well-Tempered Clavier. Diss. Ann Arbor, Mich. 1974.
Klein, H.-G., Der Einfluß der Vivaldischen Konzertform im Instrumentalwerk J. S. Bachs. (= Sammlung musikwissenschaftlicher Abhandlungen. 54). Strasbourg/Baden-Baden 1970.
Kraft, G./Bock, E., Bach in Eisenach. (= Schriften des Bach-Museums Eisenach). Jena 1967.
Kreft, R., Johann Sebastian Bach. Die Kunst der Fuge und ihre B-A-C-H-Elemente. Werkanalyse. Tutzing 1977.
Krüger, E., Stilistische Untersuchungen zu ausgewählten frühen Klavierfugen Johann Sebastian Bachs. (= Hamburger Beiträge zur Musikwissenschaft. 2). Hamburg 1970.
Kunze, S., Gattungen der Fuge in Bachs Wohltemperiertem Klavier. Göttingen 1968.
Lehmann, C., Jean-Sébastien Bach. L'homme et son œuvre. Liste complète des œuvres, discographie. (Musiciens de tous les temps 8). Paris 1964.
Lewis, H. M. jr., The Problem of the „Tromba da Tirarsi“ in the Works of J. S. Bach. Diss. Ann Arbor, Mich. 1976.
Lora, D. L., The Perception of the Motive in the Bach Chorale Preludes. Diss. Ann Arbor, Mich. 1971.
McAll, M. de Forest, Melodic Index to the Works of Johann Sebastian Bach. New York/Frankfurt 1962.
McKinney, J. C., The Solo Bass Voice in the Cantatas of J. S. Bach. Diss. Ann Arbor, Mich. 1970.
Macombe, F. S., Bach's Re-use of his Own Music. Diss. High Wycombe 1969.
Marcel, L.-A., Johann Sebastian Bach in Selbstzeugnissen und Bilddokumenten. (= Rowohlts Monographien. 83). Reinbek 1963.
Marshall, R. L., The Compositional Process of J. S. Bach. (Diss. 1969). 2 Bde. (= Princeton Studies in Music. 4). Princeton, N. J. 1972.
Marshall, R. L. (Hg.), Studies in Renaissance and Baroque Music in Honor of Arthur Mendel. Kassel 1974.
May, E. D., Breitkopf's Role in the Transmission of J. S. Bach's Organ Chorales. Diss. Ann Arbor, Mich. 1976.

Mezger, M., Botschaft und Glaube in Johann Sebastian Bachs Kirchenmusik. (= Jahresgabe der Internationalen Bach-Gesellschaft). Wolfenbüttel/Zürich 1964.
Mies, P., Die geistlichen Kantaten Johann Sebastian Bachs und der Hörer von heute. 3 Teile. (= Jahresgabe der Internationalen Bach-Gesellschaft). Wiesbaden 1959–1964.
Mies, P., Die weltlichen Kantaten Johann Sebastian Bachs und der Hörer von heute. (= Jahresgabe der Internationalen Bach-Gesellschaft). Wiesbaden 1967.
Miles, R. H., Johann Sebastian Bach. An Introduction to his Life and Works. Englewood Cliffs, N. J. 1962.
Miller, T. A., An Investigation of Johann Sebastian Bach's Cantata 118 O Jesu Christ, meins Lebens Licht. Diss. Ann Arbor, Mich. 1971.
Morozov, S. A., Bach. Moskva 1975.
Morrongiello, L. A., Music Symbolism in Selected Cantatas and Chorale Preludes. Diss. Ann Arbor, Mich. 1976.
Moser, H. J., Bachs Werke. Kassel 1964.
Müller-Schwefe, H. R., Bachs Kantaten als Auslegung des Wortes Gottes. Nürnberg 1960.
Nägeli, H. G., Johann Sebastian Bach. Hg. v. G. Birkner. (= Neujahrsblatt der Allgemeinen Musikgesellschaft Zürich. 158). Zürich 1974.
Neumann, W., Bach. Eine Bildbibliographie. (= Kindlers klassische Bildbiographien. 17). München 1960.
Neumann, W. Das kleine Bachbuch. Salzburg 1971.
Neumann, W., Handbuch der Kantaten Johann Sebastian Bachs. Leipzig ^{3}1967.
Neumann, W. (Hg.), Sämtliche von Johann Sebastian Bach vertonte Texte. Leipzig 1974.
Neumann, W./Schulze, H.-J. (Hg.), Fremdschriftliche und gedruckte Dokumente zur Lebensgeschichte Johann Sebastian Bachs, 1685–1750. (= Bach-Dokumente. 2). Kassel/Leipzig 1969.
Neumann, W./Schulze, H.-J. (Hg.), Schriftstücke von der Hand Johann Sebastian Bachs. (= Bach-Dokumente. 1). Kassel 1963.
Oberacker, B., The Preludes of the Well-Tempered Clavier, Volume I, of Johann Sebastian Bach. Diss. Ann Arbor, Mich. 1972.
Pasfield, W. R., An Introduction to Counterpoint in the Style of J. S. Bach. London 1961.
Pro, G. H., Bach's Toccata, Adagio, and Fugue in C Major for Organ, BWV 564. Diss. Ann Arbor, Mich. 1971.
Rabej, V. O., Sonaty i partity I. S. Bacha dlja skripki solo. Moskva 1970.
Ratz, E., Einführung in die musikalische Formenlehre. Über Formprinzipien in den Inventionen und Fugen J. S. Bachs und ihre Bedeutung für die Kompositionstechnik Beethovens. Wien ^{3}1973.

Raupach, H., Johann Sebastian Bach und die Gesellschaft seiner Zeit. (= Reihe der Bayerischen Akademie der Schönen Künste. 2). München 1973.

Reed, R. A. jr., Spenerian Pietism and the Cantatas of Johann Sebastian Bach. Diss. Ann Arbor, Mich. 1968.

Riedel, F. W., Musikgeschichtliche Beziehungen zwischen Johann Joseph Fux und Johann Sebastian Bach. (= Jahresgabe der Johann Joseph-Fux-Gesellschaft 1963). Kassel 1963.

Robertson, A., The Church Cantatas of J. S. Bach. London 1972.

Schaeffer, J. G., The Influence of the Late Baroque Instrumental Concerto on Bach's Free Forms for Organ and Clavier. Diss. Ann Arbor, Mich. 1970.

Schlötterer-Traimer, R., Johann Sebastian Bach. Die Kunst der Fuge. (= Meisterwerke der Musik. 4). München 1966.

Schloezer, B. de, Entwurf einer Musikästhetik. Zum Verständnis von Johann Sebastian Bach. Aus d. Franz. übertr. v. H. Leuchtmann. Hamburg/München 1964.

Schulze, H.-J., Johann Sebastian Bach. Leben und Werk in Dokumenten. (= Deutscher Taschenbuch Verlag. Wissenschaftliche Reihe. 4164). Kassel/München 1975.

Schulze, H.-J. (Hg.), Dokumente zum Nachwirken Johann Sebastian Bachs, 1750–1800. (= Bach-Dokumente. 3). Kassel 1972.

Schweitzer, A., J. S. Bach. Vorrede v. C. M. Widor. Wiesbaden 1960.

Schwendowius, B./Dömling, W. (Hg.), Johann Sebastian Bach. Zeit, Leben, Wirken. Kassel 1976.

Sharp, N. E. O., The Use of Flutes and Recorders in the Church Cantatas of Johann Sebastian Bach. Diss. Ann Arbor, Mich. 1976.

Smend, F., Johann Sebastian Bach. Kirchen-Kantaten. Berlin 1966.

Smend, F., Bach-Studien. Gesammelte Reden und Aufsätze. Hg. v. C. Wolff. Kassel 1969.

Steglich, R., Tanzrhythmen in der Musik Johann Sebastian Bachs. (= Jahresgabe der Internationalen Bach-Gesellschaft). Wolfenbüttel/Zürich 1962.

Stiller, G., Johann Sebastian Bach und das Leipziger gottesdienstliche Leben seiner Zeit. Kassel/Basel 1970.

Streck, H., Die Verskunst in den poetischen Texten zu den Kantaten J. S. Bachs. (= Hamburger Beiträge zur Musikwissenschaft. 5). Hamburg 1971.

Sumner, W. L., Bach's Organ-Registration. London/New York 1961.

Sweeney, J. A., Die Naturtrompeten in den Kantaten J. S. Bachs. Diss. Berlin 1961.

Sweetkind, D. W., Allegro und Adagio Rhythmic Style in the Instrumental Works of J. S. Bach. Diss. Ann Arbor, Michigan 1969.

Tate, E. A., Bach Cantata Movements Suitable for Flute Transcription. 2 Bde. Diss. Ann Arbor, Mich. 1975.
Terry, C. S., Bach. The Cantatas and Oratorios. The Passions, The Magnificat, Lutheran Masses and Motets. (Nachdruck. 5 Bde in 1 Bd.). New York/London 1972.
Terry, C. S., Bach. The Passions. 2 Bde. (Nachdruck d. Ausg. v. 1926). Westport, Conn. 1970.
Tolonen, J., Protestanttinen koraali ja Bachin fuugateemat. Tecksessa Das Wohltemperierte Klavier I. (= Acta musicologica fennica. 5). Helsinki 1971.
Valabrega, C., La musica sacra di Johann Sebastian Bach. (= Lo Scandaglio. 1). Parma 1965.
Vidal, P., Bach et la machine-orgue. Fontenay-sous-Bois 1973.
Vos. A., Joh. Seb. Bach. The Thomascantor van Leipzig, zijn voorouders en nakomelingen. Franeker 1975.
Walter, G., Die Schicksale des Autographs der h-moll-Messe von Johann Sebastian Bach. (= Neujahrsblatt der Allgemeinen Musikgesellschaft Zürich. 149). Zürich 1965.
Weinholt Petersen, K., Analyse af J. S. Bachs 2-st. inentioner. Kopenhagen 1970.
Werthemann, H., Die Bedeutung der alttestamentlichen Historien in Johann Sebastian Bachs Kantaten. (= Beiträge zur Geschichte der biblischen Hermeneutik. 3). Tübingen 1960.
Whaples, M. K., Bach Aria Index. (= MLA Index Series. 11). Ann Arbor, Mich. 1971.
Wolff, C., Der stile antico in der Musik Johann Sebastian Bachs. (= Archiv für Musikwissenschaft. Beiheft 6). Wiesbaden 1968.
Wroński, T., Sonaty i partity J. S. Bacha na skrzypce solo. Kraków 1970.
Young, P. M., The Bachs, 1500–1850. London 1970.
Zavarský, E., Johann Sebastian Bach. Bratislava 1970.

Familie BACH

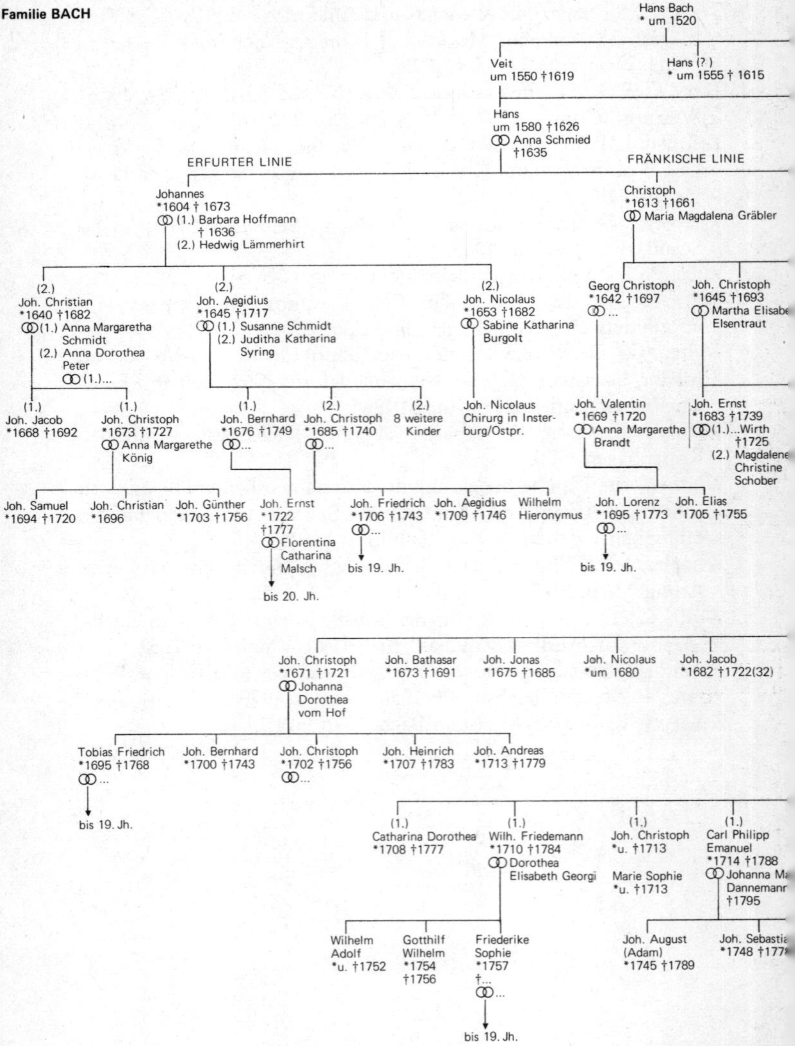

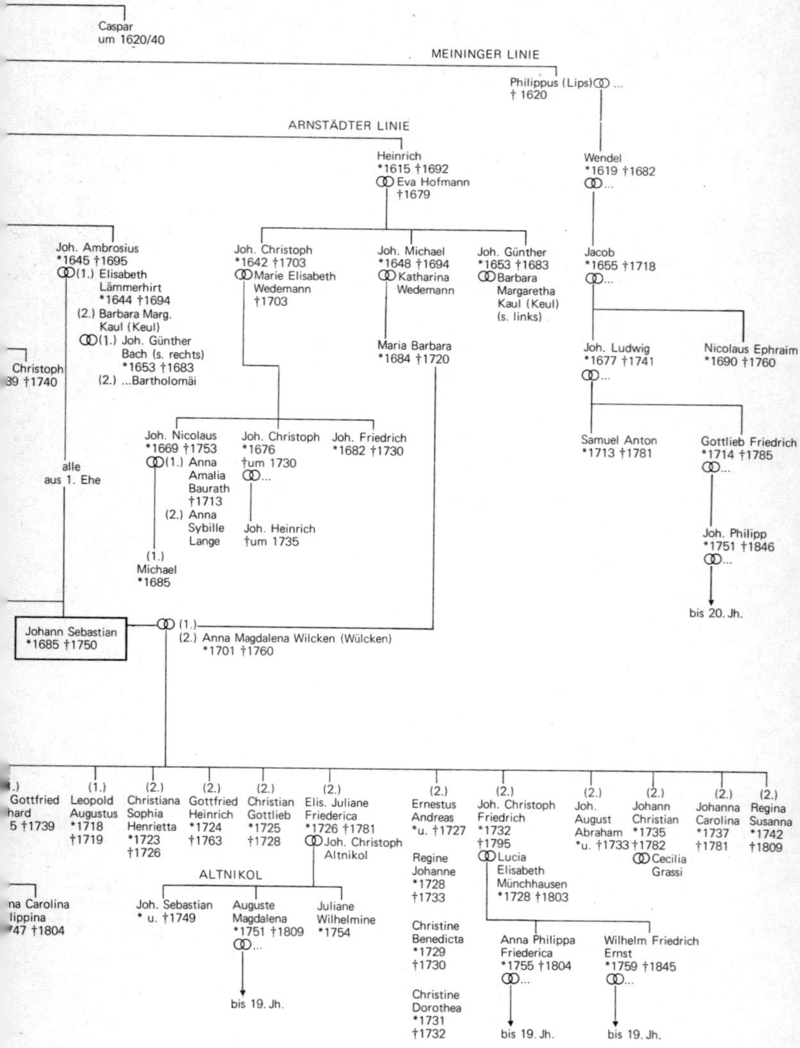

Caspar um 1620/40
MEININGER LINIE
Philippus (Lips) ⚭ … † 1620
ARNSTÄDTER LINIE
Heinrich *1615 †1692 ⚭ Eva Hofmann †1679
Wendel *1619 †1682 ⚭ …
Joh. Ambrosius *1645 †1695 ⚭ (1.) Elisabeth Lämmerhirt *1644 †1694 (2.) Barbara Marg. Kaul (Keul) ⚭ (1.) Joh. Günther Bach (s. rechts) *1653 †1683 (2.) …Bartholomäi
Joh. Christoph *1642 †1703 ⚭ Marie Elisabeth Wedemann †1703
Joh. Michael *1648 †1694 ⚭ Katharina Wedemann
Joh. Günther *1653 †1683 ⚭ Barbara Margaretha Kaul (Keul) (s. links)
Jacob *1655 †1718 ⚭ …
Christoph
39 †1740
Maria Barbara *1684 †1720
Joh. Ludwig *1677 †1741 ⚭ …
Nicolaus Ephraim *1690 †1760
Joh. Nicolaus *1669 †1753 ⚭ (1.) Anna Amalia Baurath †1713 (2.) Anna Sybille Lange
Joh. Christoph *1676 †um 1730 ⚭ …
Joh. Friedrich *1682 †1730
Samuel Anton *1713 †1781
Gottlieb Friedrich *1714 †1785 ⚭ …
alle aus 1. Ehe
Joh. Heinrich †um 1735
(1.) Michael *1685
Joh. Philipp *1751 †1846 ⚭ …
bis 20. Jh.
Johann Sebastian *1685 †1750
⚭ (1.) (2.) Anna Magdalena Wilcken (Wülcken) *1701 †1760
(1.) Gottfried …hard …5 †1739
(1.) Leopold Augustus *1718 †1719
(2.) Christiana Sophia Henrietta *1723 †1726
(2.) Gottfried Heinrich *1724 †1763
(2.) Christian Gottlieb *1725 †1728
(2.) Elis. Juliane Friederica *1726 †1781 ⚭ Joh. Christoph Altnikol
(2.) Ernestus Andreas *u. †1727
Regine Johanne *1728 †1733
Christine Benedicta *1729 †1730
Christine Dorothea *1731 †1732
(2.) Joh. Christoph Friedrich *1732 †1795 ⚭ Lucia Elisabeth Münchhausen *1728 †1803
(2.) Joh. August Abraham *u. †1733
(2.) Johann Christian *1735 †1782 ⚭ Cecilia Grassi
(2.) Johanna Carolina *1737 †1781
(2.) Regina Susanna *1742 †1809
ALTNIKOL
…na Carolina …lippina …47 †1804
Joh. Sebastian * u. †1749
Auguste Magdalena *1751 †1809 ⚭ …
Juliane Wilhelmine *1754
bis 19. Jh.
Anna Philippa Friederica *1755 †1804 ⚭ …
bis 19. Jh.
Wilhelm Friedrich Ernst *1759 †1845 ⚭ …
bis 19. Jh.

WERKVERZEICHNIS

In dieser Zusammenstellung sind sämtliche vollständig erhaltenen und echten Werke von Johann Sebastian Bach in systematischer Folge und nach der Numerierung des Bach-Werkverzeichnisses (BWV) aufgeführt; die (in der Regel ebenfalls angegebene) Datierung ist in vielen Fällen noch immer nicht endgültig gesichert.

A. Kantaten

BWV	
1	Wie schön leuchtet der Morgenstern (1725)
2	Ach Gott, vom Himmel sieh darein (1724)
3	Ach Gott, wie manches Herzeleid I (1725)
4	Christ lag in Todesbanden (vor 1714)
5	Wo soll ich fliehen hin (1724)
6	Bleib bei uns, denn es will Abend werden (1725)
7	Christ unser Herr zum Jordan kam (1724)
8	Liebster Gott, wenn werd ich sterben (1724)
9	Es ist das Heil uns kommen her (um 1732 bis 1735)
10	Mein Seel erhebt den Herren (1724)
11	Lobet Gott in seinen Reichen (1735)
12	Weinen, Klagen, Sorgen, Zagen (1714)
13	Meine Seufzer, meine Tränen (1726)
14	Wär Gott nicht mit uns diese Zeit (1735)
16	Herr Gott, dich loben wir (1726; oder früher?)
17	Wer Dank opfert, der preiset mich (1726)
18	Gleichwie der Regen und Schnee vom Himmel fällt (1713/14)
19	Es erhub sich ein Streit (1726)
20	O Ewigkeit, du Donnerwort I (1724)
21	Ich hatte viel Bekümmernis (1714)
22	Jesus nahm zu sich die Zwölfe (1723)
23	Du wahrer Gott und Davids Sohn (1723)
24	Ein ungefärbt Gemüte (1723)
25	Es ist nichts Gesundes an meinem Leibe (1723)
26	Ach wie flüchtig, ach wie nichtig (1724)
27	Wer weiß, wie nahe mir mein Ende (1726)
28	Gottlob! nun geht das Jahr zu Ende (1725)
29	Wir danken dir, Gott, wir danken dir (1731)
30	Freue dich, erlöste Schar (nach 1738)

30a Angenehmes Wiederau, freue dich (28. 9. 1737)
31 Der Himmel lacht! die Erde jubilieret (1715)
32 Liebster Jesu, mein Verlangen (1726)
33 Allein zu dir, Herr Jesu Christ (1724)
34 O ewiges Feuer, o Ursprung der Liebe (nach 1740; oder schon 1734?)
34a O ewiges Feuer, o Ursprung der Liebe (1726)
35 Geist und Seele wird verwirret (1726)
36 Schwingt freudig euch empor (1731)
36a Steigt freudig in die Luft (30. 11. 1726)
36b Die Freude reget sich (wahrscheinlich 1735)
36c Schwingt freudig euch empor (1725)
37 Wer da gläubet und getauft wird (1724)
38 Aus tiefer Not schrei ich zu dir (1724)
39 Brich dem Hungrigen dein Brot (1726)
40 Dazu ist erschienen der Sohn Gottes (1733)
41 Jesu, nun sei gepreiset (1725)
42 Am Abend aber desselbigen Sabbats (1725)
43 Gott fähret auf mit Jauchzen (1726)
44 Sie werden euch in den Bann tun I (1724)
45 Es ist dir gesagt, Mensch, was gut ist (1726)
46 Schauet doch und sehet, ob irgend ein Schmerz sei (1723)
47 Wer sich selbst erhöhet, der soll erniedriget werden (1726)
48 Ich elender Mensch, wer wird mich erlösen (1723)
49 Ich geh und suche mit Verlangen (1726)
50 Nun ist das Heil und die Kraft (ungewiß)
51 Jauchzet Gott in allen Landen (um 1730)
52 Falsche Welt, dir trau ich nicht (1726)
54 Widerstehe doch der Sünde (wahrscheinlich 1714)
55 Ich armer Mensch, ich Sündenknecht (1726)
56 Ich will den Kreuzstab gerne tragen (1726)
57 Selig ist der Mann (1725)
58 Ach Gott, wie manches Herzeleid II (1727)
59 Wer mich liebet, der wird mein Wort halten I (1723 oder 1724)
60 O Ewigkeit, du Donnerwort II (1723)
61 Nun komm, der Heiden Heiland I (1714)
62 Nun komm, der Heiden Heiland II (1724)
63 Christen, ätzet diesen Tag (vor 1716)
64 Sehet, welch eine Liebe hat uns der Vater erzeiget (1723)
65 Sie werden aus Saba alle kommen (1724)
66 Erfreut euch, ihr Herzen (wahrscheinlich 1724)
66a (bisher Anh. b 3) Der Himmel dacht auf Anhalts Ruhm und Glück (10. 12. 1718)

67 Halt im Gedächtnis Jesum Christ (1724)
68 Also hat Gott die Welt geliebt (1725)
69 Lobe den Herrn, meine Seele I (spätere Leipziger Jahre)
69a Lobe den Herrn, meine Seele (1723)
70 Wachet! betet! betet! wachet! (1723)
70a Wachet! betet! betet! wachet! (1716)
71 Gott ist mein König (4. 2. 1708)
72 Alles nur nach Gottes Willen (1726)
73 Herr, wie du willst, so schicks mit mir (1724)
74 Wer mich liebet, der wird mein Wort halten II (1725)
75 Die Elenden sollen essen (1723)
76 Die Himmel erzählen die Ehre Gottes (1723)
77 Du sollst Gott, deinen Herren, lieben (1723)
78 Jesu, der du meine Seele (1724)
79 Gott der Herr ist Sonn und Schild (1725)
80 Ein feste Burg ist unser Gott (1724?)
80a Alles, was von Gott geboren (1715)
81 Jesus schläft, was soll ich hoffen (1724)
82 Ich habe genug (1727)
83 Erfreute Zeit im neuen Bunde (1724)
84 Ich bin vergnügt mit meinem Glücke (1727)
85 Ich bin ein guter Hirt (1725)
86 Wahrlich, wahrlich, ich sage euch (1724)
87 Bisher habt ihr nichts gebeten in meinem Namen (1725)
88 Siehe, ich will viel Fischer aussenden (1726)
89 Was soll ich aus dir machen, Ephraim (1723)
90 Es reißet euch ein schrecklich Ende (1723)
91 Gelobet seist du, Jesu Christ (1724)
92 Ich hab in Gottes Herz und Sinn (1725)
93 Wer nur den lieben Gott läßt walten (1724)
94 Was frag ich nach der Welt (1724)
95 Christus, der ist mein Leben (1723)
96 Herr Christ, der ein'ge Gottessohn (1724)
97 In allen meinen Taten (1734)
98 Was Gott tut, das ist wohlgetan I (1726)
99 Was Gott tut, das ist wohlgetan II (1724)
100 Was Gott tut, das ist wohlgetan III (nach 1732)
101 Nimm von uns, Herr, du treuer Gott (1724)
102 Herr, deine Augen sehen nach dem Glauben (1726)
103 Ihr werdet weinen und heulen (1725)
104 Du Hirte Israel, höre (1724)
105 Herr, gehe nicht ins Gericht (1723)
106 Gottes Zeit ist die allerbeste Zeit (wahrscheinlich 14. 8. 1707)
107 Was willst du dich betrüben (1724)
108 Es ist euch gut, daß ich hingehe (1725)

109 Ich glaube, lieber Herr, hilf meinem Unglauben (1723)
110 Unser Mund sei voll Lachens (1725)
111 Was mein Gott will, das g'scheh' allzeit (1725)
112 Der Herr ist mein getreuer Hirt (1731; oder schon 1729?)
113 Herr Jesu Christ, du höchstes Gut (1724)
114 Ach, lieben Christen, seid getrost (1724)
115 Mache dich, mein Geist, bereit (1724)
116 Du Friedefürst, Herr Jesu Christ (1724)
117 Sei Lob und Ehr dem höchsten Gut (mittlere Leipziger Periode)
118 O Jesu Christ, meins Lebens Licht (um 1737)
119 Preise, Jerusalem, den Herrn (1723)
120 Gott, man lobet dich in der Stille (1730)
120a Herr Gott, Beherrscher aller Dinge (wahrscheinlich 1729)
120b Gott, man lobet dich in der Stille (1730)
121 Christum wir sollen loben schon (1724)
122 Das neugeborne Kindelein (1724)
123 Liebster Immanuel, Herzog der Frommen (1725)
124 Meinen Jesum laß ich nicht (1725)
125 Mit Fried und Freud ich fahr dahin (1725)
126 Erhalt uns, Herr, bei deinem Wort (1725)
127 Herr Jesu Christ, wahr' Mensch und Gott (1725)
128 Auf Christi Himmelfahrt allein (1725)
129 Gelobet sei der Herr, mein Gott (1726 oder 1727)
130 Herr Gott, dich loben alle wir (1724)
131 Aus der Tiefen rufe ich, Herr, zu dir (1707)
132 Bereitet die Wege, bereitet die Bahn (1715)
133 Ich freue mich in dir (1724)
134 Ein Herz, das seinen Jesum lebend weiß (1724)
134a Die Zeit, die Tag und Jahre macht (1. 1. 1719)
135 Ach Herr, mich armen Sünder (1724)
136 Erforsche mich, Gott, und erfahre mein Herz (1723)
137 Lobe den Herren, den mächtigen König der Ehren (1725)
138 Warum betrübst du dich, mein Herz (1723)
139 Wohl dem, der sich auf seinen Gott (1724)
140 Wachet auf, ruft uns die Stimme (1731)
143 Lobe den Herrn, meine Seele II (ungewiß)
144 Nimm was dein ist, und gehe hin (1724)
145 Ich lebe, mein Herze, zu deinem Ergötzen (vermutlich 1729)
146 Wir müssen durch viel Trübsal (um 1737)
147 Herz und Mund und Tat und Leben (1723)
147a Herz und Mund und Tat und Leben (1716)
148 Bringet dem Herrn Ehre seines Namens (1723 oder später)

149 Man singet mit Freuden vom Sieg (1728 oder 1729)
150 Nach dir, Herr, verlanget mich (frühe Weimarer Zeit)
151 Süßer Trost, mein Jesus kömmt (1725)
152 Tritt auf die Glaubensbahn (1714)
153 Schau, lieber Gott, wie meine Feind (1724)
154 Mein liebster Jesus ist verloren (1724)
155 Mein Gott, wie lang, ach lange (1716)
156 Ich steh mit einem Fuß im Grabe (vermutlich 1729)
157 Ich lasse dich nicht, du segnest mich denn (6. 2. 1727)
158 Der Friede sei mit dir (ungewiß, aber wahrscheinlich Leipziger Ursprungs)
159 Sehet, wir gehn hinauf gen Jerusalem (wahrscheinlich 1729)
161 Komm, du süße Todesstunde (1715)
162 Ach! ich sehe, jetzt, da ich zur Hochzeit gehe (1715)
163 Nur jedem das Seine (1715)
164 Ihr, die ihr euch von Christo nennet (1725 oder kurz vorher)
165 O heilges Geist- und Wasserbad (1715)
166 Wo gehest du hin (1724)
167 Ihr Menschen, rühmet Gottes Liebe (1723)
168 Tue Rechnung! Donnerwort (1725)
169 Gott soll allein mein Herze haben (1726)
170 Vergnügte Ruh, beliebte Seelenlust (1726)
171 Gott, wie dein Name, so ist auch dein Ruhm (vermutlich 1729)
172 Erschallet, ihr Lieder, erklinget, ihr Saiten (1714)
173 Erhöhtes Fleisch und Blut (vermutlich 1724)
173a Durchlauchtster Leopold (vermutlich letzte Köthener Jahre)
174 Ich liebe den Höchsten von ganzem Gemüte (1729)
175 Er rufet seinen Schafen mit Namen (1725)
176 Es ist ein trotzig und verzagt Ding (1725)
177 Ich ruf zu dir, Herr Jesu Christ (1732)
178 Wo Gott, der Herr, nicht bei uns hält (1724)
179 Siehe zu, daß deine Gottesfurcht nicht Heuchelei sei (1723)
180 Schmücke dich, o liebe Seele (1724)
181 Leichtgesinnte Flattergeister (1724)
182 Himmelskönig, sei willkommen (1714)
183 Sie werden euch in den Bann tun II (1725)
184 Erwünschtes Freudenlicht (1724)
185 Barmherziges Herze der ewigen Liebe (1715)
186 Ärgre dich, o Seele, nicht (1716)
186a Ärgre dich, o Seele, nicht (1716)
187 Es wartet alles auf dich (1726)

188 Ich habe meine Zuversicht (um 1728)
189 Meine Seele rühmt und preist (Komponist wahrscheinlich Georg Melchior Hoffmann)
190 Singet dem Herrn ein neues Lied (1724)
190a Singet dem Herrn ein neues Lied (1730)
191 Gloria in excelsis Deo (nach 1740)
192 Nun danket alle Gott (1730)
193 Ihr Tore zu Zion (um 1727)
193a (bisher Anh. b 6) Ihr Häuser des Himmels, ihr scheinenden Lichter (3. 8. 1727)
194 Höchsterwünschtes Freudenfest (2. 11. 1723)
195 Dem Gerechten muß das Licht (nach 1737; oder schon 1724?)
196 Der Herr denket an uns (wahrscheinlich 5. 6. 1708)
197 Gott ist unsre Zuversicht (um 1742)
197a Ehre sei Gott in der Höhe (um 1728)
198 Laß, Fürstin, laß noch einen Strahl (17. 10. 1727)
199 Mein Herze schwimmt im Blut (1714)
200 Bekennen will ich seinen Namen (wahrscheinlich um 1742; Bruchstück)
201 Geschwinde, ihr wirbelnden Winde (wahrscheinlich 1729)
202 Weichet nur, betrübte Schatten (wahrscheinlich Köthen)
203 Amore traditore (echt?)
204 Ich bin in mir vergnügt (1726 oder 1727)
205 Zerreißet, zersprenget, zertrümmert die Gruft (3. 8. 1725)
205a Blast Lärmen, ihr Feinde (17. 1. 1734)
206 Schleicht, spielende Wellen (vermutlich 7. 10. 1736)
207 Vereinigte Zwietracht der wechselnden Saiten 11. 12. 1726)
207a Auf, schmetternde Töne (wahrscheinlich 3. 8. 1735)
208 Was mir behagt, ist nur die muntre Jagd (wahrscheinlich 23. 2. 1713)
209 Non sa che sia dolore (echt?)
210 O holder Tag, erwünschte Zeit (nach 1740 oder um 1735)
210a O angenehme Melodei (wahrscheinlich 1738—1740)
211 Schweigt stille, plaudert nicht (um 1734/35)
212 Mer hahn en neue Oberkeet (30. 8. 1742)
213 Laßt uns sorgen, laßt uns wachen (5. 9. 1733)
214 Tönet, ihr Pauken! Erschallet, Trompeten! (8. 12. 1733)
215 Preise dein Glücke, gesegnetes Sachsen (5. 10. 1734)
216 Vergnügte Pleißenstadt (5. 2. 1728)
216a Erwählte Pleißenstadt (nach 1728)
244a Klagt, Kinder, klagt es aller Welt (24. 3. 1729)

248 I Jauchzet, frohlocket! auf, preiset die Tage (1734)
248 II Und es waren Hirten in derselben Gegend (1734)
248 III Herrscher des Himmels, erhöre das Lallen (1734)
248 IV Fallt mit Danken, fallt mit Loben (1734)
248 V Ehre sei dir, Gott, gesungen (1734)
248 VI Herr, wenn die stolzen Feinde schnauben (1734)
249 Kommt, eilet und laufet (1725)
249a Entfliehet, verschwindet, entweichet, ihr Sorgen (23. 2. 1725)
249b Verjaget, zerstreuet, zerrüttet, ihr Sterne (25. 8. 1726)

B. *Motetten*

BWV
225 Singet dem Herrn ein neues Lied (zw. 1723 und 1734)
226 Der Geist hilft unsrer Schwachheit auf (1729)
227 Jesu, meine Freude (1723)
228 Fürchte dich nicht, ich bin bei dir (1726)
229 Komm, Jesu, komm! (zwischen 1723 und 1734)
230 Lobet den Herrn, alle Heiden (um 1723)
231 Sei Lob und Preis mit Ehren (zwischen 1723 und 1727)

C. *Messen und Magnificat*

BWV
232 Messe in h-Moll (etwa 1733)
233 Messe in F-Dur (etwa 1737)
234 Messe in A-Dur (etwa 1737/38)
235 Messe in g-Moll (etwa 1737)
236 Messe in G-Dur (etwa 1737/38)
238 Sanctus in D-Dur (etwa 1725)
241 Sanctus in D-Dur
243 Magnificat in D-Dur (1723)

D. *Passionen und Oratorien*

BWV
244 Matthäuspassion (1728/29)
245 Johannespassion (1723/24)
248 Weihnachtsoratorium (1734)
249a Entfliehet, verschwindet, entweichet, ihr Sorgen (1725)

E. Vierstimmige Choräle

BWV	
250—252	Drei Choräle für Trauungen (nur im Satz von Bach stammend)
253—438	(268) Choräle aus der Sammlung „Johann Sebastian Bachs vierstimmige Choralgesänge" in 4 Teilen (1784—1787), herausgegeben von Johann Philipp Kirnberger und Carl Philipp Emanuel Bach (nur im Satz von Bach stammend)

F. Lieder und Arien

BWV	
439—507	(69) Geistliche Lieder und Arien mit beziffertem und unbeziffertem Baß aus Schemellis Gesangbuch (1736; von den Melodien stammen wohl nur drei von Bach selbst)
508—518	(11) Arien und Lieder aus dem zweiten Notenbuch der Anna Magdalena Bach (1725; bei 515—518 Autorschaft Bachs zweifelhaft)

G. Werke für Orgel

BWV	
525—530	Sechs Sonaten Es-Dur, c-Moll, d-Moll, e-Moll, C-Dur, G-Dur (etwa 1727)
531	Präludium und Fuge C-Dur (um 1709)
532	Präludium und Fuge D-Dur (um 1709)
533	Präludium und Fuge e-Moll (um 1709)
534	Präludium und Fuge f-Moll (etwa 1716)
535	Präludium und Fuge g-Moll (um 1709)
536	Präludium und Fuge A-Dur (etwa 1716)
537	Präludium (Fantasia) und Fuge c-Moll (etwa 1716)
538	Präludium (Toccata) und (dorische) Fuge (zw. 1727 und 1736)
539	Präludium und Fuge d-Moll (1724/25)
540	Präludium und Fuge F-Dur (etwa 1716)
541	Präludium und Fuge G-Dur (1724/25)
542	Präludium (Fantasia) und Fuge g-Moll (um 1720)
543	Präludium und Fuge a-Moll (um 1703, Fuge später)
544	Präludium und Fuge h-Moll (zw. 1727 und 1736)
545	Präludium und Fuge C-Dur (um 1730)

546 Präludium und Fuge c-Moll (etwa 1730, Fuge etwa 1716)
547 Präludium und Fuge C-Dur (um 1744)
548 Präludium und Fuge e-Moll (zw. 1727 und 1736)
549 Präludium und Fuge c-Moll (etwa 1703/04)
550 Präludium und Fuge G-Dur (um 1709)
551 Präludium und Fuge a-Moll (vor 1706)
552 Präludium und Fuge Es-Dur aus dem dritten Teil der „Clavier-Übung“ (1739)
563 Fantasia con imitazione h-Moll (um 1710)
564 Toccata D-Dur (um 1709)
565 Toccata d-Moll (um 1709)
566 Toccata E-Dur (um 1707)
568 Präludium G-Dur (um 1708)
569 Präludium a-Moll (um 1709)
570 Fantasie C-Dur (um 1709)
572 Fantasie G-Dur (1705/06)
574 Fuge c-Moll über ein Thema von Giovanni Legrenzi (1708/09)
575 Fuge c-Moll (1703/04)
578 Fuge g-Moll (um 1709)
579 Fuge h-Moll über ein Thema von Arcangelo Corelli (um 1709)
581 Fuge G-Dur
582 Passacaglia c-Moll (1716/17)
583 Trio d-Moll (um 1725?)
584 Trio g-Moll (um 1709)
588 Canzona d-Moll (um 1709)
589 Allabreve D-Dur (um 1709)
590 Pastorale F-Dur (zw. 1703 und 1707; echt?)
592—597 Sechs Konzerte nach verschiedenen Meistern (zw. 1708 und 1717; es handelt sich um Orgelbearbeitungen von zeitgenössischen Violinkonzerten bzw. Concerti grossi. Autorschaft Bachs wird angezweifelt)
598 Pedal-Exercitium (1700—1703)
599—644 Orgel-Büchlein (1708—1717; 46 Orgelchoräle, z. T. in mehreren Fassungen)
645—650 Sechs Choräle von verschiedener Art (zw. 1746 und 1750; sog. „Schüblersche Choräle“, Übertragungen aus Kantaten-Sätzen)
651—668 Achtzehn Choräle von verschiedener Art (1747—1750, zum großen Teil in mehreren Fassungen. 668 „Vor deinen Thron tret' ich“, Bachs letzte Komposition, gehört eigentlich nicht mehr zu dieser Sammlung)
669—689 Choralbearbeitungen aus dem dritten Teil der „Clavier-Übung“ (1739)

690—713a	Choralbearbeitungen in Kirnbergers Sammlung (1708 bis 1717)
714—740	Choralbearbeitungen (vor 1722, meist aus Bachs Frühzeit; einige wahrscheinlich unecht)
741—765	Choralvorspiele (aus der Jugendzeit; etwa die Hälfte wahrscheinlich unecht)
766	Partite diverse sopra: Christ, der du bist der helle Tag (etwa 1700)
767	Partite diverse sopra: O Gott, du frommer Gott (etwa 1700)
768	Partite diverse sopra: Sei gegrüßet, Jesu gütig (mehrfach überarbeitetes Jugendwerk)
769	Einige canonische Veränderungen über das Weihnachtslied: Vom Himmel hoch, da komm' ich her (1746/47)

H. Werke für Klavier

BWV	
772—801	Inventionen und Sinfonien (1720—1723)
802—805	(4) Duette aus dem dritten Teil der „Clavier-Übung" (1739)
806—811	(6) Englische Suiten A-Dur, a-Moll, g-Moll, F-Dur, e-Moll, d-Moll (etwa 1722)
812—817	(6) Französische Suiten d-Moll, c-Moll, h-Moll, Es-Dur, G-Dur, E-Dur (etwa 1722)
818	Suite a-Moll (etwa 1722)
819	Suite Es-Dur (etwa 1722)
821	Suite B-Dur (wahrscheinlich Frühwerk)
822	Suite g-Moll (1700—1703)
825—830	Sechs Partiten B-Dur, c-Moll, a-Moll, D-Dur, G-Dur, e-Moll (1725—1731; „Clavier-Übung" Teil I)
831	Partita h-Moll aus: Clavier-Übung, Teil II (1734)
841—843	Drei Menuette (G-Dur, g-Moll, G-Dur) aus dem Klavierbüchlein für Wilhelm Friedemann Bach (1720/21)
844	Scherzo d-Moll (um 1722?)
845	Gigue f-Moll (um 1722?)
846—893	Das Wohltemperierte Klavier, 1. und 2. Teil (Teil 1: 1722, Teil 2: 1744 abgeschlossen)
894	Präludium und Fuge a-Moll (etwa 1717)
896	Präludium und Fughetta d-Moll (etwa 1720, echt?)

900	Präludium und Fughetta e-Moll (etwa 1720)
901	Präludium und Fughetta F-Dur (vor 1744)
902	Präludium und Fughetta G-Dur (etwa 1720)
903	Chromatische Fantasie und Fuge d-Moll (etwa 1720, endgültige Fassung 1730)
904	Fantasie und Fuge a-Moll (etwa 1725)
906	Fantasie (und Fuge) c-Moll (etwa 1738; echt?)
910	Toccata fis-Moll (etwa 1720)
911	Toccata c-Moll (etwa 1720)
912	Toccata D-Dur (etwa 1710)
913	Toccata d-Moll (etwa 1710)
914	Toccata e-Moll (etwa 1710)
915	Toccata g-Moll (etwa 1710)
916	Toccata G-Dur (etwa 1709)
924—932	Neun kleine Präludien aus dem Klavierbüchlein für Wilhelm Friedemann Bach (1720/21)
933—938	Sechs kleine Präludien (etwa 1720)
939—943	Fünf kleine Präludien (etwa 1720)
944	Fuge a-Moll (etwa 1720)
946	Fuge C-Dur (um 1709)
955	Fuge B-Dur nach einer Fuge von Johann Christoph Erselius (1703—1707)
958	Fuge a-Moll (etwa 1709)
959	Fuge a-Moll (um 1710)
962	Fugato e-Moll
963	Sonate D-Dur (1704)
971	Italienisches Konzert F-Dur aus: Clavier-Übung, Teil II (1735)
972—987	Sechzehn Konzerte nach verschiedenen Meistern (1708—1717; Echtheit zweifelhaft)
988	Aria mit 30 Veränderungen „Goldberg-Variationen", Clavier-Ubung, Teil IV (1742?)
989	Aria variata alla maniera italiana a-Moll (etwa 1709)
992	Capriccio B-Dur sopra la lontananza del suo fratello dilettissimo (1704)

I. Kammermusik

BWV	
1001—1006	Drei Sonaten und drei Partiten für Violine solo g-Moll, h-Moll, a-Moll, d-Moll, C-Dur, E-Dur (etwa 1720)
1007—1012	Sechs Suiten für Violoncello solo

G-Dur, d-Moll, C-Dur, Es-Dur, c-Moll, D-Dur (diese für Viola pomposa) (etwa 1720)

1013 Sonate a-Moll für Flöte solo (etwa 1720)

1014—1019 Sechs Sonaten für Violine und Klavier bzw. Cembalo h-Moll, A-Dur, E-Dur, c-Moll, f-Moll, G-Dur (etwa 1720)

1021 Sonate G-Dur für Violine und Basso continuo (etwa 1720)

1023 Sonate e-Moll für Violine und Basso continuo (etwa 1720)

1027—1029 Drei Sonaten für Viola da gamba (Violoncello) und Klavier bzw. Cembalo
G-Dur, D-Dur, g-Moll (etwa 1720)

1030—1032 Drei Sonaten für Querflöte und Klavier bzw. Cembalo
h-Moll, Es-Dur, A-Dur (etwa 1720)

1033—1035 Drei Sonaten für Querflöte und Basso continuo
C-Dur, e-Moll, E-Dur (etwa 1720)

1039 Sonate G-Dur
für zwei Querflöten und Basso continuo (etwa 1720; Variante von 1027)

1040 Instrumentalsatz F-Dur für Violine, Oboe und Basso continuo (etwa 1716)

K. *Konzerte*

BWV

1041 Konzert a-Moll für Violine und Orchester (etwa 1720)

1042 Konzert E-Dur für Violine und Orchester (etwa 1720)

1043 Konzert d-Moll für zwei Violinen und Orchester (etwa 1720)

1044 Konzert a-Moll für Querflöte, Violine, Cembalo und Orchester (um 1730; Bearbeitung früher entstandener Instrumentalsätze)

1046—1051 Die sechs Brandenburgischen Konzerte
F-Dur, F-Dur, G-Dur, G-Dur, D-Dur, B-Dur (1721)

1052—1058 Sieben Konzerte (Bearbeitungen eigener und fremder Konzerte für Cembalo)
d-Moll, E-Dur, D-Dur, A-Dur, f-Moll, F-Dur, g-Moll (etwa 1730—1733)

1060 Konzert c-Moll (Umarbeitung eines verschollenen Konzerts für zwei Violinen bzw. Oboe und Violine) für zwei Cembali und Orchester (etwa 1730)

1061 Konzert C-Dur für zwei Cembali und Orchester (1727—1730)

1062 Konzert c-Moll (Umarbeitung von 1043) für zwei Cembali und Orchester (1736)

1063 Konzert d-Moll (Umarbeitung eines Tripelkonzerts für Violine, Flöte und Oboe) für drei Cembali und Orchester (1730—1733)

1064 Konzert C-Dur (Bearbeitung eines Konzerts für drei Violinen und Orchester) für drei Cembali und Orchester (1730—1733)

1065 Konzert a-Moll (Bearbeitung des h-Moll-Konzerts für vier Violinen und Orchester von Antonio Vivaldi) für vier Cembali und Orchester (1730—1733)

L. Ouvertüren, Sinfonien

BWV

1066 Ouvertüre C-Dur (etwa 1721)

1067 Ouvertüre h-Moll (etwa 1721)

1068 Ouvertüre D-Dur (zwischen 1727 und 1736)

1069 Ouvertüre D-Dur (zwischen 1727 und 1736)

M. Kanons

BWV

1072—1078 (7) Kanons für zwei bis acht Stimmen (aus verschiedener Zeit)

N. Musikalisches Opfer, Kunst der Fuge

BWV

1079 Musikalisches Opfer c-Moll
Zehn Kanons, zwei Ricercari, eine (viersätzige) Triosonate (1747)

1080 Die Kunst der Fuge d-Moll
Neunzehn Contrapuncti bzw. Fugae oder Canones (1750)

PERSONENREGISTER

BILDQUELLENNACHWEIS

Bach-Archiv Leipzig
Bach-Haus Eisenach (Foto-Trunk Eisenach)
Deutsche Staatsbibliothek Berlin
Foto-Meridian Arnstadt
Museum Lüneburg
Musikbibliothek Leipzig
Staatliche Kunstsammlungen Weimar
Städtisches Museum Erfurt
Stadtarchiv Leipzig
Stadtarchiv Mühlhausen
Stadtbibliothek Leipzig
Stadtgeschichtliches Museum Leipzig
Universitätsbibliothek Tübingen